KB169367

역사와 문화로 보는

주방 오디세이

역사와
문화로
보는

주방 오디세이

칼과 도마,
젓가락과 냄비가
품고 있는
삶의 풍경들

장원철
지음

글항아리

머리말

작가에게는 딱 한 가지 좋은 점이 있다. 쓸모없이 흘려보낸 지난 과거일지라도 그 과거를 글의 재료로 삼을 수 있다는 것이다. 호러문학의 거장 스티븐 킹의 말이다. 뜬금없이 킹을 인용한 것은 이 책이 그런 경험에서 비롯되었기 때문이다. 2012년부터 2016년까지 나는 남대문 그릇도매상가에서 업소용 주방기물을 팔았다. 장사꾼이 된 이유는 단순하다. 글로 먹고 사는 미래가 슬슬 불안해지던 시점이었고 '9 to 6'의 규칙적인 금전적 지원도 필요했다. 장사를 배워두면 늙어 죽을 때까지 경제활동을 할 수 있을 것 같았다.

글쓰기를 포기한 것은 아니었기에 당시엔 무척 그럴 듯한 계획이었는데 한 가지 간과한 것이 있었다. 나에겐 '장사꾼 DNA'

가 없다는 점이다. 치열하게 이윤을 쫓는 삶의 현장에서, 나와는 완전히 다른 종류의 사람들 틈에서 5년을 보내고서야 그 사실을 깨달았다. 장사꾼이 되기를 포기하는 순간 배우고 익혔던 노하우와 지식이 허공 속으로 붕 떠버리는 걸 보며 맨 처음 떠올렸던 생각이 이것이었다. "허송세월로 만들 수는 없지 않은가?"

그 5년을 붙들어 맨 것이 이 책이다. 비록 처음 구상과는 많이 달라졌지만 책에는 내가 장사를 경험하지 않았으면 간과했을 것들이 담겨 있다. 예컨대 '노인을 위한 젓가락은 있다'와 같은 꼭지는 쇠젓가락이 무겁다며 가벼운 젓가락을 찾아 도매상가를 돌아다니던 칠팔십 노인들을 유심히 지켜봤기에 가능한 글이다. 그들은 대개 가격이 싼 가짜 옻칠젓가락을 구입해서 돌아갔는데 옻칠에 대해 한 꼭지를 마련한 것도 이 때문이다. 다만 본문에서 장사 경험과 관련된 이야기를 특정하지 않고 흩뿌려놓았으니 눈 밝은 분들이 깜냥으로 짐작하셨으면 한다.

장사 경험을 했지만 부엌과 주방기물의 역사와 문화에 대해서는 문외한이라 책을 쓰면서 몇몇 분의 도움을 받았다. 이 자리에서 감사의 말을 전하고 싶다.

먼저 김태현 선생님께 인사를 하고 싶다. 와세다대학에서 영화와 일본문학을 전공하고 고려대에서 비교문학으로 박사학위를 받은 그는 다니자키 준이치로의 미학세계를 나에게 소개시켜줬고 '신상제와 대상제' 등의 자료를 찾아주었다. 질문할 때마다 번거로워하지 않고 적극적으로 도와주신 것에 깊은 감사의 말을 전하고 싶다.

주제와 관련된 대략적 밑그림이 필요할 때와 글이 막혀 움직이지 않을 때는 대학 선배이면서 대한민국 역사박물관 전시과장으로 있는 염경화 선생님의 도움을 많이 받았다. 사학을 전공하고 현직 학예사로 활동하는 그가 무엇을 키워드로 검색해야 주제와 관련된 자료들을 쉽게 찾을 수 있는지 알려주지 않았다면 글의 진행은 무척 더뎠을 것이다.

칼에 대해 쓸 때는 죽마고우 김한근의 도움을 받았다. 그는 나의 귀찮은 질문에 일일이 응답해주었으며 직접 각도기로 각을 재주었다. 그럴 수밖에 없는 것이 그는 무예도보통지 24반 무예를 수련했으며 각종 검법에 달통한 전문가다. 또 직접 요리하기를 즐기는 보기 드문 경상도 사나이이면서 큰딸을 셰프로 키워낸 아버지이기도 하다. 그의 집엔 칼이 참 많다. 그러니 칼에 대해 쓸 때 달리 내가 누구에게 의지하겠는가?

스몰빅미디어 대표이면서 친구인 이부연에게 감사의 인사를 전한다. 초고를 읽고 비평을 해주었는데 그의 의견을 수용함으로써 글의 군더더기를 쉽게 덜어낼 수 있었다. 또 글을 쓸 당시 출판되지 않은 영문 자료들을 쉽게 구할 수 있었던 것은 모두 그의 덕이다.

마지막으로 원고를 보고 기꺼이 출판 의사를 표명해주신 글항아리 강성민 대표님에게 격렬한 감사의 인사를 드린다. 함께 점심식사를 하며 책의 편집 방향에 대해 의견을 주고받았을 때

비로소 장사를 하며 보낸 5년과 원고를 집필하던 지난 5년(9 to 6 하며 쓰느라!)이 의미를 갖게 되었기 때문이다.

각주가 많이 나오면 어려운 책이라는 인상을 준다. 작가인 나도 주가 주렁주렁 달린 책을 좋아하지 않는다. 각주로 눈이 내려가는 순간 밥 먹다 화장실 갔다 오는 듯한 기분이 들기 때문이다. 그래서 주는 모두 미주로 돌릴 생각이었는데 디자인을 맡아준 분이 본문에 글상자로 끼워넣는 마법을 부렸다. 그 덕에 어렵다는 인상을 주지 않는 작은 읽을거리들이 만들어졌다. 그러니 놓치지 말고 읽어주셨으면 한다. 본문에 녹이지 못한 일종의 TMI 이니까 말이다.

장사하던 내가 누구였는지를 조금 더 밝히면서 글을 마무리하자. 나는 남대문 그릇도매상가 C동(중앙상가) 3층에서 '중앙주방 장과장 과장'이라는 명함을 돌렸었다. 유상무 상무라는 말장난이 유행하던 시기였다. 혹 책을 집어 드신 분 중 나와 거래하셨던 분이 있을지도 모르겠다. 그러고 보니 잊고 넘어가면 안 되는 분이 있다. 몽상가였던 나를 장사꾼으로 훈육하려던, 중앙상사와 중앙주방의 대표 김명환 사장님이다. 덕분에 땅의 법칙을 많이 배웠지만 나는 책으로 꿈꾸기를 포기하고 싶지 않다.

도움을 주신 모든 분의 행복이 매년 지수증식하기를 희망한다.

남대문 그릇도매상가는 그릇만 팔지 않는다. 냉장고와 가스레인지, 선풍기, 쓰레기통, 신발 등등 업소가 필요로 하는 온갖 기물을 다 거래한다. 이 모든 것을 취급해보았지만 모든 것을 다룰 수는 없었다(물론 참고할 문헌이 많았다면 그것조차 다뤘을 것이다). 책을 쓰면서 알았다. 아버지 세대가 생애 전반에 걸쳐 짚신과 고무신, 구두와 최첨단 운동화를 경험했다면 그 아들 세대는 고작 반세기 사이에 연탄불과 가스레인지를 경험하고 전기레인지로 옮겨갔음을 말이다. 선사시대까지 거슬러 올라가기도 했지만 이 압축된 경험을 글로 녹여낼 때가 제일 짜릿했다. 대한민국이 정말 대단한 압축 성장을 했다는 사실을 확인하며 그 속에 추억처럼 묻혀 있던 기억들을 길어 올리는 재미가 쏠쏠했기 때문이다. 이 책을 읽는 분들에게 모쪼록 한 끼의 맛난 식사처럼 즐거운 독서가 되었으면 한다.

차례

1

젓가락은 어떻게 우리 곁에 왔을까

세 가지 식사법,
구역질은 누구의 몫일까?

> 손으로 음식의 촉감까지 느끼는 것이 그네 나라의 문화라고는 하나 그 모습을 직접 봤다면 구역이 났을 수도 있겠다 싶었다.

국어학자 이숭녕이 인도 콜카타(캘커타)에 다녀오고 1967년 『여상女像』에 쓴 「손으로 먹지 않는 긍지」라는 글의 일부다. 그는 문화(세련됨)의 기준을 식사 도구의 사용이라고 생각했다. 다행히 체류 기간 내에 포크와 나이프를 사용하는 인도인만 보았다고 그는 글을 맺는다. 하지만 달리 생각해보자. 점심시간 우리 앞에 놓이는 수저는 불특정 다수의 입을 들락거린 것들이다. 가족이라 할지라도 칫솔을 공유하지 않는다는 점을 생각한다면

더운 나라에서 손으로 밥을 먹는 전형적인 차림새

구역질은 누구의 몫이어야 할까?

세계 인류의 3분의 1은 손으로 먹는다. 또 다른 3분의 1은 나이프와 포크를 사용하고 남은 3분의 1은 젓가락으로 식사를 한다. 20만 년 전 아프리카 남부에서 발원한 호모 사피엔스는 손으로 식사를 했다. 먹을 수 있을 때 먹는 것이 최선이었을 것이니 주먹도끼 외에 특별한 도구는 필요 없었을 것이다. 도구의 발달이 문명의 역사라면 이숭녕 박사의 생각처럼 도구를 사용하는 식사법이 세련의 징표다.

경제성과 용이성을 놓고 본다면 요리에 맞춰 디자인과 크기가 다른 여벌의 도구를 따로 갖춰야 하는 서양의 것°보다 젓가락

○ 포크로 예를 들면 메인 요리로 디너포크(고기)와 피시포크가 있고 디저트포크로 나뉜다. 보통은 이렇게 2~3개가 기본이지만 이외에 랍스터포크, 푸르츠포크, 아이스크림포크, 스트로베리포크, 달팽이포크, 굴포크 등이 있다.

하나로 모든 것을 해결하는 동양의 식사법이 더 우월하다. 예컨대 젓가락 하나만으로 집을 수도 있고 찢을 수도 있으며 벗기고, 옮기고, 덮고, 뽑고, 벌리고, 모으고, 뒤집을 수 있다. 손이 할 수 있는 일이라면 원칙적으로 젓가락도 한다. 단순하면서도 다용도라는 측면에서 이보다 우월한 도구는 없다. 하지만 이는 젓가락 문화권의 생각일지도 모른다. 문화가 다른 사람들은 서로를 처음 만났을 때 이상하게 봤다. 몇 가지 예를 보자.

20세기 초 중국의 시인 원이둬聞一多가 미국에서 유학할 때의 일이다. 하숙집에서 젓가락으로 밥을 먹고 있는데 이를 목격한 주인 할머니가 몹시 놀라고 만다. "어떻게 한 손으로 젓가락 두 개를 움직일 수 있는가?" 그녀는 젓가락을 왼손에 한 개, 오른손에 한 개 나뉘어 쥐는 것으로 알았다고 한다(마중가: 1992).

구한말 우리나라를 찾았던 프랑스 민속학자 샤를 바 라는 주막집에서 동네 구경거리가 된 일을 기록했다. 날씨가 좋은 어느 날 쪽마루에 앉아 식사하기 위해 나이프와 포크를 쥐는 순간이었다. 민속학자답게 조선의 풍물을 객관적으로 기술하던 그였지만 모여드는 시선에서 문화적 우월감을 느낀다. "그들은 또 눈이 휘둥그레졌다. 그들이 사용하는 젓가락에 비해 청결함이나 편리함에서 이 기묘한 도구가 훨씬 더 우월하다는 것을 느끼는 듯했다."(샤를 바 라: 2001).

『문명화과정』으로 유명한 독일의 사회학자 노르베르트 엘리아스도 샤를 바 라와 비슷한 생각을 했던 사람이다. 그는 한 발 더 나아가 나이프와 포크로 먹는 것이야말로 세련된 자기 억제의 정점이라고 주장하고 다녔다. 그러다 한 국제회의에서 거센 비난에 직면하게 된다. "손으로 먹지만 내가 당신보다 덜 문명화되었다고 생각하진 않는다." 손으로 먹는 인류의 3분의 1을 대표한 케냐 철학자의 반박이었다(프란스 드발: 2005).

이숭녕 박사는 미처 생각을 못했겠지만 상대적 우월감은 손으로 먹는 문화권도 마찬가지다. 그들은 음식의 질감을 피부로 느끼면서 먹는 자신들의 식사법을 자랑스럽게 여긴다. 게다가 오롯이 '나만의 것'으로 먹지 않는가! 하지만 도구를 사용하든, 손으로 먹든 인류에겐 공통점이 있다. 공통점은 식사할 때의 손가락에 있다.

손으로 먹는 문화권에선 음식을 먹을 때 다섯 손가락 전부를 사용하지 않는다. 엄지와 검지 그리고 중지를 사용한다. 이 특징이 중요하다. 사람들은 뭔가 중요한 일을 할 때 혹은 섬세한 작업을 할 때 이 세 손가락만을 움직인다. 나이프와 포크도 마찬가지다. 다섯 손가락 전체로 움켜쥐지 않고 엄지와 검지, 중지를 중심으로 움켜쥔다. 한 짝은 엄지와 검지, 중지로 움켜쥐고 다른 한 짝은 약지에 살짝 올려놓는 젓가락질도 엄지와 검지, 중지의 역할이 크다는 점에서 여기서 벗어나지 않는다.

손은 이미 완벽한 식사도구다

영장류 학계에선 사람의 손을 가리켜 '영장류의 특성이 가장 완전무결하게 집약된 증거'라고 부른다. 포유류, 파충류, 양서류, 조류 가운데 그 무엇도 손가락이 다섯 개로 진화한 종은 없다. 포유류의 일부(곰, 팬더, 너구리 등)가 앞발을 손처럼 사용할 수 있고 다섯 개의 뼈마디가 있는 것처럼 보이지만 손가락 마디의 자유도가 높지 않다. 오직 영장류만이 다섯 개의 손가락이 있으며 영장류 가운데 특히 사람의 손이 가장 완벽하다. 전문가들의 언어를 빌려 사람 손의 특징을 살펴보자.

영장류 학자들은 엄지와 검지의 길이 비율로 손의 기능적 효율성을 측정한다. '엄지 전체 길이×100÷검지 전체 길이'로 계산해 손에서 차지하는 엄지의 비중을 따진다. 숫자가 낮으면 검지가 길고 엄지가 짧다는 뜻이다. 영장류는 40~60 사이에 분포하는데 인간은 60이고 반대쪽 40에 오랑우탄이 위치한다. 인간은 다른 영장류에 비해 엄지가 가장 길고 검지가 짧다는 뜻이다. 엄지가 가장 길기 때문에 엄지손가락 끝과 다른 손가락 끝을 맞붙이는 것이 가능하다.

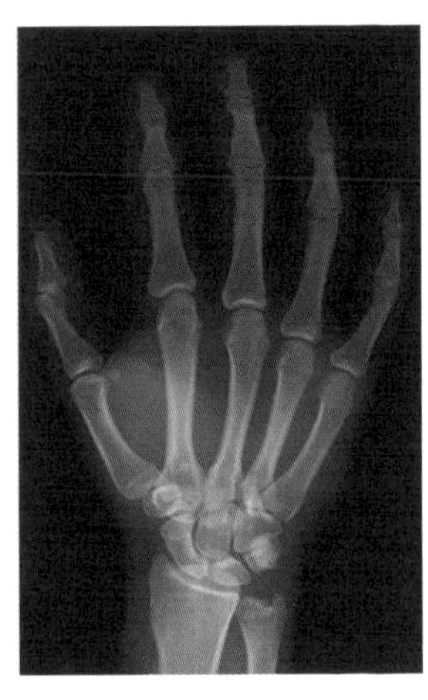

엑스레이로 촬영한 인간의 손뼈

이제 일상어로 풀어내는 것이 이해가 빠를 것이다. 엄지와 다른 손가락을 맞붙일 수 있다는 것은 그 덕에 우리가 꼬집고, 비틀고, 옮기고, 절단하고, 꽉 잡고, 긁을 뿐더러 나사 따위를 재빨리 돌릴 수 있게 되었다는 말이다. 검지에 비해 엄지가 짧은 오랑우탄과 침팬지는 포도알처럼 굵은 열매도 엄지와 검지를 이용해 집기가 쉽지 않다. 실제 이 친구들은 담배를 끼우듯이 검지와 중지를 이용해 열매를 집는다. 그들의 엄지와 검지는 아귀가 맞지 않는 핀셋이기에 이 방법이 더 효율적이다.

이렇게 엄지가 길기 때문에 우리 인간은 다트 화살을 쥘 때 엄지와 검지로 거머쥐고 안정감과 감도를 높이기 위해 중지로 살짝 받치는 자세를 취할 수 있다. 문명은 이 자세에서 비롯되었다. 펜과 붓을 쥘 때에도 엄지, 검지, 중지의 앙상블에서 벗어나지 않기 때문이다.

인류의 손이 다른 영장류의 손보다 우월한 것은 엄지뿐만이 아니다.° 인간의 손엔 '짧은손바닥근'이라는, 작지만 불가사의한 기능을 하는 작은 근육이 있다. 손날격파를 할 때 송판에 닿는 부위로 새끼손가락을 움직이면 손바닥에서 꿈틀거리는 곳이다. 이 근육은 우리가 손끝을 오므릴 수 있도록 하고 손아귀에 힘이 들어가면 탄탄하게 받쳐주는 역할을 한다. 원숭이는 이 근육이 없다. 침팬지 같은 유인원들은 이 부위에 두툼한 지방이 패드처럼 자리 잡고 있어 인간만큼 쓸모가 없다. 어떤 쓸모일까? 모두가 할 수 있는 동작이지만 작명권은 디오니게스가 가져갔다.

나무로 만든 컵 외에 아무것도 소유하지 않았던 그리스 철학자 디오니게스는 어느 날 한 소년이 손으로 시냇물을 떠먹는 모

° 영장류의 엄지도 기능적으로 독립되어 있지만 인간에 비하면 변두리다. 태아와 모체의 혈관계가 연결되어 있다는 것을 처음으로 밝힌 해부학자 알비누스는 인간의 엄지를 '또 다른 손'이라고 불렀다. 아이작 뉴턴은 '다른 증거가 없더라도 엄지 하나만으로도 신의 존재를 믿을 수 있다'고 했는데 무슨 근거로 말했는지는 알려지지 않았다. 아마도 펜을 쥘 수 있었기 때문은 아닐까?(존 네이피어: 1999). 인류는 엄지의 중요성을 일찍부터 알았다. 검의 손잡이와 금속이 잇닿는 부분에 작은 방패처럼 생긴 코등이가 그것이다. 칼집에 탁 걸리기 위해 만든 것이 아니라 엄지를 보호하기 위해서 만들었다. 영화에서 칼을 맞대고 힘겨루기를 하는 장면이 나오면 이 코등이를 박살내려는 의도라고 보면 된다. 엄지가 없으면 움켜쥘 수가 없기 때문이다. 검도에서 엄지 다음으로 중요한 손가락은 새끼다. 검을 휘두를 때 가장 먼저 힘을 받는다. 야쿠자들은 복종의 의미로 이 새끼손가락을 자른다. 진화의 뜻은 그렇지 않겠지만 검도인들은 칼을 휘두를 때 없어도 무방한 손가락으로 검지를 꼽는다. 검지는 인류가 총질을 하게 되면서 새삼 중요해졌다.

습을 보았다고 한다. 그는 "자연이 나에게 이미 컵을 주었구나!"라고 외치고는 나무 컵마저 버렸다. 이후 자연이 우리에게 준 컵을 가리켜 '디오니게스의 컵'이라고 부른다. 그러니까 우리가 컵 없이 물을 떠먹으려고 할 때 손을 오므림으로써 우아함을 잃지 않는 것은 이 근육 덕이다. 지방질 패드가 손의 움직임을 방해하는 침팬지와 오랑우탄은 털에 적셔 먹거나 주둥이를 대는 쪽이 더 편하다. 손은 동물과 인간을 구분 짓는 기준이다.

입으로 들어간 것이면 뭐든 위가 처리한다는 측면에서 동물은 다 똑같다. 하지만 영장류는 먹이를 '손으로 집어 입으로 가져다' 먹는다. 비영장류들처럼 먹이에다 주둥이를 가져다대지 않는다. 영장류 중에서도 구조적으로 완벽한 손을 갖고 있는 인류는 날 때부터 이미 완전한 식사도구 한 쌍을 갖고 태어난 셈이다. 게다가 뺏어먹을 때 손만큼 훌륭한 도구도 없다. 문명의 발전이 최소의 비용으로 목적을 달성하는 데 있다면 동아시아는 왜 굳이 비용을 지불하고 자연이 선물한 '손으로 먹는 식사법'에서 갈라져 나왔을까?

공자, 손으로 밥을 먹다

『사기』와 『한비자』에 따르면 상나라 시대(기원전 1600~기원전 1046)에 상아로 만든 젓가락이 있었다고 전한다. 실제 이 시대 유적에서 구리로 만든 젓가락과 숟가락이 출토되었다. 청동기시대였던 만큼 일상생활에 사용된 기물은 아니었다. 이 시대 일상 기물은 여전히 석기와 목기, 토기였다. 청동기는 재료를 구하기도, 만들기도 어려웠다. 함께 출토된 갑골문에서 식생활의 단면을 알 수 있는 글자가 있다.

향饗의 갑골문

'잔치할 향饗'을 나타내는 갑골문이다. 그릇에 담은 음식을 가운데 두고 두 사람이 손으로 집어먹고 있는 모습을 형상화했다(정미선: 2009). 학자들은 당시 손으로 음식을 먹는 것이 일반적인 생활양식이었을 것으로 추정한다. 이 추정을 확증해주는 사람이 공자다. 『한비자』「외저설 좌하外儲說左下」에 나오는 일화다.

> 공자가 노나라 애공을 모시고 앉아 있을 때, 애공이 복숭아와 기장밥을 내렸다. 애공이 공자에게 "드시지요"라고 했다. 중니(공자)가 먼저 기장을 먹고 나서 복숭아를 먹자 주위에 있던 사람들이 모두 입을 가리고 웃었다. 이에 애공이 말했다.
> "기장은 먹으라고 준 것이 아니라 복숭아를 닦으라고 준 것입니다."
> 공자가 대답했다.
> "저도 그것은 압니다."

알면서도 먹었다니 일부러 먹은 것이다. 공자는 애공에게 예법을 알려주고자 했다. 오곡 가운데 으뜸이고 제사상 가장 윗자리에 놓이는 기장으로 복숭아를 닦는 것은 예의가 아니라는 가르침이다. 당시 복숭아는 제사상에 올리지 못하는 천한 과일이었다.° 중요한 것은 애공이 복숭아 닦으라고 밥을 주었으니 숟가락도 젓가락도 딸려 나오지 않았다는 점이다.

그런데도 공자는 밥을 먹었다. 장징(2002)은 공자가 손으로 뭉쳐서 밥을 먹었다고 보았다. 때가 어긋나도 먹지 않아야 하고, 조리가 알맞지 않아도 먹지 말아야 하고, 알맞은 장이 딸려 나오지 않아도 먹지 말라고 했던 깐깐한 공자가 손으로 밥을 먹었다는 것은 당시 예법이 그랬기 때문이다. 공자가 살던 시대는 춘추시대로, 상나라 멸망 후 500여 년이 흐른 뒤였다. 젓가락은 있었지만 젓가락으로 밥을 먹지는 않았다. 젓가락의 용도는 다른 데 있었기 때문이다. 젓가락은 사람을 위한 것이 아니었다.

ㅇ "기장은 오곡 가운데 으뜸가는 것이라 제사 지냄에 있어서도 윗자리에 놓습니다. 과일이나 오이에는 여섯 가지가 있지만 복숭아가 제일 하급이라 옛 임금님들이 제사 지낼 때 종묘에 들어갈 수도 없었습니다. 듣건대 군자는 천한 것으로 귀한 것을 씻는다 했습니다. 귀한 것으로 천한 것을 씻는다는 말은 들어보지 못했습니다. 기장으로 복숭아를 닦으면 오곡의 으뜸으로 하급의 것을 씻는 것입니다. 저는 의로움에 거리낀다고 생각되어 종묘에서도 존경받는 것보다 복숭아를 먼저 내세울 수 없었습니다." 이것이 공자가 애공에게 가르치려고 했던 내용이다.

젓가락은 신의 것, 손가락은 인간의 것

갑골문에서는 최고의 신을 '제帝' 혹은 '상제'라고 한다. '제'는 형상이 없는 궁극의 주재자였기에 글자는 그에게 제사 드리는 제단의 모양을 본떴다. '제'는 만물과 인간을 초월하여 존재하면서 천체의 운행과 기후의 변화, 계절의 순환에서부터 인간의 길흉화복에 이르기까지 모든 현상세계를 지배하고 관장했다. 상고시대에 이 신에게 제사를 올리는 것은 고대인들에게 중요한 행사였다. 신이 인간이 바치는 정성과 제물을 '흠향'하고 그 제물에 복을 내리는 '강복'을 하면 인간은 신이 내려준 복을 받아 간직하는 '음복'을 했다. 이는 국가와 부족을 통합하는 절차였다. 특히나 소와 양의 어깨뼈로 점을 쳐 국가의 길흉화복을 신에게 물었던 상나라로서는 제사는 국가의 흥망을 좌우하는 행사였다. 『춘추곡량전』과 『예기』를 보면 제사의 중요성이 잘 드러난다.

> 궁실宮室이 세워지지 않으면 제사를 지낼 수 없고, 의복이 마련되지 않으면 제사지낼 수 없고, 거마車馬와 기물이 갖춰지지 않으면 제사지낼 수 없고, 제관 한 사람이라도 그 직분을 갖추지 않으면 제사지낼 수 없다. 제사는 그때에 하는 것이고 공경함을 올리는 것이다. _『춘추 곡량전』

> 사람을 다스리는 도에는 '예'보다 급한 것이 없으며, '예'에는 다섯 가지 기준이 있지만 '제사'보다 중요한 것이 없다. _『예기』「제통」

심지어 고기 삶는 법까지 규정해놓았다. 예컨대 '개는 동쪽에서 삶고 씻어야 한다. 동쪽에서 양기가 시작되는 것을 본받기 위함이다'라고 했다. 정성과 경건한 마음을 드러내기 위해 '7일 동안 삼가고 3일 동안 조심'했다. 그래야 신이 그 정성에 감응하여 모습을 드러내기 때문이다. 제물은 반드시 흠이 없고 정갈한 것이어야 했다. 제물은 그것을 바치는 사람과 동일시되기 때문이다.

이런 고대인의 사고방식은 『성경』「레위기」에도 잘 드러나 있다. 내용 전반이 제사와 생활규범에 대한 금기인데 21장에는 신전에 접근하는 사람에게 요구되는 신체적 완벽성까지 꼼꼼히 기술해놓았다.

> 17. 너는 아론에게 이렇게 일러라. 너의 후손 대대로 몸이 성하지 않은 사람은 하느님께 양식을 바치러 가까이 나오지 못한다. (…) 19. 다리가 부러졌거나 팔이 부러진 사람. 20. 꼽추, 난쟁이, 눈에 백태가 낀 자, 종기가 난 사람, 고자는 성소에 가까이 나오지 못한다.

금기는 단순히 유념하는 차원의 도덕률이 아니다. 고대인들에게 제사란 금기를 지켜 정성을 다하면 복을 받지만 일탈하는 순간 멸망하는 우주다. 오늘날 제사를 지낼 때도 우리는 '부정' 타지 않게 여러 금기를 지킨다. 조상에게 올리기 전에 제물에 먼저 입을 댈 수 없으며 통째 올릴 수 있는 제물은 온새미로 진설해야 하고 벌레 먹거나 흠이 있는 과일은 올리지 않는다. 초를 끌 때도 입으로 불어 끄지 않고 손가락으로 끈다. 이를 위반하면 그 제사는 오염되고 부정한 것이다. 이런 '오염 금기'를 세련시킨 것이 바로 젓가락이다.

처음 제사에 사용되었던 젓가락은 오늘날과 같은 형태가 아니었던 듯하다. V자 모양의 핀셋 형태에 가까웠을 것이다. 음식을 입에 넣는 것이 목적이 아니라 신에게 바치는 공물을 정성껏 옮기는 역할에 충실하면 되기 때문이다. 젓가락의 시작점인 중국에서는 발견되지 않았으나 일본에서 이것이 발견되었다. 3세기 후반 야요이 시대 유적지에서 한 개의 대나무를 구부려 만든 것이 나왔다. 당시 일본에 관한 중국 기록으로 이 물건의 용도를 추측할 수 있다. 『삼국지』「위지·왜인전」에 "왜의 땅은 온난하여 겨울과 여름에도 생야채를 먹고 변두籩豆(변은 대나무, 두는 나무 제품)를 사용하며 손으로 먹는다"라고 썼다. 중국은 전국시대 말기로 『예기』가 집대성되면서 젓가락을 식사도구로 쓰던 시기였다.

일본은 이 V자 모양의 젓가락을 의례에 사용했다. 지금도 풍작과 나라의 평안을 기원하는 의례인 신조사이新嘗祭나 다이조사이大嘗祭를 행할 때 대나무 중앙을 얇게 깎아 구부려 만든 이

다이쇼 시기 다조이사이를 위해 지어진 임시 궁전의 통로

젓가락을 쓴다. 신에게 바치는 음식은 손으로 집지 않고 '다케오리御箸'라고 부르는 이것으로 옮기는데 대상제의 경우 그 횟수만 무려 1000번이다.° 제사를 집전하는 천황은 그러는 동안 한 번도 땅을 밟지 않는다. 깨끗해야 하기 때문이다.

중국도 두 개의 젓가락이 나타나기 전 이 핀셋 형태의 젓가락으로 의례를 지냈을 가능성이 있다. 중심에서 멀리 떨어진 변방이 태곳적 원형을 간직하는 사례를 볼 때 그렇게 추측할 수 있다. 중심은 정치, 사회, 경제적 압력을 끊임없이 받아 변화하지만 변방은 중심에 가해지는 압력으로부터 자유롭기에 변화에 보수적이기 때문이다.

상나라 유적에서 발견된 청동 숟가락이 음식을 옮길 때 쓰는 서빙스푼의 형태에 가까웠다는 데에서 함께 발굴된 청동 '젓가락'의 목적은 더욱 분명해진다.°° 젓가락은 식사를 위해 만들어

° 매년 추수가 끝난 후 태양신 아마테라스에게 천황이 제사를 지내는데 이를 신조사이(신상제)라고 한다. 천황이 즉위하고 처음 하는 신조사이를 따로 다이조사이(대상제)라고 부른다. 다이조사이는 절차가 신조사이와 많이 다르고 대중에게 공개되지도 않아 전문가들도 절차와 내용을 추정할 뿐이다. 제사를 지내는 궁도 전통방법으로 임시 궁전을 지었다 의례가 끝나면 허물어버린다. 쌀, 밤, 해산물, 흑주, 백주, 상어, 과일 등이 제물로 올라가는데 특히 쌀의 경우 한 해 전에 어디서 경작할 것인지 점을 쳐서 결정한다. 이때 거북껍데기를 이용하는데 바로 갑골문 시대의 그 귀점龜卜이다. 중국에선 사라진 것이 일본에 남아 있는 사례다. 다이조사이는 1300년을 이어왔다. 2019년 나루히토의 다이조사이는 11월 14일 저녁 동일본을 상징하는 유키텐悠紀殿에서, 15일 새벽 서일본을 상징하는 스키텐主機殿에서 행해졌다. 각각의 의례가 대략 3시간 정도 걸리며 다이조사이를 치러야 천황으로 인정받기에 즉위식보다 더 중요하게 여겨진다.

○○ 식사도구로 사용되었던 숟가락은 처음 조개나 뼈로 만들어졌었다. 이런 숟가락은 신석기 유적에서부터 발견된다. 허난성 은허 유적에서 발굴된 숟가락은 구두주걱 같이 평평한 긴 막대기형으로 끝 부분이 특별히 얇게 제작된 것으로 모두 뼈로 만들어졌다. 또 다른 모양은 오늘날 밥주걱처럼 생긴 것으로 입과 자루가 나뉘어 있으나 평평하다. 낟알곡식을 가루내고 반죽해 죽과 떡의 중간 형태로 익혀서 먹었을 것이다.

진 것이 아니라 제기에 음식을 나누어 담을 목적으로 만들어진 것이었다. 유적에서 함께 발굴된 찬차餐叉도 이를 반증한다(김광언: 2015). 찬차로도 음식을 옮길 수 있는데 찬차는 제사에 사용하지 않았다. 포크를 닮았기 때문이다. 이가 두 개에서 세 개까지 나 있는 찬차는 제물에 구멍을 내기 쉬웠다. 구멍이 난 음식은 부정한 제물이다. 찬차는 64여 점의 뼈제품로만 발굴되었다. 청동으로 만들지 않았다. 신이 쓸 것이 아니기 때문이다.

신에게 음식을 정갈하게 바치기 위해 만들어진 젓가락은 점차 지배자 계층에게도 허락이 되었다. 고대인들에게 있어 임금은 '하늘의 명'을 받은 '하늘의 대리자'였다. 신에 대한 의무는 곧 군주에 대한 의무와 연결되어 있었다. 이런 고대인의 관념이 자연스럽게 확대되어 신의 대리자들이 먼저 젓가락을 사용하기 시작했을 것이다. 피에르 부르디외의 지적처럼 '남과 비교하여 나의 지위를 드러낼 수 있는 수단'이 고대인들에겐 젓가락이었다. 그리고 이 기술적, 문화적 혁신은 차츰 밑에서 모방하기 시작했다. 혁신의 성과물이 중심부에서 주변부로 전파되듯 젓가락도 사회적 자산으로 넘어갔을 것이다.

고려시대에 만들어진 청동 젓가락 네 쌍. 국립중앙박물관 소장

대략 3세기 경 후한에서 위·진 시대에 이르면 일반에게까지 젓가락이 보급된 것으로 본다. 다만 인간이 쓰는 젓가락은 청동기가 아니었다. 젓가락을 나타내는 한자어 저箸, 협梜, 책筴, 소筲는 모두 대나무 죽竹, 나무 목木 부수가 쓰였다. 대나무나 나무로 만드는 편이 금속보다 훨씬 쉬웠겠지만 어쨌거나 인간은 신이 아니지 않는가? 당연하게도 신의 대리자였던 왕들은 상아 젓가락, 금과 은으로 만든 젓가락으로 스스로를 구별했다.

한중일 젓가락은 모양과 크기만 다를까?

『먹다』의 저자, 미셸 푸에슈의 말처럼 먹는 것이 즐겁다는 것은 행운이다. 이 행운을 우리는 밥 먹을 때마다 매번 새롭게 경험한다. 동아시아는 하루 세 끼의 짜릿한 경험을 젓가락과 함께 한다. 세상에서 가장 짧은 거리를 오고가는 운반 도구에 우리의 목숨이 달려 있다. 이 '생명의 쌍지팡이'는 중국을 시작으로 한국과 일본으로 건너가면서 조금씩 달라졌다. 익히 아는 바대로 중국의 젓가락이 가장 길고 일본이 가장 짧으며 한국은 그 중간이다. 중국의 젓가락은 위아래가 뭉툭하면서 길이는 25~27센티미터 사이다. 일본은 아래가 뾰족하면서 20~22센티미터다. 우리 젓가락은 위와 아래의 비율이 2.5 대 1(5밀리미터 : 2밀리미터)이면서 납작한 모양에 길이는 23~24센티미터 사이다. 이 차이는 세 나라의 식사 습관에서 왔다.

중국인들은 밥을 먹을 때 반찬을 상 가운데 놓고 온 식구가 그 주위에 둘러앉아 젓가락으로 반찬을 집어 자기 밥그릇에 옮겨와 먹기 때문에 젓가락이 길다. 그리고 반찬에 기름기가 많고 대개 덩이지고 무거운 것들이기에 뭉툭해야 잘 집힌다. 일본은 밥그릇, 국그릇, 반찬이 모두 자기 앞에 놓인 상에 있어 젓가락 길이가 짧아도 무방하다. 그리고 가시가 있는 해산물을 많이 먹기에 뾰족해야 뼈를 바르기에 유리하다.

한국은 정확히 중간이다. 반찬을 상 가운데 놓는 것은 중국과 같지만 밥과 국을 제외한 여러 가지 찬은 공유한다. 일품요리 하나로 식사를 마치는 중국과도 다르고 독상 형태로 각자 자기 먹을 반찬을 집는 일본과도 다르다. 반찬은 덩이지고 무거운 것(전과 고기)에서부터 가시가 많고 잘 부서지는 생선, 생선보다 더 세심한 젓가락질이 요구되는 깻잎, 콩자반, 메추리알 장조림, 도토리묵, 청포묵 같은 것들이 올라온다. 한 끼 식사를 위해선 극단에서 극단으로 옮겨 다녀야 한다. 우리 젓가락의 길이와 모양은 극단들 사이에서 최적의 효율을 발휘하기 위한 애매한 포즈인 셈이다.

비록 한중일의 젓가락이 조금씩 다르기는 하지만 젓가락을 제대로 쓰기 위해서는 손목과 팔꿈치는 물론 64개의 소근육과 손가락 관절을 적절하게 동원해야 한다. 두 개의 기다란 젓가락을 검지와 중지 사이에 한 개, 중지와 약지 사이에 한 개 끼우고

이 둘을 엄지로 누르면서 벌렸다 오므렸다 하는 것은 보기만큼 쉬운 일이 아니다. 젓가락을 제대로 쓰기 위해서는 상당한 훈련과 노력이 필요하다. 여기에 또 우리 젓가락은 중국과 일본과 달리 쇠젓가락이다. 쇠로 만들었으니 당연히 더 무겁다.

대한민국의 중식당과 일식당에서 흔히 만날 수 있는 젓가락과 비교해보자. 멜라민 수지로 만든 25센티미터 중식 젓가락의 무게는 20그램이다. 일식 젓가락으론 조금 긴 편인 24.2센티미터 멜라민 일식저의 무게는 19그램이다. 재질이 나무가 되면 더 가벼워진다. 나무젓가락은 중식과 일식 모두 12~13그램 안팎이다. 하지만 우리 젓가락은 22.8센티미터 스테인리스의 무게가 43그램이다. 식당에서 흔히 만날 수 있는 인삼 저분(손잡이에 인삼 문양이 들어간 베스트셀러로 인삼 숟갈과 한 쌍)의 경우 23센티미터에 47그램이다. 무게 차이를 실감하고 싶다면 편의점 일회용 나무젓가락이 3~5그램이라는 사실을 기억하자.

삼치구이 한 마리를 꼼꼼히 발라내고 뚝배기감자탕 속 돼지 등뼈에 붙은 살을 속속들이 젓가락으로 발라내본 적이 있다면 쇠젓가락의 무게를 실감할 것이다. 다 발라낼 즈음이면 손아귀에서 쥐가 난다. 스테인리스 젓가락으로 미끄덩거리는 짜장면을 집어올린 경험이 있다면 왜 외국인들이 일부러 집기 어렵게 만든 젓가락이라고 하는지도 이해할 수 있다. 미끄럽고 무거운 것으로 음식을 집어야 하니 한국인은 밥을 먹을 때, 중국과 일본인보다 더 세심한 주의를 기울여야 한다.

서혜진(2012)은 나무젓가락, 포크, 쇠젓가락으로 검은콩 옮기는 실험을 설정해 대뇌피질 활성화 정도를 측정했다. 결과는 쇠젓가락을 사용했을 때 전전두엽prefrontal cortex, 전두 안구영역frontal eye field, 전 운동피질premotor cortex, 운동보조영역supplementary motor area, 일차 감각운동영역primary sensorimotor cortex 등에서 가장 높은 활성화를 보였다.

논문이 가리키는 바는 명확하다. 쇠젓가락질을 하면 시각적 집중, 운동계획, 운동 수행과 관련된 대뇌피질 전반이 들썩거린다. 한국인은 밥을 먹을 때도 머리를 과도하게 쓴다. 사정이 이러니 우리가 손을 사용하는 분야에서 두각을 나타내면 먼저 젓가락과 관련짓고 보는 관행도 무리는 아니다. 양궁은 말할 것도 없고, LPGA를 주름잡는 여성 골퍼, 외국에선 전립선과 자궁 관련 암에만 활용되는 로봇수술을 전방위적으로 활용하는 능력도 젓가락에 바탕을 둔 한국 특유의 손기술 덕이라고 본다. E-스포츠 제4의 종족이라 불리는 저변에도 쇠젓가락이 숨어 있다고들 한다.

쇠젓가락을 사용한 덕에 중국과 일본이라면 생각지도 않았을 고민을 우리는 젓가락에 남겼다. 우리가 가끔 하단부에 요철 무늬가 들어간 쇠젓가락과 만나는 이유다. 헛돌지 않게끔 접지력을 높인 것인데 고민은 일찍부터 있었다. 조선 초기 것으로 진관동 유적 II 에서 발견된 쇠젓가락 하단에도 톱니 모양의 요철이 나온다. 접지력에 대한 고민은 강박적이다. 한국에서 쓰는 일식 나무젓가락, 중식 멜라민 젓가락에도 요철을 새기는 경우가 있기 때문이다. 중국과 일본에선 이런 식의 요철을 보기 어렵다. 다만 일본의 경우 튀김용 젓가락 끝에 사포처럼 까끌한 요철을 새기기도 한다. 스테인리스로 만들었을 경우에만 말이다.

노인을 위한 젓가락은 있다

젓가락은 『예기』에서 '저箸'로 썼다. 기원전 221년 이전인 선진시대로 가면 '협挾' 또는 '책筴'으로 바뀐다. 그리고 진한대(기원전 249~기원전 219)로 오면 '저著'로 표기되다가 수당(581~907)대에선 '근筋'이 된다. 실학자 정약용도 젓가락을 '근筋'으로 표기했다(김광언: 2015). 근육을 뜻하는 '힘줄 근'이 젓가락으로 쓰인 것이다.

'저箸'와 '저著'의 소릿값이 '자者'이고 부수가 '죽竹'과 '초艸'로 어느 정도 공통 속성을 지닌다는 의미에서 둘의 뒤바뀜은 수긍할 수 있다(『설문해자』에서 '艸'는 모든 풀, '竹'은 겨울에 나는 풀이라고 했다). '협挾'과 '책筴'은 '끼우다, 가지다'라는 새김이 있는 글자로 젓가락의 '집는' 기능을 강조한 것이니 이들이 젓가락을 가리키는 것도 자연스럽다.○ 하지만 '힘줄 근筋'은 젓가락과 관련짓기가 애매하다.

'筋'을 두고 『자통』에서는 '죽竹'은 근육이 붙은 뼈의 힘줄을, '月(肉)'은 힘줄 아래의 고기, '역力'은 근육에 달린 혹 모양의 살을 가리킨다고 했다. 『설문해자』는 '竹'을 힘줄이 많은 고기라고 썼다. 『한자어원사전』에서는 '竹'이 의미부이고, '肋(갈비 늑)'이 소리부로 갈비나 갈빗살을 말하는데 댓가지처럼 마디가 가지런한 갈비라고 풀었다. 어디에도 젓가락이라는 뜻이 나올 수가 없다. 근육을 뜻하던 것이 왜 젓가락을 가리키게 되었을까? 질문의 답을 노화에서 찾아보자. 현대 의학은 노화를 다음처럼 설명한다.

나이가 들면 치아와 뼈는 물러지지만 몸의 나머지는 경화된다. 혈관, 관절, 근육, 심장판막, 심지어 폐마저 칼슘이 축적되어 딱딱해진다. 의사들은 노인을 수술할 때 대동맥을 비롯한 주요 혈관을 만지면 바삭거리는 느낌이 든다고 한다. 더 좁아지고 뻣뻣해진 혈관으로 전과 같은 양의 혈액을 흐르게 하기 위해 심장은 더 힘들게 일을 한다. 이 때문에 65세 즈음엔 인구의 절반 이

○ 현대 중국어에선 젓가락을 '筷子(쾌자)'라고 쓰고 [kuài·zi]라고 발음한다. 일본은 '箸'라고 쓰고 'はし(하시)'라고 읽는다. 일본어원대사전에서는 음식과 입 사이를 오가는[渡하시] 물건인 데서 '하시'가 유래되었다고 한다(김광언: 2015). 젓가락을 뜻하는 영어 chopstick은 피진영어에서 비롯되었다. 피진영어는 영어와 토착언어가 만났을 때 간단한 의사소통을 위해 만들어지는 혼성언어다. 피진영어에서 'chop chop'은 '빨리'를 뜻했는데 식사 때 빠르게 사용하는 나무작대기라는 뜻이다. 1699년 영국 윌리엄 댐피어의 책 『여행』에서 공식적으로 등장한다(윤석준: 2017).

상이 고혈압이 된다. 압력을 높여서 펌프질을 해야 하기에 심벽은 더 두꺼워지고 격렬한 신체 활동에 반응하는 능력은 떨어진다. 30세부터 심장의 최대 출력은 꾸준히 감소한다. 더 멀리, 더 빨리 뛰기 어려워지고, 숨을 헐떡이지 않고 오를 수 있는 계단 숫자도 줄어든다.

심장 근육이 두꺼워지는 동안 다른 근육들은 가늘어진다. 40세부터 근육량과 근력을 잃기 시작해 80세가 되면 근육 무게의 사분의 일에서 절반 정도를 잃는다. 영장류의 완전무결한 특성인 손도 예외일 순 없다. 쪼글쪼글 주름이 가고 탄력만 잃는 것이 아니다. 손도 근육을 상실한다. 손에 있는 근육량의 40퍼센트는 엄지손가락 밑에 닭다리처럼 통통하게 올라와 있는 모지구근毛指球筋thenar muscles이다. 노인의 손바닥을 자세히 보면 이 부분이 평평하다. 상실한 것이다.

또 손에는 29개의 관절이 존재한다. 노화는 여기에 염증을 일으킨다. 관절염에 걸리면 손가락 관절 표면이 헤지고 많이 닳은 모양이 된다. 관절 사이의 공간이 없어져서 뼈와 뼈가 닿는다. 관절 주변이 붓고 손목의 움직임이 제한되며 물건을 쥐는 힘이 떨어지고 통증을 느낀다. 정식으로 명칭이 붙은 신경가지도 손에는 48개나 있다. 늙으면 손끝에 있는 피부 기계수용기(물리적 자극을 감각신호로 바꾸는 기관)의 능력이 저하되면서 촉감에 대한 민감성이 떨어진다. 운동신경이 상실되면서 손놀림도 둔해진다. 글씨체가 나빠지고 손놀림 속도와 진동을 느끼는 감각도 감소한다. 그래서 조그만 자판과 터치스크린을 조작하는 일도 어려워지는 것이다.

'밥숟갈 놓는다'는 말은 죽음을 의미하는 완곡 표현이지만 진실은 이렇다. 밥숟갈을 놓기 전에 젓가락질이 먼저 어려워진다. 근육 혹은 힘을 뜻하는 '筋'이 한때 젓가락을 가리키는 말로 쓰였던 것은 젓가락질의 고단함과 밥 먹기의 어려움이 반영된 탓은 아닐까? 대략 여든을 넘게 되면 숟가락으로 찬을 떠올리는 경우가 잦아진다. 큰 근육을 사용하기에 이편이 먹기에 수월하기 때문이다. 그렇게 43그램의 무게가 버거운 날이 찾아온다.

하지만 기력이 다하지 않았다면 노인을 위한 젓가락은 있다. 일식과 중식 젓가락이 우리 문화에 맞지 않다면 스테인리스 진공젓가락이 그것이다. 23센티미터 언저리에, 17에서 19그램 사이다. 12~13그램 안팎의 나무젓가락에 비해 무겁지만 대안이 있다는 것은 다행이다. 유기방짜를 쓰던 조상들은 이런 행운을 누리지 못했다. 23센티미터 유기방짜 젓가락의 무게는 무려 74그램이다. 규격화된 현대 기술로 만들어진 것이 이렇다는 얘기다. 조선의 방짜는 일일이 망치로 두들겨서 만들었다. 길이도 32에서 18센티미터까지 들쭉날쭉하고 한눈에 보아도 현대 것보다 무겁다.

미국 의료 협회는 노화와 관련해 신체 기능에 등급을 매겼다. 신체 독립성 항목에서 다음 8가지 일상 활동을 스스로 하지 못할 경우 독립성 결여로 판단한다. 화장실 가기, 옷 입기, 목욕하기, 머리 손질 등의 몸단장, 침대에서 일어나기, 의자에서 일어나기, 걷기, 밥 먹기가 그것이다. 스스로 하지 못한다면 요양원에 입원해 마지막을 준비해야 한다. '생명의 쌍지팡이'가 무거워질 때가 그때다.

삶과 죽음의 경계, 숟가락

산이 저문다

노을이 잠긴다

저녁 밥상에 애기가 없다

애기 앉던 방석에 한 쌍의 은수저

_김광균의 「은수저」 중

젓가락 문화권에서 우리만 숟가락을 상시로 사용한다. 우리는 숟가락이 먼저고 젓가락은 그다음이다. 상에 젓가락보다 숟가락을 앞에 놓고 식사 중일 때는 국그릇이나 밥그릇 위에 숟가락이 있어야 하며 상 위에 숟가락을 내려놓으면 식사를 마친다는 신호다. 늘 바삐 움직이는 중국, 일본과 달리 우리는 음식을

○ 중일전쟁 당시 중국은 스파이를 가려내기 위해 의심스러운 자에게 젓가락과 숟가락을 함께 주었다. 숟가락을 사용하지 않고 그릇을 손으로 들고 젓가락으로 밥을 먹고 식사를 마친 뒤 젓가락을 식기 위에 걸쳐놓으면 일본인, 반대로 식기를 내려놓은 채 수저를 번갈아 사용하고 식사를 마친 뒤에는 수저를 식탁에 내려놓으면 한국인이라고 구별했다(쓰지하라 야스오: 2002).

집지 않을 때 젓가락을 상 위에 내려놓는 게 바른 식사법이다.○

젓가락이 탄생과 함께 진화의 끝에 도달했다면 숟가락은 꾸준히 진화해왔다. 함경북도 굴포리 신석기 유적에서 나온 뼈숟가락은 음식물을 담는 술잎 부분의 길이가 11센티미터(전체 28센티미터)이고 끝이 뭉툭해 사람의 입에 들락거릴 수 있는 모양이 아니다. 형태상 조리도구였을 것으로 보며 이런 주걱이나 국자에서 분화한 것이 지금의 숟가락이라고 학계는 짐작한다.

무령왕릉에서 출토된 청동숟가락은 손으로 잡는 부위인 술자루가 부챗살처럼 퍼져 끝부분에 오면 너비가 5센티미터다. 술잎과 만나는 술목의 너비가 0.7센티미터이니까 전체적으로 이등변삼각형 구조다. 고려시대 숟가락은 측면에서 보면 고려청자처럼 풍만한 S자형의 곡선을 이룬다. 조선 후기로 오면서 오늘날의 형태로 가까워진다.

숟가락의 변화는 주 식재료의 영향을 받았다. 예컨대 찰기 없는 곡식을 쪄서 떡처럼 만들어 먹을 때는 긁어 먹기에 유리한 구두주걱 모양이었다. 중국에서 숟가락이 사라진 것도 식재료의 변화 탓이다. 조나 수수처럼 끈기 없는 잡곡을 먹다 16세기 명나

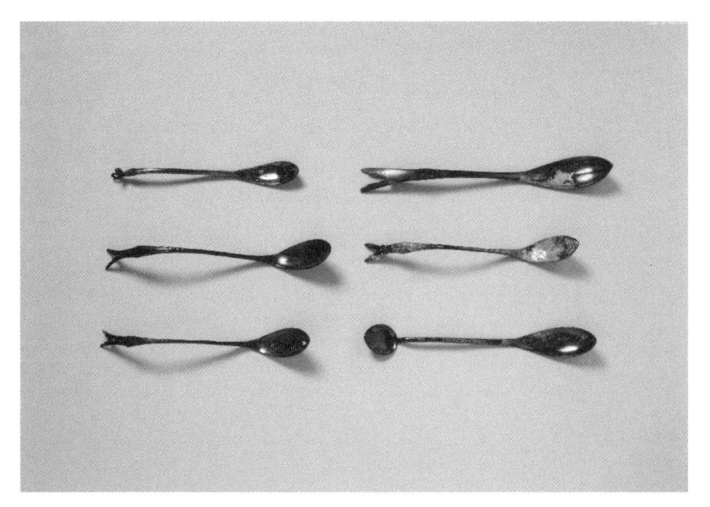

풍만한 S자 곡선의 형태를 띤 다양한 청동 숟가락, 고려시대, 국립중앙박물관 소장

라에 와서 찰기 있는 쌀이 대량생산되고 면 요리와 기름을 사용한 조리법이 발달하면서 숟가락이 사라졌다. 임진왜란 당시 서로 밥 먹는 모습을 흉보았다는 기록으로 보아 훨씬 이전 시기에 숟가락 문화가 사라졌다고 보는 것이 타당할 것이다.○○

일본은 6세기 쇼토쿠 태자 시절 궁중 의례에 처음 수저가 등장했다. 하지만 특권층에서만 사용하다 12세기경 식사도구에서 완전히 탈락했다. 간자키 노리다케(2000)는 주식이 잡곡이라

○○ 외식 산업이 발달하던 남송 시절인 1147년 맹원로가 지은 『동경몽화록』 권4 「식점食店」에 "옛적에는 숟가락을 썼으나 지금은 모두 젓가락으로 먹는다"는 기록이 있다(김광언: 2015 참조). 중국은 송나라 이후 회 먹는 풍습도 사라진다. 임진왜란 때 파병 온 명나라 병사들은 우리가 회를 먹는 것을 보고 야만인이라고 했다는 이야기가 『어우야담』에 기록되어 있다(이한: 2015).

숟가락을 사용하는 것이 편했겠지만 그릇을 입에 가져다 대고 젓가락으로 쓸어 담는 것으로 해결한 탓이라고 해석했다.° 7세기까지 귀족들도 상이나 식탁이 없이 바닥에 식기를 내려놓고 손으로 들고 먹었으니 일본은 애초부터 숟가락이 들어설 자리가 없었다.

현재 우리가 쓰는 숟가락은 평평한 일직선에 술잎이 살짝 옴폭한 형태다. 푸드스타일리스트 히라마쓰 요코(2015)는 한입에 쏙 들어가는 우리 숟가락의 심심한 모양에서 각별한 재능을 찾았다. 그녀는 식탁 앞에서는 '건져 올리고, 섞고, 누르고, 자르고, 뿌리고, 나누고, 뒤집는' 동작을 하고 주방으로 들어가면 '소스를 뜨고, 양념을 섞고, 프라이팬의 지짐을 누르고, 달걀 프라이를 자르고, 소스를 뿌리고, 무침을 나누고, 계란말이를 뒤집는다'고 했다. 음식을 입으로 운반하기만 하는, 술잎이 깊고 움푹하며 술자루가 두껍고 무거운 서양의 스푼과 달리 만능이라는 것이다. 18세기 조선 후기에 지금의 형태로 굳어졌으니 우리 식탁에서 숟가락은 이제 진화의 정점인지도 모른다.

하지만 숟가락은 진화하고 있다. 19세기 초 스푼과 포크가 결합된 스포크spork가 미국에서 만들어졌고 1940년 호주에서는 스

○ 그릇을 입에 가져다 대는 행위는 음료를 마실 때를 빼면 일본만의 특이한 식사법이다. 이 때문에 일본 식기는 손에 쥐기 쉽게 작고 오목하며 입에 닿는 감촉이 중요해졌다. 그리고 음식물이 식탁에 떨어질 염려가 없어 한국과 중국과 달리 식탁보도 없다(간자키 노리타케: 2000). 중국에서 숟가락이 완전히 사라진 것은 아니다. 국물만을 떠먹기 위해 술잎이 오목하고 짧은 사시숟가락으로 모양을 달리했다. 일본에서는 중식 메뉴에서만 따라 나오며 이를 '렌게蓮花'라고 부른다.

스푼, 포크, 나이프가 하나 된 스플레이드

푼, 포크, 나이프가 하나 된 스플레이드splayd가 나왔다. 패스트푸드점, 학교, 병원, 군대, 교도소, 캠핑용으로 쓰인다. 기능을 합치고 합성어를 만드는 와중에도 숟가락의 'sp-'가 어근이다. 음식물을 섭취할 때 무엇이 우선적인 기능을 하는지 여실히 보여준다 할 것이다. 숟가락은 생명을 잇는 아주 작은 그릇이다. 일본은 젓가락을 '생명의 쌍지팡이'이라고 하지만 우리는 숟가락이 생명의 상징이다. 빌어먹는 각설이는 숟가락만 들고 다녔다. "밥숟갈을 놓았다"는 죽음을 뜻하는 말이고 오구대왕의 일곱째 딸 바리공주는 꿈에 숟가락이 부러지는 것을 보고 부모의 죽음을 알았다. 또 염을 할 때 '반함飯含'이라 하여 망자의 입술에 버드나무 숟가락으로 쌀을 물려준다(김광언: 2015). 첫 돌이 되면 은수저 한 쌍을 선물해 아기의 건강과 행복을 기원하는 것도 우리 전통이다. 김광균이 사랑하는 대상의 부재를 은수저로 표현한 것은 지극히 한국적인 정서다.

2

요리의 최전선,
칼과 도마

최초의 주방도구, 칼

전문 요리사에게 요리의 가장 기본이 되는 요소를 물으면 십중팔구 이렇게 대답한다. "불, 물, 소금 그리고 칼." 일식 요리사 김원일(2010)은 '그리고 칼'이 되어야 하는 이유를 칼에 의해 준비된 재료가 있고 난 후에야 나머지 요소들이 의미를 지니기 때문이라고 했다. 여기서 도구라고 할 수 있는 것은 칼뿐이다. 그리고 주방 도구 중에서 굉장히 아득한 역사를 가졌다.

모서리를 떼어내 엉성하게 날을 세운 석기 가운데 가장 오래된 것은 약 300만~200만 년 전에 쓰였다고 알려져 있다. 모양이 타원형이고 모서리가 날카로우며 함께 발견된 영양의 화석 뼈에 긁힌 자국이 있는 것으로 볼 때 고기를 자르고 골수를 빼먹는 용도로 사용했다고 인류학은 결론을 내린다. 이 수준에 있던 화석인류를 우리는 오스트랄로피테쿠스라고 부른다. 당시 세 종류의 오스트랄로피테쿠스 중 하나였던 오스트랄로피테쿠스 아프리카누스가 채식성 식단에 고기를 추가함으로써 잡식성으로 변모한 것이다(에드워드 윌슨: 2013).○

잡식성이 된 이유는 다름이 아니다. 기후가 점점 건조해지면서 식량 구하기가 어려워진 탓이었다. 오스트랄로피테쿠스는 식단을 다양화함으로써 달라진 환경에 적응했다. 식단에 단백질이 추가되고 인지 기능이 향상되면서 이들은 호모 하빌리스로 진화해간다. 뇌 부피가 400~550세제곱센티미터(오스트랄로피테쿠스)에서 640세제곱센티미터로 커진 호모 하빌리스는 훨씬 정교한 돌로 만든 절단도구를 남겼다. 최초로 불을 사용한 흔적이 150만 년 전이고 토기의 출현이 높게 잡아 1만 년임을 감안할 때 칼의 유구함을 짐작할 수 있을 것이다. 인류는 이미 오래전부터 마구잡이로 음식을 물어뜯는 짐승이 아니었다.

인류가 자연 환경을 지배하기 위해 발명한 모든 도구가 그렇듯 돌칼에는 명백히 석기인의 의도가 들어가 있다. 비록 뗀석기이기에 정교하지는 않지만 영국무기박물관에 전시되어 있는, 기원전 20만 년에서 7만 년 전 사이의 손도끼는 전체 길이 15센티미터에 손잡이 부분은 둥글게 마감하고 거친 날과 뾰족한 세모꼴 끝을 갖고 있다(DK: 2009). 손도끼라고 명명되어 있지만

○ 열대우림에 서식한 침팬지는 고기를 좋아하지만 식단의 3~4퍼센트만이 육식이다. 야생의 침팬지는 사냥에 20분 이상 소요되면 사냥감이 눈앞에 있어도 포기한다. 다른 에너지원을 섭취하는 것이 효율적이기 때문이다. 오히려 오스트랄로피테쿠스가 고기를 더 많이 먹었다(리처드 랭엄: 2011).

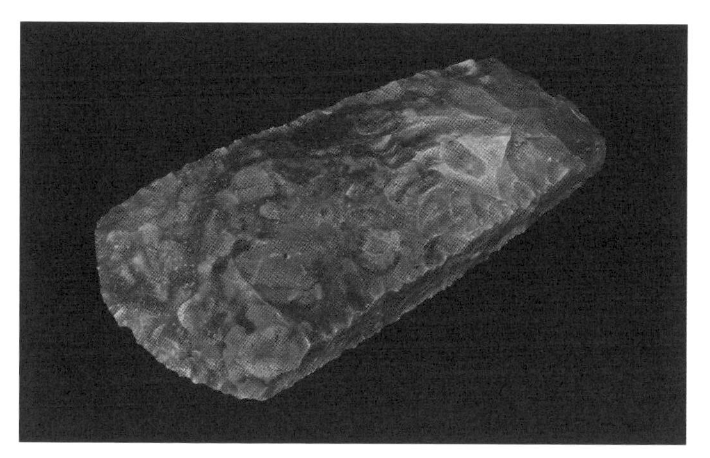

기원전 30만 년 전 무스테리안 문화Mousterian culture의 뗀석기

기능면에서 오늘날 부엌칼과 동일하다. 날 부분으로는 동물의 사체를 자르고 찌르고 둥근 부분으로는 견과류를 빻거나 뿌리식물을 짓이기는 데 사용해도 손색이 없다. 물론 만만한 짐승(혹은 동족)을 때려잡는 용도가 본연의 목적이었을 수도 있다.

고고학자들은 석기시기에 발견된 돌칼, 돌도끼를 사냥도구, 전쟁도구라고 표현하지 주방도구라고 하지 않는다. 돌칼을 들고 요리하는 석기시대 어머니를 그리는 것보다 무리를 지어 사냥감을 쫓고 편을 갈라 살육을 벌이는 수컷들을 상상하는 것이 훨씬 박진감이 넘치는 탓인지 모른다. 하지만 고고학자의 생각대로 반드시 사냥이나 전쟁에만 쓰라는 법은 없지 않은가? 베거나 찌르라고 만든 것이 칼의 본질적 특성임은 변함이 없다. 돌칼은 부엌에서도 그렇게 기능한다. 당하는 입장에서는 어떤 의도(사냥, 전쟁, 요리)로 쓰이든 흉기다.

석기라고 해서 가볍게 혹은 어수룩하게 볼 것도 아니다. 일찌감치 현대인이 했을 법한 고민을 그들도 했다. 현대인들이 철이나 합금으로 궁리하는 것들을 그들은 돌을 놓고 고심했으며 솜씨껏 그 고민을 재료에 구현해놓았다. 우리가 스테이크 나이프라고 부르는 칼에 의도한 기능은 약 4~5만 년 전 사이 후기 구석기시대 유물인 톱니모양의 부싯돌 칼(4.4~20센티미터)에 이미 반영되어 있다(국립대구박물관: 2005, DK: 2009). 톱니는 잘리는 표면과 칼의 접촉면이 적어 각 접촉점에 들어가는 힘이 커진다. 따라서 일반 날보다 절삭력이 높다. 뼈와 연골을 자르고 빙하기에 얼어붙은 냉동고기를 자르기 위해 정성껏 돌을 갈아서 톱니칼을 만들었을 것이다. 아이디어는 일찍부터 있었고 후손들은 단지 재질만 개선해 나갔다.

디자인과 기능을 일치시키기가 쉽지 않은 뗀석기가 주류였던 구석기시대 칼은 대부분 10~15센티미터의 짧은 형태다. 갈아서 만드는 것이 대세인 신석기로 오면 길이가 30센티미터로 늘어난다. 오늘날 우리가 주방에서 사용하는 다용도 식칼의 길이가 손잡이를 포함해 28~35센티미터 사이다. 대략 이 정도의 길이가 어디에서든 다목적으로 휘두르기에 요긴한 인체공학 최적의 사이즈가 된다. 너무 짧지 않아 고깃덩어리를 해체할 수 있고 너무 크지 않아 생선살을 바를 수도 있다.

그렇다고 구석기인들이 짧은 길이의 돌칼을 과도처럼 쥐고 불편하게 요리를 했을 것이라고 생각하지는 말자. 짐승의 힘줄이나 가죽으로 나무와 석기를 단단히 묶으면 뗀석기라도 원하는 길이로 만들 수 있다. 또 청동기 시대 유물로 밝혀진 아산 명암리에서 출토된 삼각형 모양의 돌칼처럼 디자인을 달리하면 짧아도 효율적으로 사용할 수 있다(성춘택: 2017). 움켜지고 위에서 찍어 누르듯 썰면 질긴 고기라도 원하는 목적을 거칠게나마 달성할 수 있다.

돌칼에서 시작된 안면성형

세 끼니가 식탁 앞에 놓이고 입을 통해 항문으로 나가기 전까지 그 밑바탕엔 칼질이 있다. 베고, 찌르고, 따고, 썰고, 저미고, 바르고, 깎고, 다지는 모든 동작을 칼이 한다. 조개와 갑각류를 제외한 모든 생명체는 삶기고 굽히기 전에 칼과 먼저 만난다. 이 칼질 덕분에 인간은 유인원의 외양을 조금씩 벗기 시작했다. 무엇보다 치아와 턱의 구조가 변했다.

치아는 척추동물에게 있어 소화기관 최상단에 위치하며 음식물 섭취에 중요한 역할을 한다. 육식동물은 살을 찢거나 뼈를 부스러뜨리기 위해 치아의 형태가 원추형이나 삼각추 모양이다. 초식동물은 식물을 벨 수 있도록 크고 넓적한 앞니와 맷돌처럼 으깰 수 있는 어금니를 가졌다. 이와 반면 영장류의 치아는 복잡하다. 음식물을 절단할 수 있는 편평한 앞니, 찢을 수 있는 원추형의 송곳니(전방치아)와 음식물을 분쇄할 수 있게 둥근 모양의 어금니(후방치아)로 기능과 형태가 나누어진다.

영장류와 인간은 치아의 수, 종류, 배열을 나타내는 '2-1-2-3' 치열식을 공유하고 있다(이광희: 2007, 장규태: 2015). '2-1-2-3' 치열식은 치아를 위아래, 좌우로 절개해서 4등분할 때 앞니 2, 송곳니 1, 작은어금니 2, 큰어금니 3의 순서로 배열된다는 뜻이다. 그래서 세 번째 어금니인 사랑니까지 올라오면 인간과 영장류의 치아 개수는 모두 8×4=32다.○ 하지만 인류는 700만 년 전 이들의 공통조상에서 분기하면서부터 구강구조에 미세한 변화가 시작됐다. 인류의 선조들이 치아의 기능을 대신할 수 있는 도구, 칼을 사용했기 때문이다.

특히 송곳니가 퇴화했다. 송곳니가 퇴화하면서 치열의 형태가 폭이 좁은 U자형에서 완만한 포물선형으로 바뀌어갔다. 입이 쑥 들어갔다는 말이다. 폭이 좁은 U자형의 유인원들은 입이 돌출형이다. 그 덕분에 두개골 크기가 인류보다 작음에도 크고 위협적으로 입을 벌릴 수가 있다. 광대와 턱을 연결하는 근육도 길고 두꺼워져 치악력도 따라 커진다. 예컨대 인간 성인의 치악력은 앞니 20킬로그램, 어금니 50킬로그램이지만 고릴라는 그 10배다.

또 유인원은 U자형이기에 양 어금니가 평행으로 배열되고 이 때문

○ 우리와 영장류는 '2-1-2-3' 치열식이지만 포유동물의 치열식은 '3-1-4-3'이다(이선복: 2016).

에 송곳니와 앞니 사이에 간격이 발생한다. 유인원은 이 틈으로 아래와 위 송곳니가 교차하면서 육식동물처럼 살을 찢어발길 수 있다. 짧아지면서 치아가 삽 모양으로 변하기 시작한 인간속屬의 송곳니는 위아래가 틈이 없어 이렇게 기능할 수 없다.○ 침팬지 수컷의 송곳니는 10센티미터이지만 퇴화된 인간의 송곳니는 1.5센티미터에 불과하다.

칼로 음식물을 먹기 좋게 썰게 되면서 앞니도 퇴화했다. 영장류는 윗니와 아랫니의 앞부분이 절단면을 따라 위치해 지금도 음식물을 자르기에 적합한 구조를 갖고 있다. 하지만 우리는 윗니가 아랫니를 살짝 덮어 음식물을 베는 기능은 퇴화하고 꽉 무는 기능만 남았다. 만약 다른 영장류처럼 윗니와 아랫니가 나란히 맞물리면 치의학에서 말하는 부정교합이 된다. 미관상의 문제도 생기지만 발음에도 영향을 미친다. 이렇게 구강구조가 바뀐 것은 턱과 치아가 해야 할 일을 모두 도구가 대신했기 때문이다.

호모 하빌리스로 가면 의도적으로 자갈을 한 방향으로만 부딪쳐 날카로운 돌 박편을 만들 수 있게 된다. 의도적일 수 있었던 것은 그들의 손이 유인원과 달랐기 때문이다. 엄지와 검지가 맞닿을 수 있었던 이 초기 인류는 다트 화살을 쥐는 모양으로 자갈을 단단히 감아쥐고는 정확하게 내려칠 수 있었다. 보다 정교한 칼을 만들어내면서 안면구조는 더욱 달라진다. 이들은 오스트

○ 짧은 송곳니로 인해 윗면만 닳는 고인류화석과 달리 유인원은 윗면과 옆면이 모두 닳는다. 송곳니와 치열의 형태는 화석이 유인원인지 고인류인지를 판가름하는 단서 중의 하나다. 폭이 좁은 U자형 구조로 인해 영장류는 사과 한 알을 통째로 입에 넣을 수 있다.

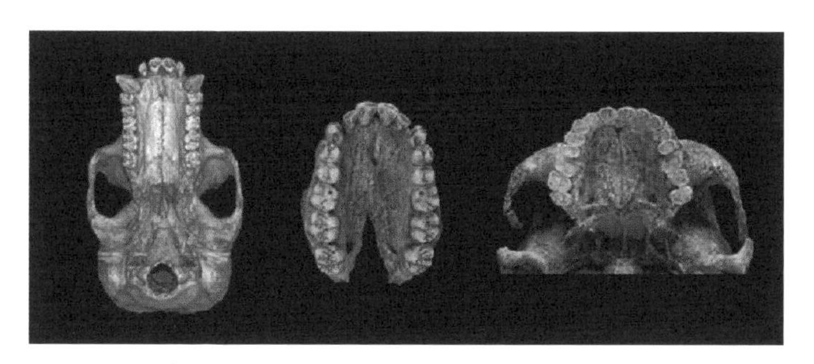

고릴라 | 오스트랄로피테쿠스 | 호모 사피엔스(이광희: 2007)

랄로피테쿠스보다 눈두덩이가 덜 두드러졌고 얼굴은 더 들어간 형태로 바뀐다. 칼이 하는 일이 많아지면서 송곳니와 어금니의 크기가 더 감소했기 때문이다(이광희: 2007).

아마도 돌칼로 사체의 혀부터 잘라내는 것이 손쉬웠을 것이다. 그런 다음 힘줄을 자르고 지방과 살코기를 먹기 좋게 혹은 들고 가기 쉽게 떼어냈을 것이다. 그리고는 다른 포식동물의 눈을 피해 안전한 곳으로 이동해 나눠먹었을 것이다. 모두에게 공평하게 고기가 돌아가도록 자르고 한입에 먹기 좋게 썰고 보금자리에서 기다리는 처자식을 위해 몫을 떼어놓기도 했을 것이다. 이를 뒷받침하듯 서식지에서 발견된 뼈들은 운반하기 좋은, 초식동물의 팔다리뼈들이 많았다. 다른 육식 포유동물이 억센 턱근육과 날카로운 송곳니로 하는 일이다. 그리고 현대인들이 주방에서 가족을 위해 하는 일이기도 하다.

오스트랄로피테쿠스와 호모 하빌리스는 능숙한 사냥꾼은 아니었다. 직립보행이 가능했지만 나무타기에 더 적합한 골격구조였고 키는 1.2~1.4미터로 작았다. 먹히기 좋은 사이즈였고 무엇보다 큰 초식동물을 사냥하기엔 석기가 시원치 않았다. 병든 동물이나 맹수가 먹고 남은 사체를 먹었을 수도 있고 막 잡아서 먹기 시작하려는 맹수를 무리지어 쫓아내고 잠깐 사이에 큼직하게 살점을 도려내어 안전한 장소로 재빨리 이동했을 것이다. 어떤 방식이었든 이들은 돌칼을 이용했다. 불을 이용해 요리를 하지는 못했으니 돌칼은 부엌도구라기보다 정육도구라고 하는 편이 옳을 것이다. 불을 발견하면서 정육도구는 부엌에서도 사용되기에 이른다.

살과 뼈를 분리하는 돌칼이 없었다면 불을 발견하고 이용하기 전에 인류는 도태되었을지 모른다. 칼이 있었기에 억센 턱 근육과 송곳니 없이도 양질의 먹이를 먹을 수 있게 되었고 두개골과 안면 윤곽의 변화까지 초래했다. 여기에 불을 사용해 익혀 먹으면서 크고 튼튼한 치아에 대한 진화상의 압력은 더욱 줄어들게 된다. 원숭이와 우리 사이는 그렇게 멀어졌다.

칼에 생명을 불어넣은 날

칼의 생명은 날이 좌우한다. 호모 하빌리스는 이 사실을 분명히 알고 있었다. 그들은 일부러 근거지에서 12킬로미터나 떨어진 곳의 돌을 가져다 썼다. 보다 좋은 날을 갖고 싶은 열망이 그들로 하여금 사바나 초원을 가로지르도록 한 것이다. 이 열망은 석기 시대 전반에 걸쳐 나타난다. 선조들은 화강암, 석영, 옥수玉髓, 흑요석, 부싯돌 등의 재료로 실험했다. 그 결과 흑요석으로 가장 날카로운 날을 만들 수 있다는 것과 쉽게 부러진다는 사실을 알았고 부싯돌로 만들면 가장 실용적이라는 것도 알았다.

최초의 금속 칼은 기원전 3000년 전 청동기 시대에 등장한다. 요즘 칼처럼 날을 손잡이에 단단히 끼우기 위한 슴베도 있었다. 하지만 날이 잘 들지 않았다. 날카롭게 벼리기에는 너무 물러 칼로서는 불량이었다. 이 약점을 잘 알고 있었던 듯 구슬과 같은 청동 장신구가 더 많이 만들어졌고 돌칼도 여전히 쓰였다. 철이 등장하면서 진정한 칼의 시대가 개막된다. 이때부터 인류는 날카롭게 벼린다는 것이 무엇인지를 고민하게 된다. 날의 역사가 시작된 것이다.

오늘날 칼은 탄소강, 스테인리스강, 세라믹으로 만들어진다. 탄소강은 철에 소량의 탄소를 섞어 강도를 높인 것이고 스테인리스강은 강철에 니켈, 망간, 크롬 등을 첨가시켜 부식에 대한 저항을 높인 것이다. 요즘 새롭게 떠오르고 있는 것이 세라믹으로 만든 칼이다. 다이아몬드 다음으로 경도가 높다는 지르코니아 세라믹으로 만드는데 놀랄 만큼 정교하게 날을 세울 수 있다. 원래 인공치아를 만드는 소재였으니 이래저래 이빨과 칼의 인연은 깊다고 할 것이다.

세라믹 칼은 금속 칼이 갖지 못한 장점이 있다. 금속 칼은 과일과 채소의 단면을 산화시켜 영양소를 파괴하지만 세라믹 칼엔 이런 산화작용이 없다. 이 칼로 사과를 깎으면 오랫동안 색이 변하지 않는다. 칼날이 예리해 식빵, 토마토, 삶은 달걀처럼 눌러 자르기 힘든 음식을 깔끔하게 자를 수 있고 평생 칼날을 갈지 않아도 된다. 고밀도 재질이라 김치나 양파, 마늘을 자른 후 냄새가 배지 않는 장점도 있다.

언뜻 주방칼의 정점인 듯하지만 단점도 있다. 경도는 강하지만 인성이 약해 충격에 약하다. 냉동식품에 잘못 칼날을 댔다간

이가 나가기 십상이다. 한번 날이 나가면 다시 날을 벼리기가 매우 어렵다. 모름지기 손에 칼을 쥐었으면 한 번쯤은 하기 마련인 고깃덩어리를 절단 낸다거나 탁탁탁 소리를 경쾌하게 울리며 식재료를 다지기에도 적합하지 않다.

그래서 요리사들은 여전히 금속 칼을 선호한다. 그들에게 있어 칼은 의사의 청진기와 같다. 일급 요리사들은 자신의 이름을 새긴 칼을 갖고 있으며 하루 일과를 마치고 나면 반드시 날을 날카롭게 벼려둔다. 칼이 날카롭다는 것은 각도의 문제다. 칼의 날은 양쪽에서 V를 이루면서 만나는데 이 각이 좁을수록 저항을 덜 받기 때문에 절삭력이 높아진다.

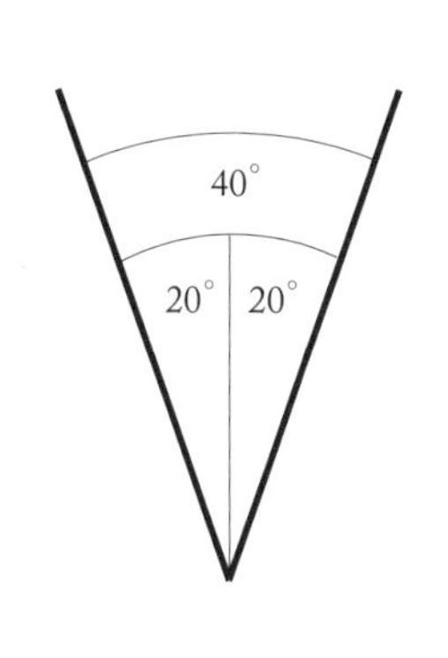

대개의 주방용 칼은 옆의 그림처럼 날의 양면을 다 가는 이중 경사면의 형태다. 하지만 날 각을 말할 때는 보통 한쪽 날, 편도만을 얘기한다. 이 날 각을 어떻게 세우느냐에 따라 칼의 종류와 기능이 달라진다. 이론상 각이 0도에 가까울수록 무한의 예리함을 얻을 수 있지만 내구성 때문에 용도에 따라 각을 달리 해야 한다.

주방용 칼은 편도 15~25도 사이다. 이 각도면 베고, 썰고, 다지고, 저미는 여러 작업에 무난하게 쓸 수 있다. 무기로서의 칼도 이 각도에서 만들어진다. 짚단 베기처럼 수련에 쓰는 칼은 위의 그림처럼 세모꼴로 날각을 예리하게 잡지만 실전에서 쓰는 칼은 충격을 흡수하기 위해 칼배가 뚱뚱하다. 단면을 자르면 육각이거나 밑바닥이 둥근 배船 모양으로 편도 20도다.

15~25도 사이의 날각은 절삭력은 좋지만 내구성이 약해 자주 갈아줘야 하는 단점이 있다. 때문에 중국 무협영화에서처럼 칼끼리 부딪히며 합을 겨루다간 결정적인 순간에 목적을 상실할 수 있다. 상대의 날을 칼등으로 받아 내거나 옆으로 흘리는 것이 검법의 정석일 만큼 날은 약하다.

편도 25~30도에서부터 날의 내구성이 강해진다. 조금 험하게 쓰는 사냥칼, 주머니칼, 캠핑 레저용 칼이 이 범주에 들어간다. 절삭력이 높지는 않지만 자르고 찌르는 기본 기능 외에 패기가 가능하다. 13세기에 출현했으며 판타지 게임에 자주 등장하는 서양의 롱스워드가 이 각도다. 전신 장갑의 등장으로 베고 찌르기보다 찍어 누르고 때려눕히기 위해 내구성을 높였기 때문이다. 편도 30도 이상이 되면 일반인의 눈으로도 확연히 구분이 간다. 이 각도부터는 더 이상 칼이라고 하지 않는다. 모두들 도끼라고 부른다.

사시미칼은 15~17도로 한쪽 날만 세운다. 한쪽 날만 세우기 때문에 오른손잡이용과 왼손잡이용이 따로 있다. 이렇게 한쪽으로만 날을 세우면 부드러운 재료를 얇게 자를 수 있고 잘린 면이 깨끗하고 아름답다. 칼의 예리함이 요리에 그대로 표현되는데 칼을 눌러 써는 것, 당겨 써는 것, 칼끝을 대고 눌러 써는 것,

칼이 도마에 닿지 않고 써는 것 등 방법에 따라 요리의 식감이 달라진다고 한다. 숙련된 일식 요리사가 생선의 살점을 도려내고 다시 수조에 넣었을 때 생선이 살아 움직일 수 있는 것은 신경을 다치게 하지 않고 도려낼 수 있는 사시미칼의 예리함 덕분이다.

여기서 알 수 있는 것이 하나 더 있다. 날이 예리하면 생명을 죽이는 칼이 아니라 생명을 살리는 칼이 된다. 수술용 칼도 사시미칼과 비슷한 각도다. 다만 한 쪽 날만 세우지 않고 편도 8.5로 총 17도의 각을 갖게끔 한다.○ 신경계 손상을 최소화하기 위해 날의 두께가 0.5~1밀리미터 수준이라 초정밀 금속 가공 기술이 필요하다.

꿈결처럼 부드럽게, 베이는 것도 모른 채 피맛을 보게 만드는 안전 면도날도 이 각도다. 면도기 업계를 양분하고 있는 질레트가 한때 수술용 칼을 만들었다. 가늘고 날카로운 만큼 날은 빨리 상한다.

○ 수술용 칼은 스테인리스, 다이아몬드, 사파이어 등의 소재로 만들어진다. 스테인리스는 절개 시 피부조직에 금속 이온이 용출되어 세포 손상의 가능성이 있고 상처의 회복력이 늦다. 다이아몬드는 매우 날카롭지만 높은 경도로 인해 가공이 어려워 제작단가가 높다. 사파이어 소재 의료용 칼은 내식성, 내화학성이 좋아 감염의 위험이 낮고 피부손상이 적어 상처 회복력이 가장 빠르다(신건휘: 2017).

불맛, 손맛 이전에 칼맛

흔히들 일본 요리는 칼맛, 중국 요리는 불맛, 한국 요리는 손맛이라고 한다. 각 나라 요리의 특성을 뭉뚱그려 표현한 것이지만 실제 요리의 맛은 칼질에서부터 시작한다. 날 생선이나 육회의 맛도 칼질에 달려 있고 볶음용 고기나 찌개용 고기도 잘린 단면이 매끈할수록 혀에 감기는 맛이 부드럽다. 삶은 고기를 썰어 먹는 수육 또한 칼질에 따라 맛이 달라진다. 그러므로 요리사에게 있어 칼은 생명이다. 특히 일본 요리는 칼로 시작해 칼로 끝이 난다고 할 만큼 칼이 차지하는 비중이 높다. 그들은 칼이 지나간 자국으로 요리사의 실력을 가늠한다. 이 위상에 걸맞게 전 세계 주방용 칼은 일본식 칼과 서양식 칼로 양분된다.

먼저 서양식 주방칼은 날각이 편도 20도이고 칼날이 칼끝을

향해 부드럽게 경사지면서 뾰족해진다. 이 모양 덕분에 칼끝을 도마 위에 닿게 하고 뒷부분을 들어 올리면서 재료를 다지는 '락킹rocking'이 가능하다. 반면 일본식 주방칼은 편도 15도의 날각에, 칼날이 편평하고 칼등이 칼끝으로 가면서 굽는다. 락킹을 하려면 할 수는 있지만 편평한 일직선 날 때문에 하다보면 손목에 무리가 간다. 오히려 탁탁탁, 경쾌한 타격음을 내며 다지는 편이 수월하다. 또 칼의 두께가 얇고 가벼워 얇게 저미고 잘게 자르는 용으로 적합하다.

일본식 주방칼은 우리 전통 한식 칼(정확히는 경상도식 칼)과 모양이 비슷하다. 하지만 빅토리녹스, 핸켈, 드라이작으로 대표되는 서양 칼과 '산토쿠三德(베고 썰고 다지는 세 가지 덕을 지녔다 해서 삼덕)'라고 불리는 일본 칼에 견주어 한식 칼은 요리 세계에서 존재감이 없다.

우리말 '칼'은 15세기에 '갈'이었으며 '갈'의 고어는 '갇kat'이다. 이 말이 일본으로 건너가 칼, 도검류를 지칭하는 '가타나かたな'가 되었다. 실제 일본의 철기문화는 2~3세기 경 가야인이 건너가면서 시작되었다(곽낙현: 2014). 어원에 영향을 줄 정도로

상당한 기술력을 갖고 있었음에도 신기할 정도로 우리는 칼에 신경을 쓰지 않았다.

제련, 용해, 접기, 단조 공정을 활용해 최강의 살상무기를 만든 사무라이의 후예답게 일본은 부엌칼도 그렇게 만든다. 칼등 부분은 무른 철로, 칼날 부위는 단단한 철로 만들고 열처리를 따로 할 만큼 정성을 기울인다. 그런데 우리는 이 정성을 딴 곳에 쏟았다. 국립중앙과학기술사연구실에서 1994년 전통 대장간에서 만들어지는 각종 기구의 경도 실험을 한 것으로 알 수 있다. 우리 대장장이들이 가장 심혈을 기울였던 것은 '낫'이었다.

대장간에서 만들어진 칼의 경도가 '19.5'인 반면 낫은 낫날이 '64.0', 낫등은 '22.7', 낫 중심은 '25.4'였다. 낫등과 낫 중심이 경도가 낮은 것은 낫날이 받는 충격을 흡수하기 위해서다. 이를 위해 열처리와 단조공정을 따로 했는데 사무라이 칼의 원리가 이와 똑같다. 낫은 괭이(57.2)보다도 경도가 높았고 이만한 강도로 만들어지는 것은 밭농사에 유익한 호미였다.

실학자 서유구(1764~1845)가 조선의 낙후된 기술력을 한탄하며 집필한 백과사전 『임원경제지』「섬용지 · 생활도구」편에서도 칼을 두고 "날이 꼭 너무 단단하고 날카로울 필요는 없고 고기를 가르고 채소를 자를 정도면 충분하다"라고만 했다.

반면 낫은 「섬용지」에서 약식 기술하고 농사와 관련된 「본리지」편에서 그림과 함께 총 일곱 종을 자세히 소개할 만큼 중요하게 다루었다. 실제 낫을 잘 만들어야 최고의 대장장이였다고 하니 우리 조상들은 식재료 채집은 중시했어도 식재료 가공에는 그다지 관심을 두지 않은 것이 분명하다. 하지만 서유구는 일본 칼이 좋다는 것은 분명히 알고 있었다. 『천공개물』『무비지』 등을 인용하며 중국도 이에 도달하지 못했는데 어떻게 일본이 이런 기술을 얻었는지 모르겠다고 기술하고 있기 때문이다.

이렇듯 다목적 주방용 칼을 일본식과 서양식이 양분하고 있지만 요리 세계에서 잊지 말아야 할 칼이 있다. 바로 중식칼이다. 목적과 기능에 있어 중식칼만큼 탁월한 칼은 없다. 요리사들의 세계에서 정식 일본 요리를 하기 위해서는 기본적으로 6~7가지의 일식칼이 필요하다. 야채용, 어패류용, 횟감, 갯장어와 뱀장어용, 초밥용 등 식재료와 목적에 적합한 칼을 따로 갖추어야 한다. 서양 요리는 이보다 더 복잡해 대략 17개의 칼이 상비되어야 한다. 빵칼, 치즈칼, 햄슬라이서, 자몽칼, 굴 까는 칼, 뼈를 자르는 클레버, 살을 발라내는 보닝 나이프 등등이 각각의 용도에 맞게 디자인되어 있다.

그러나 중국 칼은 오로지 한 가지다. 날 길이는 18~29센티미터 사이이고 폭은 9~12센티미터로, 이 폭이 처음부터 끝까지 똑같이 이어진다. 큼지막한 손도끼 모양으로 일반 가정에서도 전문 요리집

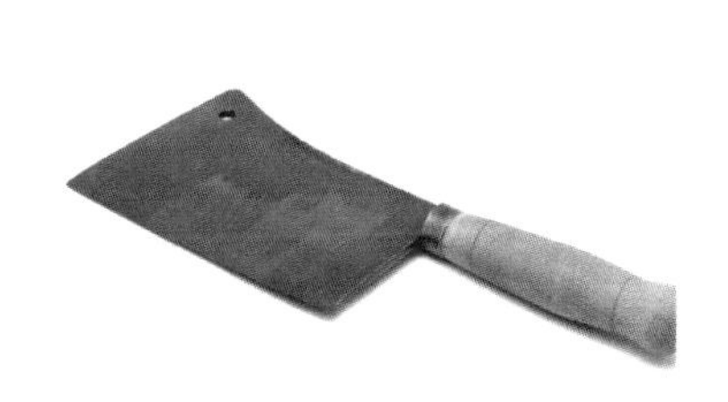

○ 일식과 양식엔 많은 종류의 칼이 필요하지만 주방에서 그만큼 필요한 것은 아니다. 일본의 주부들은 산토구 하나로 충분히 살림을 하고 서양의 주방도 세프 나이프와 퍼티 나이프(긁어내거나 펴 바르는 용도, 스크레퍼 혹은 헤라라고도 한다)만으로 살림을 한다. 일본의 부엌칼은 연철(탄소를 함유하지 않은 철)과 강철을 섞어 만들지만 서양의 부엌칼은 강철로만 만드는 경우가 많다(히노 아키코: 2017).

에서도 이 칼 하나만 쓴다.○ 사이즈가 작으면 손이 작은 여성용이고 크면 남성용이다.

인류학자 E. N. 앤더슨은 중국 칼을 가리켜 만능이라고 부르며 요리 외에 활용할 수 있는 다양한 기능을 다음과 같이 열거했다. '장작 패기, 손톱 깎기, 연필 깎기, 젓가락 만들기, 면도하기, 원수 때려잡기.' 실제 숙련된 프랑스 요리사가 다양한 칼을 동원해 구사하는 민스mince(잘게 다지기), 시포나드chiffonade(실처럼 얇게 썰기), 쥘리앙julienne(채 썰기), 투르네tourner(돌려 깎기) 등의 모양내기를 중국 요리사는 이 칼 하나로 해낸다. 단순한 형태로 다기능을 한다는 측면에서 젓가락에 버금간다.

자세히 살펴보면 겉보기와 다르게 아주 섬세하게 가공되었기 때문이다. 중식칼은 그냥 네모진 것 같지만 날 부분에 살짝 배가 나와 유선형을 이룬다. 이로 인해 식재료 위에 칼날을 얹어 가볍게 아래위로 흔드는 것만으로도 썰기가 가능하다. 또 넓적한 몸체는 썰어놓은 식재료를 한 번에 옮기는 데 유용하다. 단단한 재료를 다듬는 것은 몸통을 두껍게 만들고 야채 등 부드러운 재료를 다듬는 것은 몸통을 얇게 뺀다.

이 만능칼이 세계 주방칼 시장에서 존재감을 드러내지 못하는 것은 오로지 모양이 주는 무지막지함 탓이다. 익숙하지 않은 사람은 중식칼로 재료를 다듬으면 칼질이 아니라 작두질을 하고 있다는 느낌을 강하게 받는다. 중국인들이야 동의하지 않겠지만 자신의 야수적인 면모를 마주하고 싶다면 이 칼을 쥐고 거울 앞에 서보면 된다. 사시미칼을 쥐었을 때 전해오는 서늘함과는 다른 종류의 폭력성이 꿈틀거리는 것만 같다. 사시미칼은 내가 다칠 것 같다면 중식칼은 정말 누군가를 다치게 할 것만 같다.

상처받을 수 있는 쓸모 있는 몸, 도마

"토막 난 / 죽은 몸들에게 짓눌려 피거품을 물던 너는 / 안 죽을 만큼의 상처가 고통스러웠다. (…) 너의 몸 그 움푹 패인 상처 때문에 / 칼날도 날이 부러지는 상처를 맛봤다." _신기섭, 「나무도마」

부엌은 폭력적인 장소다. 끓는 물과 뜨거운 불이 있고 무엇보다 칼이 있다. 부엌에서 일어나는 폭력의 상당수를 칼이 담당한다. 산업화된 먹거리 체계로 진입한 후 주방에서 직접 피비린내와 조우하는 일은 드물어졌지만 1970년대만 해도 닭 정도의 소형 동물은 칼을 쥔 자에 의해 부엌 현장에서 목이 따였다. 요리를 하려면 어쩔 수 없이 이런 살벌한 과정이 필요하다. 비록 잘리는 대상이 무 쪼가리, 배추 한 포기일지라도 이 칼질에는 반드시 도마가 함께 한다. 살육의 순간을 끊임없이 목도하며 폭력의 상흔을 제 몸에 간직하는 것이 바로 도마다.

스물다섯에 요절한 시인 신기섭은 도마에게서 "매운 몸들이 으깨어지고 비릿한 심장의 / 파닥거림이 너의 몸으로 전해져도 눈물 흘릴 / 구멍 하나" 없는 상처 많은 몸을 보았다. 하지만 고대의 도마는 조금 더 귀한 대접을 받았다. 도마를 가리키는 한자어 '조俎'는 썰어놓은 고깃덩어리 '육肉'과 남성의 생식기를 형상화한 '차且'의 결합이다.° 자손을 이어주는 남근은 조상신을 상징하는 것이었고 그 조상신을 기리는 제사에 썬 고기를 올려 음덕에 감사를 표할 때 쓰던 귀한 그릇이 바로 도마였다.

나무도마는 예로부터 노송, 버드나무, 은행나무, 삼목 등으로 만들었다. 요즈음에는 나무 외의 재질로도 도마를 만든다. 관리하기 쉽고 세척도 편한 합성수지도마는 칼이 미끄러지기 쉽고 닿는 느낌이 부드럽지 않아 장시간 사용하면 칼날이 무뎌지는 단점이 있다. 또 일반적인 생각과 달리 위생관리를 제대로 하지 않으면 잡균의 온상이 된다.°°

도시적 세련미가 돋보이는 강화유리도마와 대리석도마는 칼

° 『설문해자』에서도 고깃덩어리 반쪽이 차且 위에 있다는 의미로 제사에 쓰이는 그릇으로 풀이한다. 갑골문과 금문에도 모두 제사 그릇 위에 고깃덩어리를 얹어 놓은 모습이다(이병관, 강태립: 2011). 남성의 생식기는 자손을 이어주는 상징물로 고기를 바쳐 제사를 모시는 대상이었다. 자손을 이어주는 상징에서 '또' '장차'와 같은 추상적 의미가 나왔다(하영삼: 2014). 『예기』 「예운」의 기록에 따르면 도마는 날고기를 담는 그릇이었다.

○○ 위생관리를 받아야 하는 업소는 교차오염을 막기 위해 여섯 가지 색상의 플라스틱 도마를 쓴다. 빨간 도마는 날고기, 파란색은 생선, 노란색은 햄과 같은 가공육, 녹색은 향이 부드러운 야채와 과일, 갈색은 양파와 마늘처럼 향이 강하거나 딱딱한 채소를 위해, 흰색은 버터와 치즈 같은 유제품을 위해 사용한다. 일반 가정에서 이 모든 것을 갖추기는 어렵다. 전문가들은 플라스틱도마는 고기를, 그 밖의 야채와 과일, 향신료를 위해선 나무도마를 쓰는 것이 좋다고 한다(Alan snow: 2017).

날의 적이다. 이들을 견뎌내는 칼은 어디에도 없다. 때문에 업소에서는 절대 쓰지 않는다. 실리콘도마는 돌돌 말 수 있고 삶을 수도 있으며 전자레인지와 식기세척기에서 소독할 수도 있다. 하지만 탄력이 너무 좋아 칼이 내려치는 힘을 그대로 흡수해 정확한 칼질이 되지 않는 단점이 있다. 게다가 칼날에 의해 흉터가 생기면 미생물이 서식하기에 더 없는 조건을 만들어낸다. 이 역시 고급요리점에서는 쓰지 않는다.

2013년에는 샤프 유럽Sharp Europe에서 인터랙티브 첨단 도마Chop-syc를 선보였다. 음식과 칼날이 닿는 부위에 상처를 예방하기 위해 표면을 강화유리로 마감하고 터치스크린으로 작동하게 한 일종의 태블릿 도마다. 디지털 저울 기능이 있으며 와이파이와 연결해 요리하면서 조리법을 찾아볼 수 있다. 인터랙티브 도마는 양산되지 않고 시제품으로 끝났는데 아이디어의 일부는 '스마트 도마smart cutting board'로 이어졌다.

스마트 도마는 외장을 100퍼센트 대나무로 마감했는데 도마의 왼쪽 일부에 디지털 저울과 타이머를 내장하고 여분의 도마를 밑에서 꺼낼 수 있도록 디자인되었다. 여분의 도마엔 자외선 살균기가 있어 도마와 여분의 도마 사이에 칼을 끼우면 칼을 소독할 수 있고 완전히 꺼내어 도마를 덮으면 도마 살균이 가능하다. 오른쪽 아래에 있는 두 개의 홈은 칼갈이며 당연히 충전해서 쓰는 물건이다.

재질을 강화유리에서 나무로 바꾼 것에서 알 수 있듯 칼에 가장 친절한 도마는 나무도마다. 칼이 잘 미끄러지지 않으며 모진 칼질을 적당한 탄력으로 받아내 날의 예리함을 지속시켜준다. 전문 요리사들이 칼만큼 도마를 중요하게 생각하는 이유다. 까다로운 요리사는 자신의 전공에 따라 해당 국가에서 직접 도마를 수입해 쓰는 경우가 많다. 크기는 적어도 30×60센티미터가 되는 것이 좋으며 배꼽보다 10~12센티미터 아래에 두고 쓴다. 그래야 손목과 허리에 무리가 가지 않기 때문이다.

나무도마는 수분을 머금었다 마르는 과정에서 칼질로 생긴 상처를 복원하는 힘이 있다. 복원력이 가장 좋은 것으로는 은행나무를 으뜸으로 친다. 이 특성으로 무거운 유기 식기에 눌린 자국이 생기기 쉬웠던 우리 전통 밥상은 은행나무로 만든 것을 최상급으로 대접했다. 젖은 행주로 한 번 훔쳐놓으면 다음 끼니가 되기 전에 눌린 자국이 사라지기 때문이다. 또 나무 자체에 유분이 많아 물빠짐(건조)이 가장 잘 된다.

나무도마는 위험한 잡균이 서식할 수 있다는 편견이 있지만 나무 자체의 항균 작용으로 인해 잘 씻고 말려주면 가장 안전한 재질이다. 캘리포니아대학 데이비드 캠퍼스의 연구팀에 따르면 대장균 같은 질병과 관련된 세균은 나무도마보다 플라스틱도마에서 더 오래 살아남았다. 생고기를 사용한 후 물로 세척한 실험에서도 플라스틱도마가 나무도마보다 두 배나 더 많은 살모넬라균를 증식시켰다(제프 포터: 2011). 자외선 소독은 아니더라도 나무도마를 안전하게 사용하고 싶다면 마무리 세척 단계에서 식초를 탄 물을 사용하면 된다. 식초의 산성은 대부분의 세균을 죽인다. 비린내가 없어지지 않으면 레몬주스나 소금을 사용해 중화할 수도 있다.

나무도마는 스스로 호흡한다. 수분을 머금었다 마르는 과정이 나무도마의 호흡이다. 좋은 나무도마는 이 과정에서 비린내와 잡내도 스스로 제거한다. "그곳은 상처들이 서로 엮이고 잇닿아 / 견고한 하나의 무늬를 이룩한 곳 / 세월의 때가 묻은 손바닥 같이 상처에 태연한 곳"이라 했던 시인의 통찰처럼 주방에서 볼 수 있는 것들 중 가장 인간의 삶을 많이 닮았다.

3

주방 그리고 남자와 여자

부엌일에서 오르가즘을 느끼는 여자는 없다

프랑스 작가 아니 에르노는 자전적 소설 『얼어붙은 여자』에서 결혼한 지 석 달된 대학생 부부의 생활을 묘사하며 주인공의 입을 빌어 이렇게 말한다. "그나 나나, 어머니 치마폭에서 요리를 도운 과거가 없었다. 왜 둘 중에서 나만 이것저것 해봐야 하나, 닭은 얼마나 오랫동안 삶아야 하는지, 오이의 씨는 제거해야 하는지, 그런 걸 알아보려고 왜 나만 요리책을 탐독해야 하고, 그가 헌법을 공부하는 동안 당근 껍질을 벗기고, 저녁을 먹은 대가로 설거지를 해야 하는가?"라고 되묻는다.

불합리하다 생각하지만 집안일은 여자의 몫이 되고 주인공은 어느덧 중견 간부의 아내이면서 선생님이라는 직업을 가진, 두 아이의 엄마가 된다. 그리고 그녀는 남편에게 이렇게 설득당하는 위치에 이른다. '당신은 일주일에 4일하고도 반나절 동안 가사 도우미의 도움을 받는 특권을 가진 여자'라고 말이다. 여자는 스스로 반문한다. '남자는 자기가 좋아하는 부인을 일주일 내내 도우미로 부리는데, 대체 어떤 남자가 특권을 누리지 않는다는 말인가?' 더는 숨길 수 없는 주름, 쇠락이 바로 앞에 온 자신의 얼굴을 목도하면서 말이다.

부엌일에 신이 나서 덤비는 사람은 없다. 대개가 의무감에서 한다. 어쩐 일인지 주방의 의무는 옛날부터 여성의 전담이었다. 남자가 스스럼없이 요리를 한다고 알려진 중국도 예외는 아니다. 고대 중국의 무덤 벽화에서 부엌일을 하는 사람은 대개가 여자들이다. 내몽골에서 출토된 후한後漢 시대 그림엔 아궁이에 불이 타오르는 가운데 우물에서 물을 긷는 아낙의 모습이 나온다. 쓰촨성에서 나온 후한 시대 그림엔 긴 호롱으로 아궁이에 바람을 불어넣는 아낙이 있다. 위진 시대 간쑤성 자위관 5호 무덤에는 여인네 둘이 닭을 삶으며 닭털을 뽑는 장면이 묘사되어 있다(김광언: 2015).

청나라가 망하는 근세기까지 집안일은 전적으로 여자의 일이었다고 한다(고홍홍:2002). 그것도 전족을 한 상태에서 말이다. 전족을 하면 두 발의 뼈가 부러지고 힘줄이 오그라들어 거동하기가 매우 힘들다. 부잣집은 아랫사람을 부렸지만 형편이 되지 않는 평민 여성들은 전족한 채 무릎으로 기어 다니며 청소와 밭일을 하고 맷돌질과 디딜방아, 모내기, 수확까지 했다고 한다.○

간쑤성 자위관 무덤 벽화에 그려진 부엌일하는 여성

전문 요리사가 아닌 평범한 남자들이 거리낌 없이 요리하는 문화가 정착된 것은 중국 공산당이 들어선 이후의 일이다. 공산당은 남녀 평등사상을 주입하면서 여성의 노동력을 적극적으로 끌어내게 되는데 노동력의 효율적인 활용을 위해 가정을 아예 해체시켜버렸다. 1966년에서 1976년 문화대혁명의 기간 동안 가정에서의 식사를 금지시킨 일이 바로 그것이다.

문화대혁명 기간에 중국인들은 거민위원회(주민자치조직)가 주관하는 자치식당에서 공동식사를 하도록 강요당했다. 소

○ 송나라 때부터 시작된 전족은 처음엔 관료 귀족층에서만 유행했다. 이 시기 전족용 신발은 13.3~14센티미터 사이이다. 엄청 작은 사이즈이지만 후대에서는 '배와 같이 크다'라고 조롱받을 만큼의 크기였다. 청나라로 오면 9센티미터로 더 작아진다. 전족하는 것이 얼마나 찬양되었는지는 다음의 일화로 알 수 있다. 명을 건국한 주원장은 자신에게 대항한 장사성을 진압하며 "남자는 독서를 불허하고 여자는 전족을 금지하라."고 했다. 전족은 사회적 지위와 귀천등급을 가늠하는 표지였다(고홍홍: 2002).

설『허삼관매혈기』에 그 시절의 식사가 묘사되어 있는데 직장의 근로시간이 저마다 달라 가족이 함께 식사하기는 힘들었다고 한다. 이 시절 가장 좋은 처세는 끼니가 되면 혼자서라도 거민식당이나 직장 구내식당에 들어가 얼굴 도장을 찍고 묵묵히 밥을 먹는 것이었다.

가정에서의 식사를 금지함으로써 역설적으로 중국 여성은 부엌에서 해방된다. 물론 남녀 평등사상의 주입과 거민식당이라는 충격만으로 중국 남자의 주방 참여를 전부 설명할 수는 없을 것이다. 한 가지 더 생각해볼 요인이 있다면 근대적 레스토랑이 송나라 때에 출현했을 만큼 요식업이 일찍 발달했다는 점이다. 고래로부터 요식업으로 부를 쌓은 사람이 많았다는 점은 중국 남성들로 하여금 쉽게 부엌칼을 쥐게 한 요인이 되어줬을 것이다.

2015년 기준 중국 남성들의 하루 가사노동 분담 시간은 91분으로 조사되었다. 같은 해 45분에 불과한 우리나라보다 2배 이상의 수치다. 우리보다 가사노동 분담이 많은 것이 사실이지만 그것이 요리가 아닐 수도 있다. 우리나라와 달리 집에서 하는 식사가 일주일에 두세 번에 불과할 정도로 중국인들은 외식이 잦기 때문이다(김용표: 2015). 매일 하루에 두세 번은 해야 하는 지루하고 반복적인 작업, 그들도 역시 피할 수 있다면 피하고 본다.

먹을 줄만 아는 남자,
아리스토텔레스 편

해주는 음식, 먹을 줄만 알고 요리할 줄은 몰랐던 남자가 불행과 마주한 경우가 드물게 역사에 기록되어 있다. 다음은 프란체스카 리고티(2003)가 소개한 일화들이다.

첫 주인공은 신칸트주의자인 에른스트 카시러(1874~1945)다. 어느 날 몸살로 몸져누운 그의 아내가 남편에게 따뜻한 우유 한 잔이 먹고 싶다고 했다. 사려 깊은 이 철학자는 병든 아내를 대신해 부엌으로 들어가 우유가 담긴 유리병을 집어 들었다. 그리고는 불 위에다 병을 그대로 올려놓았다. 잠시 후 부엌에서는 일거리가 늘어났다. 카시러의 아내는 아픈 몸을 일으켜야 했을 것이다. 아마도 "내가 무슨 호강을 누려보겠다고!"라며 가슴을 쳤을지 모른다. 현대 문화철학을 창시한, 명민한 철학자의 두뇌

예일대학 시절(1941~1944)의
에른스트 카시러 ©『포춘』

도 부엌에서는 무용지물이었다. 그는 그날 난생 처음 부엌에 들어갔다. 평생 동안 예술, 역사, 종교, 과학의 상징체계를 연구해 온 그였지만 소박한 수준의 부엌 체험조차 해본 적이 없었던 것이다.

시간을 더 거슬러 올라 1794년 프랑스로 가면 더 큰 불행이 있었다. 백과전서파의 일원이었고 진보사상가였으며 동시에 혁명가였던 니콜라 드 콩도르세 후작이 그 주인공이다. 봉건체제를 폐지하고 시민국가를 완성하려던 그였지만 실권을 장악한 로베스피에르의 자코뱅 당원에게 쫓기는 신세가 되고 만다. 온건 혁명파 지롱드당 소속이었던 그가 루이 16세의 사형에 반대했기 때문이다. 급진적 프랑스 혁명의 와중에 그가 보인 독자적 행보와 소신은 위험하게 간주되었다. 법률의 보호와 귀족의 권리를 박탈당한 그는 파리의 은신처에 피신하지만 감시당하고 있음을 직감하고 3일 동안 근교의 수풀과 돌산으로 몸을 숨긴다.

운명은 3월 27일 저녁에 찾아온다. 기력을 회복하기 위해 클라마르 마을의 어느 선술집을 찾아들어간 그는 가게 여주인에게 먹을 것을 주문한다. 그러자 주인이 오믈렛을 추천하면서 그에게 물었다. "계란은 몇 개나 넣을까요?" 계란으로 오믈렛을 만든다는 사실을 몰랐던 그는 우물쭈물 "한 열두 개 정도"라고 대답한다. 흙이 묻은 신발과 바지, 헝클어진 머리와 수염, 무엇보다 상식에 어긋난 답변(세 개면 충분하다), 부지불식간에 남파 간첩 식별법의 모범답안을 제출해버린 그는 식당 주인의 신고로 자코뱅 당원에게 체포되고 만다. 카시러처럼 평생 부엌에 들어가본 적도 없고 요리를 어떻게 하는지도 몰랐던 이 불행한 사내는 사흘 뒤 들판에서 시체로 발견되었다.

장바티스트 그뢰즈가 그린
콩도르세 초상화

이 두 철학자가 요리하기와 부엌을 멀리하다 크고 작은 불행과 마주한 이유는 이들이 상류층이었기 때문만은 아니다. 문화가 그러했다. 먹지 않으면 살 수가 없었지만 고래로부터 인류의 상당수는 요리하는 모습을 그냥 지켜만 봐왔다. 대부분이 남자였고 나머지는 아이들이었다. 요리는 하층계급, 그중에서도 여자가 하는 일이었다. 예외가 있다면 궁정에 소속된 남자 요리사들뿐이었다.

현대는 전자레인지에 넣어 3분을 돌리고 마트에서 양념까지 구비된 밀키트에 물을 붓고 끓이는 것도 요리 축에 속하는 세상이다. 하지만 50년 전만 해도 요리는 그런 것이 아니었다. 저녁에 닭을 먹겠다 함은 적어도 늦은 오후에는 마당에서 닭의 목을 따고, 피와 털을 뽑고, 내장을 들어내고, 토막을 내겠다는 뜻을 함축하는 일이었다. 요리는 20세기 중반 무렵까지 대부분의 사회에서 기술과 인내심, 시간과 고된 노동을 요구하는 일이었다. 그러므로 우아한 자, 고귀한 자, 돈이 많은 자, 조금이라도 힘을 가진 자는 회피했다.

이런 서구 남성의 부엌 기피 이데올로기는 아리스토텔레스가 제공했다. 아리스토텔레스는 『정치학』에서 통치 행위의 출발점으로 가정 경영술을 먼저 이야기한다. 그는 정치가의 지배와 가정에서의 지배는 엄연히 다르다고 말한다.

> 모든 형태의 지배는 서로 간에 동일하지 않다. 정치가의 지배는 자유로운 사람과 동등한 사람을 지배하는 것이지만 가정에서의 지배는 (남자) '홀로 지배하는 것'이다.

아득한 옛날, 다른 곳에선 상상조차 못했던 민주제를 논의하는 자리에서 그는 가정에서의 지배를 군주제(정확히는 독재)에 비유했다. '삶은 활동이지 만듦이 아니다. 가사노동은 활동을 위한 보조자'라고 하며 요리를 가리켜 인간의 지식 중 '종속적인' 분야에 속한다고 아리스토텔레스는 못을 박았다. 노예에게나 알맞은 기술이지 사냥과 전쟁처럼 시민이 익혀야 할 명예로운 기술이 아니라고 한 것이다. 따라서 한 집안의 주인은 요리와 같은 하급 기술을 습득하는 일에는 무관심해야 하며 단지 그것을 활용하라고 충고했다. 달리 말하면 먹기만 하라는 말씀이다.

먹기만 하는 남자,
맹자 편

요임금에게 왕위를 물려받은 순임금이 후직에게 명을 내린다. "백성은 굶주리는 것을 걱정한다. 제때에 백곡을 파종할 수 있도록 준비하라. 백성은 먹는 것을 하늘처럼 여긴다." '민식이위천民食以爲天.' 아득한 신화시대에도 먹거리와 먹는 행위의 중요성을 잘 알고 있었다. 잘 먹는다는 것은 개인의 양생이면서 국가의 근간이다. 먹어야 산다. 게다가 먹는 것은 즐겁다. 우리는 하루 세 끼 이 행복한 경험과 마주한다. 이 쾌락은 부엌에서 시작되고 입안에서 완성된다. 부엌은 쾌락의 시작이다.

우리 선조들은 집을 지을 때 풍수지리를 중시했다. 집터뿐만 아니라 건물의 위치와 방향도 풍수에 의거했다. 이를 '좌향坐向보기'라고 하는데 좌향에서 가장 중요한 요소가 안방, 대문, 부억이다. 안방은 주인의 거처이고 대문은 기가 넘나드는 곳이며 부엌은 생존의 필수인 먹거리가 만들어지기 때문이다. 『임원경제지』에는 부엌 만드는 법이 상세히 기술되어 있다. 그중에서 요리의 중심이 되는 아궁이 만드는 법을 보면 얼마나 세세한 의미를 부여했는지 알 수 있다.

> 길이는 일곱 자 아홉 자로 하니 위로는 북두칠성을 본뜨고 아래로는 9주九州(『서경』에 기록된 행정구역)에 대응함이다. 너비는 넉 자이니 사계절을 본뜬 것이요, 높이 석 자는 삼재三才를 본 뜬 것이다. 아궁이의 폭은 한 자 두 치이니 12시를, 두 개의 솥을 앉힌 것은 해와 달을, 부엌 고래의 크기가 여덟 치인 것은 팔풍八風(팔방에서 부는 바람)을 본뜬 것이다.

부엌을 동양적 우주론의 축소판으로 본 것이다. 심오한 사상은 딱 여기까지다. 축소된 우주는 집의 서쪽에 위치시켰다. 서쪽이 여성의 방위였기 때문이다. 부엌은 여성 전유의 상징이면서 철저한 남성 배제의 구역이었다. 혹여 남자가 부엌으로 들어오면 고추(?)가 떨어진다고 쫓아냈으며 부지깽이로 때리기도 했다. 당시엔 양반가 사내들뿐만 아니라 평범한 남자들도 부엌을 출입한다는 것은 큰 흉을 사는 일이었다.○

이규태(2000)의 책에 이 원칙을 철저히 지킨 인물의 이야기가

○ 이 시대에도 이단아들은 있다. 연암 박지원은 자식들에게 줄 고추장을 직접 담았으며 소고기를 넣은 볶음장과 육포도 만들었다. 맛이 없었는지 늙은 홀아비가 요리하는 것이 부끄러웠는지 모르지만 평가해달라는 애비의 말에 한 번도 가타부타 답을 하지 않아 연암은 속께나 앓았다. 한 번에 냉면 세 그릇, 만두 백 개를 먹는 대식가 박제가는 개고기 요리법을 직접 개발했으며 이 요리법을 정약용에게 가르쳐주었다. 정약용은 흑산도에 유배되어 물고기 외에 다른 고기는 구경도 할 수 없다고 하소연하는 형 정약전에게 다음처럼 이 요리법을 전했다. "외진 섬이라도 개는 있겠지요. 주인 없는 개를 잡으세요. 요리법은……" 하지만 정약전은 개고기를 못 먹었다. 흑산도에는 개도 없었다(이한: 2016).

나온다. 연산군 재위 시절 당대 문장 4걸의 한 사람이었으며 이조좌랑이었던 홍언충이다. 폐비 윤씨 복위를 반대하는 것을 빌미삼아 연산군은 훈구대신과 사림을 잡아들이는 갑자사화를 일으킨다. 반대 상소를 올린 홍언충의 집에도 포졸들이 들이닥쳤다. 이때 식구들은 어서 빨리 부엌으로 몸을 피하라고 권했다. 홍언충은 잡혀가 사지가 찢기면 찢겼지 사내대장부가 어찌 부엌에 출입하겠느냐며 제 발로 걸어가 포승줄에 묶였다. 그리고 사지가 찢기는 고문을 당하고 유배길에 올랐다.

이 사례는 정치적 사변의 상황에서 '부엌 출입 기피'보다 '올곧음'에 방점을 두고자 했던 사대부의 기개로 해석할 여지라도 있다. 이보다 더 솔직한 고백을 보자. 임진왜란의 참상과 전쟁 시기 민간의 일상을 자세히 기록한 오희문의 『쇄미록瑣尾錄』이다.[○○]

피난 생활을 하고 있던 오희문 일행은 임란 발발 이듬해인 계

○○ 『쇄미록』은 '보잘것없이 떠도는 자의 기록'이라는 뜻이다. 임진왜란을 전후해 전라, 충청, 강원도로 피난 다니며 쓴 일기를 묶은 책으로 조선 중기의 생활사와 사회경제사를 알 수 있는 고전이다.

사년 7월 학질(말라리아)에 걸린다. 당시 우리나라에 유행한 학질은 3일열 말라리아다. 발열과 구토가 불규칙적으로 지속되는 열대열 말라리아와 달리 3일열 말라리아는 48시간 주기로 증상이 오락가락하는 패턴이 있다. 학질은 11월까지 오희문 일행을 주기적으로 괴롭혔다. 그런데 아내와 두 딸, 네 명의 계집종까지 한 번에 앓아눕는 일이 두 번 일어났다. 오희문은 이렇게 한탄했다.

> 모두 학질을 앓고 누워 저녁밥을 지을 사람이 없으니 그들이 덜 아프기를 기다려 짓는다면 반드시 밤이 깊을 것이다. 탄식할 일이로다.

오희문은 이기적인 남자가 아니다. 장장 9년 3개월에 걸친 참상을 기록한 그의 글엔 굶주리는 식솔들에 대한 걱정과 힘들게 구한 식량을 더 어려운 난민에게 나눠주는 모습이 가득 나온다. 선대부터 내려오던 늙은 종이 타향에서 객사했을 때 슬픔을 이기지 못하기도 했다. 일행을 먹이기 위해 구걸도 마다않고 술 빚어 내다파는 장사까지 한 반백의 유학자였지만 딱 한 가지만은 하지 않았고 남자 종에게 시키지도 않았다. 이런 생활 규범이 만들어지도록 토대를 마련해준 사람은 맹자다.

『맹자』「양혜왕」편에 맹자가 제나라 선왕을 만나는 장면이 나온다. 제 선왕은 맹자에게 제물로 끌려가는 소를 보고 이를 불쌍히 여겨 양으로 대신하라고 한 적이 있다면서 이런 내가 백성을 보호할 자격이 되느냐고 물었다. 이에 맹자는 그만한 연민의 정이 있으면 임금의 자격이 충분하다면서 "군자는 살아 있는 짐승이 죽어가는 것을 차마 보지 못하고 죽어가는 소리를 듣고 그 고기를 먹지 못하는 것이니 모름지기 군자는 푸줏간과 부엌을 멀리해야 한다"라고 말했다. 여기서 마지막 구절 '군자원포주君子遠庖廚(군자는 푸줏간과 부엌을 멀리한다)'가 구실이 되었다.

이 말은 『맹자』 「공손추」 편에 나오는, 남을 불쌍히 여기는 마음이 어짊의 시작이라는 '측은지심 인지단야惻隱之心 仁之端也'에 빗대면 부엌 자체를 출입하지 말라는 뜻이 아니다. 살생 공간일 수밖에 없는 '푸줏간과 부엌'은 자비심이 깃들지 않는 각박함의 상징이니 그것을 경계하라고 해석하는 것이 옳다. 하지만 남자들은 의도적으로 한쪽 눈을 감았다.○ 부엌에서 식도락이 만들어지기 위해선 고된 노동이 뒤따라야 한다. 맥락을 고려하는 순간 기득권이 위협받을 수 있기 때문이다.

○ 반면 식사의 목적은 허기를 채우는 것이라고 분명히 밝힌 공자의 말은 곧이곧대로 따르지 않았다. 선비들은 신선로 요리를 '열구자탕悅口資湯'이라고 이름했는데 '입을 즐겁게 하는 탕'이라는 뜻이다. 성리학적 이상사회를 꿈꾸었던 정조는 신하들과 '난로회煖爐會'라는 불고기 잔치를 자주 열었다. 맛있는 음식을 먹는 즐거움 앞에 성리학적 입맛은 없었다.

포르노그래피와 닮은 요리하기, 남자가 칼을 들 때

하지 않아도 되는 일을 굳이 할 필요는 없다. 남자에게 있어 가정 요리가 바로 그것이다. 1965년 규칙적으로 부엌일을 하는 남자의 비율은 전 세계에서 5퍼센트에 불과했다. 이 희귀한 가장들은 모범적인 남편이 아니라 그냥 못나고 한심한 존재였다. 1917년 소설 형식의 신혼 가이드북 『남편을 기쁘게 하는 천 가지 방법』에는 '매력적인 남편이 아내를 위해 일요일 아침을 준비하고 설거지까지 말끔하게 끝낸다'는 설정이 나온다. 헤더 안트 앤더슨(2016)은 이를 두고 예비주부들을 위한 포르노그래피였다고 평가한다.

의도가 노골적이라는 점을 지적한 비아냥이지만 사실 포르노그래피와 요리하기는 닮았다. 포르노그래피는 오직 하나의 목적을 향해 달린다. 우리는 그것이 무엇인지를 안다. 자리를 비웠다 20분 후에 돌아와도 포르노그래피는 그 목적을 충실히 구현하고 있어 지나간 줄거리를 알아야 할 필요가 없다. 요리하기의 목적도 분명하다. 누군가 주방에서 요리하고 있다면 그가 무엇 때문에 그것을 하는지를 짐작할 수 있다. 손 안 대고 숟가락을 얹을 수 있다면 굳이 레시피가 궁금하지 않은 것도 마찬가지다.

목적을 달성하는 과정에서 쾌감을 동반한다는 측면에서도 둘은 닮았다(먹을 때 정말 즐겁지 않은가?). 남성들은 가사노동의 결과물을 주로 소비만 한다는 측면에서, 그리고 포르노그래피의 주 소비층이 남성이라는 측면에서도 둘은 무척 닮았다.

제2차 세계대전 이후 남성들을 위한 요리책이 조금씩 나오기 시작한다. 혹 내가 포르노그래피에 출연하는 것은 아닌가 싶은 남성들의 자괴감을 줄이기 위한 의도였는지 대부분 스테이크나 통구이, 그릴 굽기와 같은 야성미 넘치는 요리에 초점을 맞추었다. 굳이 비스킷을 구워야겠다면 주부용 밀대 대신에 '맥주병'을 들라는 충고도 잊지 않았다. 달걀 프라이를 할 때도 남자답게 버터를 왕창 쓰라고 했다(헤더 안트 앤더슨: 2016). 사내는 요리할 때도 야수적이어야 함을 강조한 것이다.

요리와 남성성이 대척점에 있다는 이 강박관념은 꼭 가부장적 이데올로기 때문은 아닌 듯하다. 리처드 랭엄(2011)의 『요리 본능』에는 남태평양 바나티나이섬 주민에 대한 보고가 나온다. 이곳은 남존여비가 존재하지 않는 곳으로 전쟁 개시, 토지 상속,

생산수단에 대한 통제, 주요인물이 될 수 있는 권한 등이 동등하게 부여되는 보기 드문 남녀 평등사회다. 가부장제와 거리가 먼 이곳에서도 요리와 관련된 사항은 여성의 몫이었다. 남자들에게 도움을 요청하면 "그런 것은 여자들이나 한다"고 손가락 하나 까딱하지 않는다고 한다.

랭엄은 또 1937년 185개 문화권을 대상으로 한 인류학자들의 조사도 소개하고 있는데 97.8퍼센트의 비율로 요리는 전적으로 여성의 책임이었다. 예외적인 세 곳은 남태평양 수역의 사모아, 마키저스, 트루크 제도였다. 서로 수백 킬로미터 떨어져 있고 문화적 배경도 다르지만 한 가지 공통점이 있다. 이 세 곳은 빵나무 열매가 주식이다.

농구공 크기의 빵나무 열매는 고품질의 녹말을 갖고 있는데 가공하려면 여러 시간에 걸친 고된 육체노동이 필요하다. 여러 명의 남자가 날짜를 잡아 공용 건물에서 함께 작업을 한다. 짧은 산호 막대기로 과육을 두드리는 소리가 수백 미터 떨어진 곳까지 울려 퍼질 만큼 고된 일이다. 작업이 끝나면 결과물을 분배하는데 중요한 것은 작업에 참여하지 않은 구성원에게도 몫이

빵나무 열매

돌아간다는 것이다. 으깨진 과육은 각 가정으로 돌아가 거기서 다시 요리가 된다. 빵나무 전분을 기본으로 하고 소스와 고기, 채소 요리가 곁들여지는데 이 과정은 다시 여자에게 일임된다. 여자는 가족을 위해 요리를 하고 남자는 공동체 전체를 위해 요리하는 셈이다.

공동체를 위한 음식일 때 남자가 나선다는 것은 북아메리카 인디언에게서도 드러난다. 체로키족은 여자를 '요리하는 자'라고 부르는데 예외적으로 사냥과 포획물의 부위별 해체는 남자가 담당했다. 분배를 해야 하기 때문이다. 영장류 중 인간만이 음식을 분배한다. 수렵채집사회를 연구한 자료에 따르면 여성이 채집한 음식은 가까운 친족 범위를 넘어서는 일이 드물지만 남자들이 사냥한 고기만은 예외다. 가장 좋은 부위는 사냥한 자의 몫이지만 고기는 반드시 공동체 전체에 골고루 돌아간다. 분배는 공동체 결속을 다지기 위한 공적 업무이면서 정치적 행위였던 것이다.

몹시 해괴망측한 제사법

고대 문명사회도 이 틀에서 벗어나지 않는다. 공동체 결속은 주로 종교 행사를 통해 이루어졌는데 신과 조상을 섬기는 일은 남자 몫이었다. 고대 그리스에서는 신께 바치는 고기는 남자만 만질 수 있었다. 야훼에게 번제물을 바칠 수 있는 자격도 아브라함과 노아와 같은 남자에게 있었다. 남자가 요리를 한다는 것은 오직 공동체 전체를 위할 때였다.

우리도 예외는 아니다. 기록화 중 유일하게 음식을 만드는 '조찬소造饌所'가 그려진 「선묘조제재경수연도宣廟朝諸宰慶壽宴圖」(1605)에서 요리를 맡고 있는 것은 모두 남자다. 이 「경수연도」는 그해 102세가 된 노모를 봉양하던 형조참판 이거와 일흔이 넘은 부모를 모시고 있던 재상 13명이 공동으로 주최한 장수 축

「선묘조제재경수연도」에 그려진 남자 숙수들

하연을 그린 것이다. 평균 수명이 쉰을 넘지 못하던 시절, 장수는 나라의 상서로운 징조였다. 게다가 효는 백행의 근본이며 사회를 유지하는 사상적 기둥이었다. 공동체 결속을 위해 이만한 전시행정은 없었다.

전란 직후 피폐한 경제 상황에도 선조는 전국에 특명을 내려 잔치를 지원하도록 했다. 주영하(2014)는 그림 속 남자 요리사들을 종9품 팽부 소속 관원으로 본다. 대왕대비전이나 세자, 왕과 왕비를 담당하던 주방장을 제외하고 궁궐 내 모든 공관에서 요리를 담당하던 직품이 팽부이기 때문이다. 왕이 직접 관심을

○ 실제 『경국대전』을 살펴보면 수라간의 남녀 비율을 14.2 대 1일 만큼 남자의 비율이 압도적으로 많다. 주방에서 여성에게는 단지 보조적인 업무만 주어졌다. 공무상 여행하는 자들에게 끼니와 잠자리를 제공하는 역과 관청의 주방도 마찬가지다. 총괄책임자는 칼자라고 불린 남자였고 그 밑으로 꿩, 채소, 생선을 담당하는 남자 요리사들이 있었으며 여자는 찬거리를 사거나 물 긷는 등의 허드렛일을 했다(김상보: 2015).

기울이는 공적 행사였기에 이들이 지원을 나갔을 것으로 보았다.○ '조찬소'에는 치마를 입은 두 명의 여성이 있는데 원반에 음식을 담아 나르는 일을 맡고 있다. 공식행사이니만큼 요리를 할 수 없었다.

만약 이를 어기면 어떤 일이 일어날까? 명절 스트레스에 시달리는 주부들이 알면 반가워할 기록이 『조선왕조실록』에 나온다.

유교를 근간으로 한 왕조에게 제사는 윤리규범이면서 통치수단이다. 왕실의 제사는 한 해 평균 170여 차례, 많게는 347건이었다.○○ 이렇게 제사가 많았지만 제사 음식에 여자의 손이 닿는 것은 법도를 벗어나는 일이었다. 영조 42년(1766) 8월 영의정 홍봉한이 아뢴다. "숙수(궁중 남자요리사)가 만들지 못하는 음식이 없는데 제사에 올리는 떡, 면, 두부, 탕을 정결하지 못한 여

○○ 제사는 크게 대사, 중사, 소사로 나눈다. 대사는 종묘와 사직이다. 종묘대제는 역대 임금의 신위를 모시고 돌아가신 임금께 올리는 제사다. 사직은 땅의 신과 곡식의 신에게 지내는 제사다. 중사는 풍운뇌우의 천신과 강의 신, 누에의 신, 단군 등에게 지내는 제사이고 소사는 날씨와 관련된 영성(농업의 신), 마조(말을 처음 기른 사람), 선목, 칠사(봄·여름·가을·겨울에 지내는 일곱 제사) 등이 대상이 되는 제사다. 임진왜란 이후 재건사업이 활발하게 이루어졌는데 제일 먼저 착수된 것이 궁궐이 아닌 종묘였을 만큼 제례는 조선의 근간이었다(김동욱: 1993).

인들이 만지고 있사옵니다." 이에 영조는 단호하게 말한다.

> 몹시 해괴하고 무례하다. 이 뒤로 엄금하며 범하는 자는 중죄로 다스릴 것이다.[○○○]

천명을 타고난 고귀한 왕가는 제사 음식에 여인의 손끝이 닿는 것을 무례하고 해괴한 일로 보았다. 불천위제사를 지내는 명문가에서도 이 전통이 남아 몇몇 음식은 종손이 직접 만든다고 한다. 이 가치관은 민가로 가면서 알맹이가 쏙 빠진다. 모든 음식을 여성의 노동으로 마련하고 제사상에 진설하는 일만 남자들이 한다. 제사가 끝나면 남자들이 먼저 먹는 일도 1980년대까지 흔한 풍경이었다.[○○○○] 부계혈연공동체를 결속하는 제사이지만 밤을 치고 과일을 깎는 것이 남자가 하는 상차림의 전부다. 지금도 우리는 이렇게 '몹시 해괴하고 무례한' 제사를 지낸다.

그렇다면 명절 스트레스, 나아가서 제사 스트레스에서 벗어날 방법은 없을까? 미국의 상담심리학자 웨인 다이어의 『모두에게 사랑받을 필요는 없다』에는 25년 동안 추수감사절 음식

○○○ 궁중음식은 일상식과 의례식으로 나뉜다. 일상식과 달리 공식 향연, 제사 등의 의례식은 철저히 남자들의 몫이었다. 하루가 멀다 하고 잔치나 제사가 있었기 때문에 굉장히 힘든 노동이었다. 숙수는 세습이었는데도 불구하고 왕조는 항상 만성적인 인력부족에 시달렸다. 영조가 여성을 쓰지 못하도록 했다는 것은 조선후기부터 여성인력 고용이 빈번했다는 반증이다. 이 전통이 완전히 무너진 것은 조선 말기인 고종, 순종 때다. 따라서 중종 시대를 배경으로 한 드라마 〈대장금〉에서 장금이가 명나라 사신을 접대한 이야기는 허구다(황광해: 2017, 남호현: 2017).

○○○○이는 유교만의 폐습이 아니다. 동서를 막론하고 남녀는 따로 식사를 했다. 남자들은 장성한 아들들과, 여자는 어린아이와 장성한 딸들과 식사를 하는 것이 보편적이었다. 유럽 일부와 러시아는 17세기까지 이런 관습을 유지했다. 베두인족은 지금도 여자가 남자 앞에서 무언가를 먹는 것을 상스럽게 여긴다. 가족이 함께 식사를 하는 것은 18세기에 정착되었다. 시차적인 구별도 존재했는데 조상 혹은 신이 흠향하고 나면 남자들이 먼저 먹고 그다음 여자들이 먹었다(클라우스 E. 뮐러: 2007).

을 혼자서 준비하며 심한 스트레스를 받아온 아델의 사례가 나온다.

그녀가 명절 스트레스에서 벗어나기 위해 취한 행동은 간단했다. 친척들에게 더 이상 명절 요리를 하지 않겠다고 선언하고 모두들 레스토랑으로 모일 것과 예약은 알아서 할 것, 비용은 갹출이라고 통보한 것이다. 언니가 하지 않겠다면 올해부턴 내가 하겠다고 나서는 사람은 없었다. 전원 레스토랑으로 모였다. 당연한 것을 당연하게 받아들이지 않으면 된다.

주방으로 들어갔다 이혼당한 단카이 세대

2012년경 정년퇴직한 남편의 식사습관을 풍자한 농담이 유행했었다. 집에서 식사를 하지 않으면 '영식님', 한 끼만 챙기면 '일식씨', 두 끼를 먹으면 '두식놈', 세 끼 모두 차려먹으면 '삼시쉐끼'. 평생 바깥일을 중심으로 생활하며 가정사를 등한시하던 사람이 집에 있는 시간이 많아지면 누구도 이를 반기지 않는 현실이 투영된 유머다. 남자들이 이런 눈칫밥 신세를 벗어나기 위해 은퇴생활 설계자들의 충고대로 일순간 가족 중심으로 가치관과 생활습관을 바꾸게 되면 어떤 일이 일어날까? 그 답은 일본에 있다.

2007년부터 은퇴를 시작한 일본의 베이비부머, 단카이 세대團塊世代(1947~1949년 출생자로 약 800만 명)들은 정년퇴직 후

다방면에서 새로운 활력을 찾고자 했다. 연금 구축이 탄탄했던 이들은 은퇴 이후 삶의 보람을 찾기 위해 상당수가 요리를 시작했다. 은퇴생활 설계사들의 조언대로 '요리하기'는 특별했기 때문이다. 비일상적인 여타 취미활동에 비해 요리는 일상적인 활동이었고 비생산적인 유흥에 비해 생산적이었다. 또 나를 위해서일 뿐만 아니라 누군가를 위해 하는 것이기에 타인과의 관계도 깊어질 수 있었다. '요리하기'는 가족의 품에 안착할 수 있는 만능열쇠로 보였다.

그들에겐 행복한 은퇴생활의 일환이었고 비로소나마 현대적 남편상을 구현하는 일이었지만 시도는 행복하게 끝나지 않았다. 주방의 진짜 주인이었던 주부들은 이를 불편하게 받아들였다. 그들은 평생 해본 적 없는 주방 일에 덤벼들어 30~40년간 공고히 확립된 주방의 질서를 흩뜨려놓는 야만인이었다. 단카이가 믿고 의지했던 것은 손에 쥔 요리교범이었지만 모든 교과서가 그렇듯 거기에는 디테일이 빠져 있었다.

직접 요리를 해본 사람이라면 알듯 주방에서는 생각보다 훨씬 많은 일이 벌어진다. 담그고, 자르고, 저미고, 굽고, 끓이는 것만이 주방의 전부가 아니다. 세제를 사용해 닦아야 하는 그릇과 밀가루 혹은 쌀뜨물로 씻어야 하는 그릇이 따로 있다. 세척 즉시 마른 행주로 닦아서 보관해야 하는 그릇도 있다. 설거지 후 싱크대에 묻은 세제 거품을 닦아내는 것도, 배수구를 청소하는 것도 주방에서 해야 하는 일이다. 식기와 조리도구를 정리하고 찬거리를 냉장고에 수납하는 방법에도 그 나름 쌓여온 질서가 있다.

돌아온 남편들은 주방의 디테일을 이해하지 못했다. 주부들도 안 하던 짓을 하도록 용납하지는 않았다. 수렵채집사회의 혈거인처럼 해뜨기 전 들녘으로 나가 해질 무렵 사냥감을 안고 돌아오는 것이 그동안 사내들이 담당해온 임무였다. 수십 년의 묵계로 구축된 가정의 질서가 남자의 회심 한 번으로 재구축될 수는 없었다. 게다가 일부는 여왕의 성소에서 직장에서처럼 군림하려 들었다고 한다. 주부들은 우울증과 같은 '은퇴남편 증후군'을 앓기 시작했다. '요리하기'는 남편의 뜻과는 달리 황혼 이혼의 씨앗이 되고 만다. 평소 안 하던 짓을 하려던 대가였다.

가정에서 '요리하기'는 결코 하찮은 일이 아니다. 그런데도 오랫동안 여성이 담당하는 몫이었다. 사회는 여러 가지 습속과 미신, 이데올로기를 들어 이 불평등을 지원해왔다. 이 때문에 '요리하기', 나아가서 먹는다는 행위 자체는 성불평등의 근간이기도 하다. 이 요리하기의 불평등은 과거에도 그랬고 지금도 여전하며 맞벌이 가정에도 상존한다. 단카이 세대는 불평등의 혜택을 누리다 봉변을 당했다.

이제는 이데올로기도 남자의 부엌 기피를 지원해주는 시대가 아니다. 여자는 빠르게 변하고 있지만 남자는 여전히 느리다. 2018년 가사 분담에 대한 견해를 묻는 질문에 공평하게 분담해야 한다는 비율은 59.1퍼센트, 아내가 주도해야 한다는 비율은 38.4퍼센트였다. 같은 질문을 던진 2020년에는 공평하게 분담

해야 한다는 응답이 62.5퍼센트, 아내가 주도해야 한다는 대답은 34.8퍼센트다. 인식이 많이 개선되고 있지만 2020년 실제 가사를 공평하게 분담하고 있다고 답한 남편의 비율은 20.2퍼센트밖에 되지 않았다. 이나마도 자신의 공헌도를 과대평가한 것인지도 모른다.

서울시에 제한된 통계이지만 2020년 한국 남자가 가사노동에 쏟은 시간은 하루 41분이다. 여성은 2시간 26분으로 나왔다. 여기서 부부가 맞벌이를 하면 가사노동은 줄어든다. 남성은 38분, 여성은 2시간 1분이다. OECD 최하위이며 통계가 잡힌 곳 중 유일하게 남성의 가사노동이 1시간이 안 된다. OECD 평균은 1시간 18분이다. 코로나로 집에 있는 시간이 많았던 '2021년 양성평등 실태조사'에서도 가사·돌봄을 '전적으로 또는 주로 아내가 부담한다'는 응답이 68.9퍼센트였고 맞벌이의 경우에도 60퍼센트 이상이 주로 아내가 부담한다고 답했다.

단 20대에서만큼은 '반반 부담한다'는 응답이 40퍼센트 수준으로 높아졌다. 하지만 거의 매일 해야 하는 '식사 준비 및 요리하기' '설거지' '집안 청소' 항목에 남편의 참여도는 여전히 낮다. 일주일에 한 번 정도인 '장보기 및 쇼핑'만이 30퍼센트를 상회하는 참여도를 보였다. 물론 어떤 가사노동에도 손가락 하나 까딱하지 않는 강심장들도 있을 것이다.○

○ 이런 한국남자에 대한 변명을 하자면 '일하는 시간'이 여성보다 2.4시간 더 길다는 점이다. 2021년 조사에서 여성은 직장에서 평균 4.8시간을 보내지만 남성은 7.2시간을 보낸다. 남자가 부엌으로 들어오기 위해선 먼저 일하는 시간부터 줄어야 할 것이다.

평생 현역으로 뛸 자신이 없다면 주방에 자신의 지분을 미리 마련해놓는 것이 좋지 않을까? 사냥능력을 잃는 순간 남자는 천덕꾸러기가 된다. 위기의 진앙지는 주방이다(아니 에르노는 『얼어붙은 여자』를 출간한 후 이혼했다). 남편을 위해 요리하는 사람은 우리의 어머니가 아니다. "자신만만한 사내는 페미니스트가 되기를 꺼려하지 않는다." 미국의 소설가 잰디 넬슨이 한 말이다. 정말 자신만만해지고 싶다면 주방에 들어가는 횟수부터 늘리자. 양성 평등의 시작은 부엌이고 끝도 부엌이다.

맛의 원형질, 집밥 그리고 어머니

어머니가 소금 한 줌 집어넣으시니까

미꾸라지들이 퍼덕떡, 퍼덕떡, 퍼덕떡..........

또 한 줌을 집어넣으시니까 또 퍼덕떡,

퍼덕떡, 퍼덕떡....

어머니는 아버지를 위하여 나를 위하여

미꾸라짓국을 끓이셨다.

눈 한 번 깜짝 않으시고.

바다......

바다에는 소금이 무진장으로 있다.

_박남철, 「어머니」 전문

음식은 사람들을 끌어 모은다. 사람들은 음식을 중심으로 식탁 앞에서 하나의 공동체를 만들며 아이들은 이곳에서 대화의 기술과 문화적 규범을 학습한다. 유년기에 경험하는 음식은 민족의 독특한 식습관을 형성하는 문화적 강제다. 이 때문에 일찍 경험하지 못한 누군가에게는 마땅히 거부되어야 하는 맛이 다른 이에게는 강렬한 그리움을 유발하는 매개물이 된다. 하지만 그 맛을 강제된 경험으로 인식하는 사람은 없다. 맛 속에 어머니가 있기 때문이다.

갓 태어난 아이에게 최초로 식사를 제공하는 특권은 온전히 어머니의 몫이다. 향신료도, 조미료도 들어 있지 않은 그것을 굳이 다시 먹어본 철부지들에 따르면, 밍밍하지만 혀끝에 살짝 단맛이 감돈다고 한다. 어머니 손맛에 대한 근원적 그리움은 어쩌면 이 최초의 식음에서 비롯되는 것인지도 모른다. 그래서 요리하는 사람이 많아도 요리하는 존재로서의 어머니는 정말 특별나다. 그녀는 가슴으로 요리한다.

요리를 잘하기 위해선 머리가 좋아야 하며 입맛이 까다로워야 한다. 두 가지가 겸비되지 않으면 요리사로서 실격이다. 하지만 누군가를 위해 음식을 만든다는 것은 머리와 혀로만 하는 일이 아니다. 가슴이 먼저 움직여야 한다. 가슴이 움직이지 않으면 누구도 스스럼없이 먼저 주방으로 들어가지 않는다. 레스토랑에서 만나는 요리엔 이 가슴이 없다. 일본요리를 세계적 반열에 올려놓은 기타오지 로산진(1883~1959)은 가정요리가 요리의 기본이고 레스토랑 요리는 단지 그것을 형식화하고 미화한 것뿐이라고 했다. 로산진의 말처럼 레스토랑 요리가 연극이라면 집밥은 진짜 인생이다. 인생은 집밥에서부터 시작한다.○

영화 「조제, 호랑이 그리고 물고기들」(2003)에서 쓰네오와 조제의 사랑을 매개하는 것은 조제가 만든 집밥이었다. 엉뚱하고 냉소적인데다 하반신을 쓰지 못하는 조제에게 쓰네오가 호감을 느끼는 순간은 그녀가 만든 된장국과 계란말이로 한 끼 식사를 할 때다. 이후 쓰네오는 손님처럼 조제를 찾아가고 조제는 그때마다 자신이 만든 요리를 대접한다. 둘을 가깝게 만드는 것이 쓰네오의 동정심인지 조제의 외로움인지 카메라는 모호하게 바라본다. 둘 사이의 감정적 이끌림은 요리와 식사를 통해서 확인할 수 있다.

「조제, 호랑이 그리고 물고기들」에서 음식은 인간관계의 복선이면서 은유다. 영화 초반 잠깐 등장하는 여자와 쓰네오의 일회적 사랑엔 인스턴트식품이 나온다. 조제를 만나기 전, 애인이었던 가나에와의 짧은 사랑에서는 밖에서 사온 음식이 등장한다. 그리고 함께 요리하고 식사하던 조제와 쓰네오의 관계가 이별을 향해 달려갈 즈음 둘이 함께 식사하는 풍경은 카메라의 시

○ 로산진은 자신의 레스토랑에도 집밥의 정신을 담고자 했다. 요리할 때의 마음가짐을 묻는 요리사에게 그는 이렇게 대답했다. "어느 부유한 사람이 별장에 살고 있었네. 이 별장으로 매일 사람들이 음식물을 보내왔지. 도시락 말이야. 친한 친구에게서 온 것, 신세를 졌다고 생각하는 사람의 것, 신세 지려는 사람의 것 등 여러 가지였지. 그 중에 가져온 사람의 이름을 듣지 않아도 곧바로 알 수 있는 도시락이 하나 있었네. 누구의 것이었겠는가?"(박영봉: 2010).

선에서 사라지고 없다.

음식은 한 끼의 식사로서 값어치를 하면 그만이지만 단지 그뿐인 것도 아니다. 식탁에는 단순히 요리만 차려지는 것이 아니다. 함께하는 음식에는 맛과 향뿐만 아니라 다른 무언가가 담겨 있다. 우리는 음식과 함께 그것도 먹는다. 나중에 우리 가슴속에 남는 것은 무엇을 먹었느냐가 아니라 그것일 가능성이 높다.

텔레비전 식품광고가 끊임없이 집밥의 원형질 '어머니'를 차용하는 것은 이 때문이다. 세상의 모든 어머니는 우리가 '먹는다'는 행위와 함께 최초로 마주했던 즐거움이고 유쾌한 관계맺음이다. 결코 공장 제품에는 담아낼 수 없는 것이 거기에 있다. 탤런트 김혜자가 언젠가, 어떤 인터뷰에서 '바쁜 스케줄 탓에 어머니로서, 아내로서 요리를 해본 적이 많이 없음'을 고백했어도 상관없다. 웃돈을 얹어서라도 그 이미지를 구매해야 마음을 놓는다. 우리는 영양성분뿐만 아니라 다른 것에도 굶주려 있다.

식구들을 위해서라면 눈 한 번 깜짝이지 않고 살생(?)을 마다하지 않는 박남철의 「어머니」는 그것이 무엇인지를 우리에게 말해주고 있다. 정말이지 '바다(어머니)'에는 '소금(사랑)'이 무진장이다.

4

따뜻한 한 그릇의 밥이 되기까지, 냄비

끓여먹는다는 것의 혁명

자다가 목이 마르면? 해결책은 간단하다. 냉장고에 있는 물병을 꺼내 마시면 된다. 잠자리에서 일어나 주방으로 가야 하는 번거로움이 있지만 조상들의 불편함에는 비할 바가 못 될 것이다. 우리 조상들은 머리맡에 '자리끼'를 떠다놓았었다. 자리끼는 밤에 자다가 마시기 위해 머리맡에 미리 준비해두는 물을 가리킨다. 잠자리와 끼니의 합성으로 잠자다가 먹는 끼니라는 의미다. 1970년대 말을 배경으로 한 김원일의 소설 『노을』에 "방 안에는 모기장이 쳐져 있었고 머리맡에는 아내가 늘 준비해두던 자리끼가 없었다"라는 구절이 있다. 상수도가 집 안으로 들어왔을 때이니 우물 시절의 성가심에 견주진 못하겠지만 어디까지나 물이 있는 곳은 주방이 아니라 부엌이었던 시대다. 물을 마시려면 신발을 신어야 했다. 전날 술을 마셨다거나 몸에 수분이 부족한 노인들이 자리끼 없이 잠자리에 들었다면 꽤나 성가셨을 것이다.

시간을 아득히 거슬러 올라 구석기로 가면 자다가 수분을 보충해야겠다는 생각은 비명횡사로 이어질 수 있다. 갈증을 느끼는 것은 인간만이 아니다. 한밤중 개울가에서 물을 마시려다 일어났던 각종 안전사고는 발명의 필요성을 자극했을지 모른다. 하루 동안 성인에게 필요한 물의 양은 평균 2.5리터이지만 낙타처럼 한 번에 모든 양을 마셔둔다 한들 소용이 없었을 터이니 물병이나 양동이로 쓰일 법한 것들이 만들어졌을 것이다. 나무가 가장 흔한 재료였겠고 깎고 다듬는 수고로움이 없는 편의성을 추구했다면 동물의 뿔이나 두개골, 오줌보, 혹은 대나무나 조개가 대용품이었을 수 있다.

흙을 빚어 그릇을 구웠다면 더할 나위가 없었겠지만 현재 그릇이라고 할 만한 구석기 유물은 거의 남아있지 않다. 순록의 오줌보로 만든 물주머니를 틀어막는 용도로 쓴 뼈마개와 종유석에서 떼어낸 돌그릇만이 흔적을 말해줄 뿐이다. 남아 있는 대다수 기물은 돌과 뼈로 만든 수렵도구와 어로도구다. 그나마 빌라르 동굴유적에서 발견된 돌그릇은 벽화를 그릴 때 사용되던 황토나 망간 염료를 개고 바를 때 쓰인 것으로 추정된다(질 들뤽 외: 2016). 따라서 이들의 식탁엔 한 가지 요리만은 쉽게 찾아보기 힘들었을 것이다. 바로 물을 이용한 요리다.

구워먹기에 적합한 고기와 달리 기름기 없는 야채와 열매는 구우면 쉽게 탄다. 대부분의 식물은 국물 안에 있을 때 상태가 개선되고 소화하기에도 쉽다. 물을 이용해 요리하기 위해선 물을 가두고 불의 힘을 견디는 적절한 용기가 있어야 한다.

학자들은 200만 년~30만 년 전의 전기 구석기시대에는 생식과 구워먹기가 대세였을 것으로 보고 30만 년 전에서 4만 년 전인 중기 구석기시대에 태양을 이용한 건조기술을, 불에 그슬려 건조하는 훈연기술은 후기 구석기시대에 가서야 터득했으리라고 본다. 유물이 남아 있지 않으니 어디까지나 추정의 영역이다. 그렇다고 그들이 날고기나 구운 고기, 육포만을 먹었다고 볼 수는 없다. 그릇이 없어도 삶아먹을 수가 있기 때문이다. 헤로도토스는 스키타이 사람들이 그릇이 없을 때 "고기를 위 속에 모두 집어넣고 물을 부은 후 뼈로 지핀 불 위에 매달아둔다."라고 썼다. 18세기 북극해를 탐험했던 영국인 새뮤얼 헌은 이 방법이 아주 쉬운 요리법이라고 했다. 몽골 전통요리 허르헉은 도축한 양의 가죽 안에 핏물과 양고기, 뜨겁게 달군 돌을 넣어 삶아낸다. 아메리카 인디언들도 고기를 끓일 때 들소 가죽과 달군 돌을 사용했다.

실제 초기 구석기 유적에서도 불에 탄 자갈이나 돌이 발견된다. 돌판 삼겹살처럼 불 위에 돌을 놓고 직화했을 수도 있었겠지만 불에 탄 흔적이 없는 뼈가 함께 발견되었다면 이야기가 달라진다. 이런 뼈들은 불에 직접 가열한 것이 아니라 끓이거나 삶아낸 것이다. 실제로 프랑스 아리에주의 라 바슈 동굴 화덕에서 쪄서 익힌 들꿩의 뼈가 해부학적 상태를 유지한 채 발견되었다(질들뤽 외: 2016). 적절한 용기는 없었지만 인류는 일찍부터 물을 이용해 끓여먹는 법을 알고 있었다.

구워먹기는 꼬챙이 하나만 있어도 가능하다. 식재료를 꽂아 불 주변에 세워놓기만 해도 완성된다. 끓여먹는다는 것은 요리의 혁신이다. 불은 우연히 발견되고 구워먹는 법도 우연히 알아낼 수 있지만 끓는 물은 자연 상태에서 흔한 일이 아니다. 다분히 의도성이 가미되고 계획해야 하는 행동이다. 구워먹기에서 끓여먹기로 진보하기 위해선 머리를 써야 한다. 끓여먹으려면 이래저래 잔손도 많이 갔다. 아마도 축제 음식이거나 기념일 음식이었을 것이다. 많은 사람이 한 번에 즐기는 공동체 음식이었을 가능성이 높다. 그리고 이 과정에서 구석기인들은 그릇의 가능성을 신석기인에게 전해주었다.

먹어야겠다는 욕망과 도구의 발명

먹는다는 것은 기본적으로 도전행위다. 머리보다 손이 먼저 움직여야 한다. 굴을 처음 먹은 사람을 두고 세상에서 가장 용감한 사람이라고 한 미국의 극작가 존 페인의 말은 처음 보는 식재료 앞에서 인간이 느꼈을 두려움이나 혐오감이 무엇인지를 보여준다. "도대체 무슨 생각으로 입에 넣었던 것일까?"라는 시선으로 바라보면 세상엔 수상쩍은 음식이 한둘이 아니다. 한국인만 먹는다는 미더덕과 번데기가 그렇고 구더기 치즈 '카수 마르주'도 그렇다. 복어는 수상쩍은 것을 넘어 아예 죽을 수 있었다. 내장과 알을 터뜨리지 않고 제거해야 한다는 걸 알게 되기까지 얼마나 많은 곡소리가 났을지는 상상의 영역이다.

먹겠다고 마음먹으면 먹는다. 방법을 알아내서라도 먹는다.

먹을 수 있겠다 싶은 것들은 모두 식욕의 대상이다. 브리야 샤바랭의 지적대로 먹는 행위는 적절하게 섭취하면 피로를 동반하지 않는 유일한 쾌락이기 때문이다. 또 남녀와 노소를 불문하고 즐길 수 있으며 누구나 하루에 두세 번은 무리 없이 반복할 수 있다. 다른 쾌락과 섞일 수 있으며 심지어 다른 쾌락이 부재할 때 대체재가 되기도 한다.

매번 해도 질리지 않는 이것을 인간은 소화제의 도움을 받으면서까지 한다. 하고 싶은데 하지 못하면 불쾌하다. 다양한 조리법은 그렇게 만들어진다. 크고 튼튼한 냄비가 없던 구석기인들도 마찬가지였을 것이다. 가죽이 없으면 땅을 파 화덕을 만들었다.

구덩이 화덕은 원시적인 형태의 오븐이다. 지금도 폴리네시아섬 곳곳에 전통의 이름으로 남아 있다. 예컨대 뉴질랜드 원주민 마오리족은 구덩이 화덕을 항이hangi라고 부른다. 구덩이에 모닥불을 짚이고 돌을 올려놓은 후 돌이 하얗게 달아오르면 물을 부어 불을 껐다. 수증기가 무럭무럭 오르는 돌 위에 각종 고기와 뿌리채소 등을 올려놓은 후 커다란 잎을 덮어 음식을 쪄냈다. 이 화덕은 온도가 400도씨까지 올라간다. 하와이인들도 이무imu라는 구덩이 화덕을 팠다. 요리 방식이 항이와는 조금 다르다. 땅에 구덩이를 파고 달구어진 돌을 넣는다. 여기에 돼지 한 마리와 여러 재료를 올려놓고 넓은 바나나잎으로 덮었다. 즉 음식을 구워냈다. 이 방식은 부주의하면 화재가 날 가능성이 있다.

하와이의 전통 화덕 '이무'

화재가 난 화덕은 가마 탄생의 전조였을 것이다.

야외에서 화덕을 만드는 방법은 이것 외에 두 가지가 더 있다. 하나는 비슷한 크기의 돌을 ㄷ자 형태로 쌓아놓는 방식이다. 다른 하나는 진흙으로 원하는 모양의 화덕을 만드는 방법이다. 초기 인류는 세 가지 방법을 모두 사용한 것으로 보인다. 140만 년 전 케냐의 체소완자 유적에서는 불에 탄 진흙이 나왔다. 고생물학자들은 50여 개의 불탄 진흙 조각들의 배열로 보아 화로가 아니었을까 추측한다(피터 왓슨: 2009).

그 과정에서 구석기인들은 진흙으로 원하는 모양을 만들 수 있고 불에 구우면 단단해진다는 것을 알았을 것이다. 그들도 토기를 만들 수 있었겠지만 남기지는 못했다. 하지만 가능성은 많다. 햇볕에 말라 바닥이 드러난 진흙 웅덩이를 보고 영감을 떠올렸을 수 있고 조롱박이나 바구니, 거북 등껍질 등의 재료에서 담아내는 뭔가를 착상했을 수도 있다. 그런데 평평한 노지에서 그냥 구우면 온도가 400~500도씨 사이라 단단하지 못하다. 수분 흡수율이 높아 물기 있는 음식을 오래 담아둘 수 없으며 가열 용기로도 적합하지 않다. 또 오랜 기간 땅속에서 습기를 머금고 있으면 원래 토양으로 돌아가버린다(이철호: 1999).

제법 쓸 만한 토기가 되기 위해선 최소 600도씨 이상의 불기운이 필요하다. 이 불기운을 얻기 위해선 작정하고 강한 불을 내야 한다. 아마도 구덩이 화덕의 화재가 힌트가 되었을 것이다. 600~900도씨 사이로 불기운을 올릴 수 있는 노천가마는 구덩이 화덕과 원리가 동일하다. 둘 다 작정하고 불을 질러야 한다. 우리나라에서 발견된 직경 3~5미터, 깊이 1미터 노천가마 바닥엔 숯과 재, 달궈진 돌 그리고 토기가 나왔다. 연대가 비슷한 1만 년 전 시리아의 텔무레이베트 유적에서도 집과 집 사이 공동의 공간에 커다란 불구덩이가 다수 발견되었다. 자갈과 재가 가득 깔린 구덩이에는 토기 대신 숯처럼 변한 동물 뼈가 있었다.[◦] 그러니까 뼈가 나오면 화덕이고 그릇이 나오면 가마터였다.

로버트 켈리 와이오밍대학 인류학과 교수는 구석기인들이 토기를 만들지 않았던 이유를 기술력의 부족 탓이 아니라 필요성의 문제로 보았다. 이동해야 하는 수렵채집인이었던 그들로서

○ 가장 오래된 토기는 1만3000년 전의 것으로 추정되는 죠몽토기이다. 언제나 대륙과 한반도를 거쳐 문물이 유입되는 것으로 믿던 일본 학계는 한동안 이 탄소측정 연대를 신뢰하지 않았다고 한다. 실제 만주 아무리강 유역 가샤와 1988년 발견된 제주도 고산리 토기도 이보다 늦은 시기이지만 비슷한 연대다. 동아시아에서 가장 먼저 출토된 토기는 일본 열도와 시베리아를 포함할 만큼 광범위하다. 이렇게 범위가 넓은 것은 충적세 말기 반복되던 빙하기와 간빙기 사이 기후변화를 따라 동북아인들이 이동한 탓으로 추정한다. 농경문화로 진입하기 전, 부패가 빠른 수산물을 주요 식량자원으로 하게 되면서 가열 조리할 필요성이 토기의 출현을 당겼다고 본다. 메소포타미아와 이집트에 토기가 출현한 것은 5000년이 더 지나서이다(이철호: 1999, 2018).

는 깨지기 쉬운 토기를 만드는 데 시간과 정성을 들인다는 것은 바보짓이라는 말이다. 현대 수렵채집인들이 바구니 제작의 달인인 것처럼 구석기인들도 바구니가 더 유용했다. 끓여먹고 싶다면 가죽과 달군 돌을 이용하면 그만이다(로버트 켈리: 2014).

빙하기가 끝나며 사냥할 만한 대형동물이 사라지고 씨앗과 낟알 같은 식량자원이 폭넓게 등장하면서 비로소 끓여먹는 전용 기구의 필요성이 부각된다. 먹어야겠다, 마음먹으니 방법이 나온 것이다. 껍질과 알곡을 분리하는 갈판과 갈돌이 이때 만들어진다. 냄비에 담을 재료를 가공해야 했던 것이다.

음식을 향한 욕망은 여전히 현재진행형이다. 군인들은 봉지 하나로 라면을 끓여먹는 뽀글이를 만들었다. 봉지가 그릇이면서 조리도구다. 컵라면을 먹을 때 우아하게, 혹은 식혀서 먹고 싶은 여성들은 용기 뚜껑을 깔때기처럼 말아 앞접시로 사용한다. 냄비가 없으면 종이를 접어 물을 끓일 수도 있다.○ 얇은 대나무 가지를 가로세로 엮어 구이용 석쇠를 만드는 것은 서바이벌 캠핑 조리법의 하나다. 역사상 가장 효율적인 군대였던 몽골 기마병들은 투구를 냄비로 사용했다고 한다. 먹겠다고 마음먹으면 그다음은 창의력이다. 먹어야겠다는 욕망과 조리도구는 아주 가까운 사이다.

○ 물이 증발하면서 종이에 가해지는 열을 빼앗아가기에 종이는 발화점 400도에 도달하지 않는다. 캠핑용 종이 냄비가 나와 있지만 우유곽, 종이컵처럼 물에 의해 찢어지지 않을 정도로 튼튼하면 모두 가능하다. 피터 바햄(2002)에서는 A4용지로 달걀프라이를 할 수 있다. 철사 옷걸이를 구부려 한 변이 20센티미터인 정사각형을 만들고 종이를 접어 옷걸이 안에 넣은 후 집게로 고정하면 팬이 완성된다. 종이에 기름을 바르고 가스 불을 약불에 맞춘 후 달걀을 깨어 익히면 된다. 흰자와 노른자에 수분이 포함되어 있어 종이는 발화점에 도달하지 않는데 달걀이 익어감에 따라 가장자리부터 탈 수 있다. 팬을 계속 흔들며 익히는 요령이 필요하다. A4를 만들 때 각종 유해 화학물질이 첨가되기에 이 달걀은 먹으면 안 된다.

냄비,
신석기시대 사회복지를 구현하다

재난이 생겼을 때 가장 먼저 챙겨야 할 조리 기구는 냄비다. 냄비 하나만 챙겨도 우리가 일상에서 먹는 대부분의 요리를 할 수 있다. 볶고 삶고 데치고 끓일 수 있을 뿐만 아니라 식용유가 풍부하다면 튀김도 가능하다. 냄비 요리를 다룬 요리책에는 보통 100~200여 가지의 음식이 소개되어 있지만 프라이팬 요리를 다룬 책에는 30~40여 가지가 전부다. 그나마 삶고 데쳐 팬으로 옮겨야 하는 재료는 냄비가 옆에서 보조적인 역할을 한다. 프라이팬은 손잡이 달린 냄비이며 냄비의 파생물이다. 캠핑용 취사도구 코펠이 크기가 서로 다른 냄비의 집합인 것은 냄비가 부엌의 중심임을 웅변한다.

냄비가 부엌의 중심이 된 것은 무엇보다 요리에 특별한 기술이 필요하지 않기 때문이다. 구이와 튀김과 다르게 타이밍과 적절한 온도가 필요 없다. 단지 수없이 재료를 썰어야 하는 지루한 과정이 있을 뿐이다. 깍둑썰기, 어슷썰기, 통썰기, 돌려 깎고 나박 썰어 재료를 넣었다면 마지막으로 향신료가 될 마늘, 후추, 파 등을 다져 넣고 끓기만을 기다리면 된다. 오래 굽고 오래 튀기면 상태가 나빠지는 구이와 튀김과는 달리 냄비 요리는 끓일수록 좋다. 뼈에서는 기름기가 빠져나오고 고기의 근육 섬유에서는 콜라겐이 용출되어 부드러운 젤라틴으로 국물 안에 녹아든다. 냄비 대부분을 차지하는 식물성 재료들은 섬유질을 단단히 묶어주는 헤미셀룰로스hemicellulose가 풀어져 소화되기 쉬운 상태로 변한다.

치아가 없는 사람에게는 복음이다. 신석기 두 연령층이 냄비 요리의 혜택을 직접 받았다. 노인성 질환을 경험할 만큼 오래 살던 시대가 아니니 대부분의 혜택은 아기에게 돌아갔을 것이다. 인류학자 J. 로렌스 에인절이 지중해 동부 연안에 살았던 유골을 분석한 자료에 따르면 신석기 말인 기원전 5000~3000년 사이 남성의 평균수명은 33.1세이고 여성의 수명은 29.2세다. 기원전 3만 년에 살았던 구석기 남성의 35.4세와 여성의 평균수명 30.0세에도 못 미칠 만큼 짧게 살다갔다(스펜스 웰스: 2012). 여성의 수명이 더 낮은 것은 출산에 따른 합병증 때문이지만 신석기인들의 수명이 짧아진 것은 탄수화물 위주의 부실한 식단이 원인이었다.

그럼에도 인류는 번성했다. 구석기 말엽 500만 명에 불과했던 인구는 서력기원이 시작되던 때에 4억으로 불어나 있었다. 인구 빅뱅을 일으킨 것은 농경이다. 수렵채집에 비해 식사의 질은 떨어졌어도 단위면적당 농경의 인구 부양력은 1:100의 수준이었다. 짧게 살았지만 더 많이 낳았다. 지금도 수렵채집생활을 하는 부족민의 평균 출산 간격은 3.6년이다. 반면 현대인의 평균 출산 간격은 2.1년이다. 재러드 다이아몬드는 구석기인의 출산 간격을 4년으로 추정한다. 이동해야 하는 특성상 성인의 걸음걸이에 보조를 맞출 수 있을 만큼 자라야 하기 때문이다. 이것 외에 구석기인들의 출산 간격이 넓은 것은 긴 수유 기간도 한몫했다.○

태아가 자궁에서 성장하는 재태 기간과 영장류들의 평균 수유 기간을 고려했을 때 인간은 최소 4.5년은 젖을 물려야 정상이다. 우리 몸이 젖당 분해효소 락타아제 생산을 중단하는 시기가 이 무렵이다. 첫 어금니(영구치)가 나는 시기로 따지면 여섯 살까지 물려야 한다. 수렵채집 생활을 하던 엄마들이 되도록 긴 수

○ 수유는 산모에게 상당한 신체적 부담을 지운다. 예컨대 아이의 뼈 성장과 치아 생성을 위해 모유 속에는 상당한 칼슘이 함유되어 있다. 산모의 뼈에서 뽑아낸 칼슘이다. 아이는 말 그대로 어머니의 뼈를 먹고 자란다. 골밀도를 회복하고 다음에 있을 건강한 출산을 위해선 부족한 칼슘을 음식으로 섭취해야 한다. 하지만 칼슘을 무작정 먹는다고 뼈로 가지 않는다. 음식으로 섭취한 칼슘을 뼈가 흡수하기 위해선 비타민D가 필요하다. 비타민D는 음식으로도 섭취할 수 있지만 태양은 공짜로 준다. 인종을 불문하고 여성의 피부 톤이 남성보다 더 밝은 이유다. 인간은 진화의 산물이고 이 진화의 압력에서 벗어날 수 있는 개체는 없다. 오직 문명만이 진화의 힘을 왜곡시키고 자연의 한계를 극복할 수 있게끔 한다.

유 기간을 지켜야 했던 이유다. 맞춤한 음식을 구한다고 한들 위생과 안전성을 장담할 수 없으니 자기가 먹고 젖을 물리는 편이 나았다.

아이에게 줄 수 있는 이유식이란 것도 엄마가 입으로 씹어 반쯤 곤죽으로 만든 것이 전부였을 것이다. 피임이나 금욕, 낙태는 선택지가 아니었을 터이니 형들이 젖을 물고 있었다면 뒤에 태어난 동생은 살해되었다. 인류학자들은 구석기 시대 절반의 아기들은 태어나자마자 어떤 형태로든 부모에게 살해되었을 것으로 본다. 농경의 시작과 함께 이 참혹한 풍습은 개선된다.○

산부인과 의사들은 평균 1년의 수유 기간을 갖는 현대 여성들에게 2년 터울의 출산을 권고하고 있다. 누가 권고하지는 않았겠지만 갓 농경에 접어든 신석기 여성들은 경험으로 이 출산 터울을 지킨 듯하다. 구석기 여성이 평생 5.4명의 아이를 낳은 것에 비해 신석기 여성은 9.7명의 아기를 가진 것으로 보고 있다(조너선 실버타운: 2019). 평균 수명 서른이 채 안 되던 시기의 출산율이다. 젖을 일찍 뗄 수 있었기 때문이었다.

물을 끓여 이유식을 만들 수 있었던 것이 젖을 일찍 뗄 수 있었던 이유였다. 농경인의 아이는 냄비 속에서 부드럽게 익고 여기에 살균까지 된 음식을 먹었다. 영양성분이야 모유보다 못하지

○ 영웅 신화에서 영웅이 어렸을 때 버림을 받는 구조는 영아 살해의 흔적이다. 고대인들은 숲이나 강과 같은 장소에 버림으로써 죽고 사는 것을 아이의 운명에 맡겼다. 알로 태어나 버려졌던 주몽, 키타이론 산에 버려진 오이디푸스, 나일 강에 유기된 모세, 늑대가 키운 로물루스와 레무스가 그런 예이다(클로드 세르키-니클레스·미셸 뒤벡: 2008 참조).

만 냄비는 젖을 일찍 떼고도 생존이 가능하도록 했다. 장수 유전자를 가진 일부 노년층도 이 행운을 함께 누렸다. 치아가 없어도 먹을 수 있다는 즐거움, 구석기인이 쉽게 누릴 수 없던 복지를 냄비가 가져왔다. 신석기 문명은 쟁기질을 통해 전진했지만 그 힘은 냄비에서 왔다.

불과 물이 만나야 냄비 요리가 완성된다. 불에 구우면 소실될 수 있는 고기의 지방과 육즙은 물을 매질로 하여 냄비 속으로 녹아든다. 냄비는 분류학상 서로 거리가 먼 동물과 식물, 해산물과 균류(버섯)를 한 자리에 불러 모아 맛과 영양을 교환할 수 있도록 한다. 일부 콩류나 고사리, 가지 같은 식물들은 물에 불리거나 삶고 데치는 과정이 있어야 비로소 안전한 먹거리가 된다. 감자, 토란, 도토리의 전분은 열처리하지 않으면 소화가 불가능하다. 수많은 자연의 산물이 냄비의 발명으로 인류의 식탁 안으로 들어왔다. 이런 의미에서 『잡식동물의 딜레마』를 쓴 마이클 폴란에게 냄비는 외부 소화기관이었다. 그는 냄비를 제2의 위장이라 불렀다.

물 요리 도구의 진화,
양숙과에서 타진냄비까지

카스트가 살아 있는 인도에는 음식에도 위계가 있다. 예컨대 최상위계급 브라만은 당근, 무, 감자와 같은 뿌리식물은 더럽다고 여겨 먹질 않는다. 물이 위에서 아래로 흐르듯 브라만이 조리한 음식은 하위 카스트들이 나눠먹을 수 있지만 그 역은 있을 수 없다. 계급의 정결함을 더럽히기 때문이다. 그뿐만이 아니다. 조리방법에도 위계가 있다. 날로 먹을 수 있게 조리한 것이 가장 정결하고 익힌 음식은 불을 어떻게 사용하느냐에 따라 위계가 다르다. 일례로 물에 삶은 음식은 볶거나 튀긴 것에 비해 더 정결하다(펠리페 페르난데스 아르메스토: 2018).

이런 위계가 생긴 이유는 인도인들이 음식 만드는 일을 오염의 과정이라고 생각한 탓이다. 이 관념은 식재료에도 그대로 투영된다. 쌀, 보리, 밀, 콩처럼 농사를 지어 생산되는 것(안마Anma)은 정결하지 못한 음식이다. 야생 곡물, 야채, 과일처럼 경작하지 않아도 스스로 자라는 것(팔라Phala)은 더 정결하게 여겼다(최광수: 2010). 즉 인도식 세계관에선 사람의 손이 많이 갈수록 부정한 것이 된다.

인도인의 관점에서 본다면 조리도구의 개량이나 혁신도 정결에서 멀어진다. 예컨대 물을 이용해 삶는 방법은 냄비가 없어도 할 수 있지만 볶거나 튀기는 조리법은 냄비가 만들어져야 비로소 가능하다. 인도인에게 튀김은 삶는 것의 타락이었다. 하지만 역사학자 페르난데스 아르메스토는 비로소 볶음과 튀김이 가능해졌다는 점에서 냄비의 발명을 전자레인지가 나오기까지 인류가 이룩한 마지막 혁신으로 보았다.

하지만 냄비는 한 번의 혁신으로 완성되지는 않았다. 냄비는 전자레인지라는 혁신이 있기까지 분화를 거듭해왔다. 기름을 사용해 볶고 튀기는 프라이팬이 냄비에서 계통이 완전히 갈라진 진화라면 물을 매질로 본연의 기능을 유지하며 분화한 냄비는 수도 없이 많다. 조리시간 단축, 연료 절약 혹은 효율적인 요리를 위해 만들어진 것으로 조금은 특이한 냄비과에 속한다. 어떤 것들은 완전히 사라졌고 어떤 것은 현재 사용하지 않지만 부활할 가능성이 있으며 어떤 것은 여전히 사용되는 냄비들이다. 삶고 데치고 끓이는 데 쓰는 수많은 도구를 모두 냄비라는 이름으로 퉁을 친다면, 그러기엔 조금 특이한 것들이 있다.

먼저 양숙과兩熟鍋다. 글자 그대로 냄비 2개를 서로 잇고 가운데를 막은 솥이다. 각각 뚜껑이 따로 있어 하나로는 밥을 짓고 다른 하나로는 국을 끓였다. 냄비 3개를 잇대어 만든 그릇도 있으며 고대 중국에는 오숙정五熟鼎이라고 하여 다섯 가지 요리를 한 번에 하는 솥을 주조했었다. 양숙과이든, 오숙정이든 어떤 모양의 아궁이에 얹었는지, 음식에 따라 서로 다른 조리 시간은 어떻게 관리했는지 알려져 있지는 않다. 다만 『임원경제지』에서 양숙과를 쓰면 땔감을 상당히 아낄 수 있다고 했다. 전하는 바대로 연료 효율이 좋았다면 남은 실물이 많아야겠지만 유물이 흔치않은 것으로 보아 관리하기가 쉽지는 않았던 것으로 보인다.

오숙정五熟鼎

주방에서 전부 조리되어 나오는 서양식 고기 요리와 달리 사람들이 불판을 중심으로 모여 앉아 직접 구워먹는 한국식 바비큐가 계속 발전한다면 아마도 벙거짓골(혹은 전립투)이 요식업계의 주목을 받는 날이 올지도 모른다. 벙거짓골은 모양이 조선시대 무관이 쓰던 모자, 벙거지(전립)를 뒤집어 놓은 것 같아 붙은 이름이다. 챙처럼 생긴 넓은 날개에는 고기를 굽고 가운데 움푹 들어간 곳에는 도라지, 무, 미나리, 파 따위를 잘게 썰어 넣고

육수를 부어 끓였다. 조선 후기엔 음력 10월이면 벙거짓골을 이용해 구이와 전골요리를 함께 즐기는 난로회煖爐會가 매우 성했다고 전한다. 벙거짓골 하나로 3~4명이 먹을 수 있었다고 하며 고기는 주로 쇠고기를 썼고 더러 꿩고기를 사용했다.

한 번에 두 가지 다른 요리를 맛보고 싶은 욕망, 연료를 아끼는 동시에 하나의 아궁이에서 해결하고 싶은 욕망은 계속된 냄비의 진화를 가져왔다. 이번엔 끓이면서 동시에 쪄서 먹겠다는 욕망의 산물이다. 윗부분은 시루처럼 생겨서 증기로 식재료를 익히고 아랫부분은 다리가 밖으로 굽어진 솥처럼 생겨 국을 끓이거나 음식을 삶았다. 언甗이라고 불린 중국 고대 요리 도구로 위진남북조 시대까지 널리 사용되었으나 이후 사라졌다.

언甗

인간이 만든 도구의 존속은 의도에 맞느냐, 더 효율적인 경쟁자(발명품)가 출현하느냐 혹은 입맛의 변화와 관련된다. 위의 언甗이 사라진 것은 쌀을 쪄서 먹던 조리법에서 끓여서 익혀 먹는 밥이 일상식이 되면서 주방의 기본 도구가 시루에서 솥(냄비)으로 옮겨간 탓이다. 추정이 조금씩 다르지만 4세기 후반에서 5세기 초반이면 쌀을 주식으로 하는 동북아시아의 부엌은 시루에서 솥으로 무게중심이 완전히 이동한 것으로 본다.

타진냄비는 적은 물을 사용하고도 흥건한 전골요리를 할 수 있도록 개량된 냄비다. 타진냄비는 아프리카 서북쪽 모로코 태생이다. 베르베르 언어로 냄비를 뜻하는 '타진'은 조리도구이면서 동시에 찜요리를 가리킨다. 고기를 넣고 조리하면 고기타진, 생선이 들어가면 생선타진, 채소면 채소타진이 된다. 재질은 어느 나라에나 있는 질그릇이고 쓰임새는 우리나라의 뚝배기랑 비슷하다. 하지만 타진냄비는 특별하다.

타진냄비의 특별함은 뚜껑에서 나온다. 물도, 연료도 부족한 사막에서 적은 양의 연료와 부족한 수분으로 요리를 할 수 있는 비결이 뚜껑에 숨어 있다. 모든 식재료에는 수분이 함유되어 있는데 타진냄비를 이용하면 재료 속의 수분을 최대한 활용할 수 있다. 겉보기에도 이국적인 고깔 모양의 크고 높은 삼각형 뚜껑이 그 일을 가능하게 한다. 식재료에 열을 가하면 수분이 증발하는데 타진냄비에선 삼각형 뚜껑의

길거리 음식에 타진냄비가 이용되고 있다.

타진냄비 제작 모습.

꼭대기까지 증기가 올라간다. 이때 냄비 밖으로 달아나지 못한 증기가 차가워지면서 물방울로 맺히고 뚜껑의 옆면을 따라 다시 냄비 속으로 돌아간다. 증기가 냄비 안에서 계속 순환하는 것이다(쿠치오 아사미: 2011). 수증기가 냄비 밖으로 달아나지 못하도록 하기 위해 타진냄비의 뚜껑은 생각보다 묵직하다.

타진냄비에 익숙하지 않은 우리나라 사람들은 식재료 자체의 수분이 있어봤자 얼마나 있겠나 하겠지만 직접 요리를 해보면 전골요리만큼 흥건하게 나온다.° 식재료가 가진 자체 수분을 이용하기 때문에 재료 본연의 맛도 잘 우러난다. 물을 적게 사용하

° 식재료의 대부분은 수분으로 구성된다. 육류에는 60퍼센트, 생선에는 75퍼센트, 채소는 90퍼센트가 수분이다. 달걀흰자는 90퍼센트 이상이 수분이다. 수분은 열에 민감해 가열되면 수분이 줄어들면서 식재료가 단단해진다. 식감은 수분의 양에 달렸다(이강민: 2017).

면서 식재료에서 수분을 우려내야 하기에 기본적으로 약불에서 사용하고 냄비 본체는 접시처럼 얕은 편이다. 많이 알려져 있지 않지만 우리나라에서도 타진냄비를 만들고 있다. 다만 국물 요리를 좋아하는 기호를 반영하듯 본고장의 것과 달리 냄비 바닥이 깊다.

물로 굽는 시대, 수비드 요리

1968년에 나온 김승옥의 중편소설 『60년대식』에 이런 내용이 나온다. "과거엔 손님이 오면 고체를 내어 대접했다. 가령 떡이라든지, 고구마라든지, 사과, 곶감…… 그러나 오늘날은 주로 액체를 내놓는다. 커피, 홍차, 인삼차, 오렌지주스, 코카콜라……. 이제 손님들이 기체를 들이켜야 할 날도 멀지 않았나보다. 선견지명 있는 식료품 상인이라면 모름지기 아무리 들이마셔도 배부르지 않는, 먹을 수 있는 기체를 발명 생산 판매 보급하는 데 전력을 경주해야 하리라."

8년 전 헤어진 연인의 소재를 탐문하던 주인공이 하루 종일 대접받은 것이라곤 숭늉 한 그릇, 대포 두 잔, 인삼차와 커피 한 잔이 전부였음을 깨닫고 문득 허기를 느끼며 하는 상상이다. 작가는 주인공의 생각을 논리로 뒷받침한다. 사회 발전에 비례해 개인의 행동반경이 확대되면 단위 시간당 만나는 사람의 숫자가 많아진다. 손님 노릇을 해야 하는 경우가 많아지니 접대용 식품을 먹고 배가 불러서는 안 된다는 것이다. 작가는 커피 가스 30, 오렌지 가스 50을 흡입하는 미래의 접대 문화를 상상한다. 그가 얼마나 먼 미래를 상상했는지 알 수 없지만 이 미래는 이미 우리 곁에 와 있다. 1960년대 프랑스 최고 수준의 요리법을 지칭하는 오뜨 퀴진에서 시작해 1990년대 스페인의 레스토랑 엘 불리에서 대중화된, 분자미식학 혹은 분자요리라는 수상한 이름을 달고서 말이다.

분자미식학은 음식을 구성하는 기본단위를 분자라고 보고 조리법에 과학과 예술을 접목시킨 것이다. 주기율표가 등장할 것 같은 정의라고 생각했다면 짐작이 맞다. 요리를 하기 위해선 염화칼슘, 카라기난, 레시틴, 메틸셀룰로오스, 알긴산, 구연산, 트랜스글루타미나제, 액화질소 등의 화합물들이 필요하다. 조리도구도 상당히 낯설다. 진공저온조리기, 진공포장기, 액체 질소용기, 동결건조기, 급속냉동기, 기포 발생기, 질소가스, 사이펀, 스모킹 건, 스포이트, 핀셋, 실리콘 호스, 주사기, 실리콘 몰드, 적외선 온도계, 레이저 건 등등이 있어야 한다.

우리 눈에 보이지는 않지만 사실 분자는 맛을 느끼는 데 영향을 미친다. 흔히 간과하지만 딸기 맛, 바나나 맛 같은 것은 없다. 맛은 오로지 단맛, 짠맛, 쓴맛, 신맛, 감칠맛 다섯 가지 뿐이다.

혀가 딸기 맛이라고 느끼는 것은 순전히 향기 분자의 영향이다. 실제로 딸기 향을 맡았을 때 혀는 더 달다고 느낀다. 혀로 느끼는 맛도 마찬가지다. 침이나 수분에 녹은 맛 분자들이 미뢰의 섬모에 닿아야 비로소 우리는 맛을 느낄 수 있다. 오랫동안 발견하지 못했어도 요리 세계의 기본단위는 분자였다.

따라서 분자요리는 새로운 맛을 창조하기 위해 맛 분자와 향기 분자를 적극 이용한다. 예컨대 은은한 뒷맛을 위해 참나무칩을, 단맛을 강화하기 위해선 사과나무칩이나 체리나무칩을 태워 식재료에 훈연한다. 해산물요리를 내오면서 파도소리와 함께 바닷가 내음이 함유된 증기가 테이블에서 흘러나오는 식이다. 거품도 분자요리에선 메뉴다. 거품은 액체, 고체, 기체 세 가지 상태가 혼합된 형태로 평범한 식재료가 거품이 되면 새로운 질감과 향, 맛으로 재탄생하게 된다. 분자요리에선 드레싱 소스, 스프, 퓌레 등을 거품으로 만들어낸다.

아직 대중적이지 않지만 경험한 분들은 분자요리가 몇 가지 점에서 기존 요리와 다르다고 말한다. 요약하면 이렇다. 코스 요리로 나오는 모든 음식이 시각적으로 먹음직스럽다(SNS에 자랑하기에 좋다). 망고로 달걀노른자를, 우유로 흰자를 만들어내는 것처럼 색다른 재료가 익숙한 음식의 얼굴을 하고 나온다(신기해서 자랑하기에 좋다). 모든 요리가 죄다 한 입 크기로 제공되기에 디저트까지 먹었는데도 여전히 배가 고프다(미래지향적 접대 음식의 한 요소다). 마지막으로 이것만큼은 집안에다 구비

하고 싶다는 생각이 드는 물건이 분자요리에 있다. 물로 구워내는 수비드sous-vide다.○

수비드는 프랑스어로 진공상태를 가리킨다. 수비드를 하기 위해선 진공저온조리기와 진공포장기가 있어야 하는데 액체질소 용기, 동결건조기, 급속냉동기처럼 안전사고의 위험이 감지되는 다른 조리도구와 달리 온건한 느낌을 준다. 실제로 수비드 요리는 유튜브에서 가장 많이 소개되는 분자요리 콘텐츠이기도 하다.

수비드 요리는 온도에 의한 단백질 변성을 과학적으로 관리하는 것이 핵심이다. 고기의 주성분인 단백질은 익을수록 단단해지고 질겨진다. 고열에서 가열하면 단백질이 변성(수축)되기 때문이다. 하지만 저온에선 이런 변성이 일어나지 않는다. 변성이 일어나지 않는 저온에서 장시간 가열함으로써 겉과 속을 골고루 익히고 동시에 식재료의 수분과 영양분을 보존하는 것이 수비드 조리의 목적이다. 변성을 최대한 늦추기 위해 육류는 50~65도씨, 채소류는 88도씨에서 최대 72시간 동안 재료의 내부 온도를 올려주게 되는데 고기의 경우 부드러운 식감을 만들

○ 분자요리는 18세기 영국 물리학자 벤저민 톰슨의 우연한 실수에서 비롯되었다. 그는 실수로 고깃덩어리를 낮은 온도의 오븐에 밤새 넣어두었는데 다음날 꺼내보니 상상하지 못할 만큼의 부드러운 육질이었다는 것이다. 이 경험을 바탕으로 자신의 수필집에 미래 요리의 출현을 예견했는데 1969년 헝가리 출신의 물리학자 니코라스 쿠르티가 2킬로그램의 양고기를 80도 오븐에 8시간 30분 구워내면서 이를 다시 증명하고 1988년 프랑스 화학자 에르베 티스와 의기투합해 '분자와 물리의 미식학'이라는 이름을 붙이면서 본격적으로 분자미식학이 출현하게 된다(이강민: 2017).

수 있고 야채는 아삭한 식감을 살릴 수 있다.

수비드 조리법은 진공포장기를 이용해 물이라는 매질과 직접 닿지 않도록 하면서 식재료에 열을 가하는 일종의 프라이팬이라고 할 수 있다. 하지만 진공저온조리기를 꼭 이런 용도로만 사용할 필요는 없다. 일정한 온도를 유지하는 저온조리기의 특성을 이용해 냄비의 쓰임새로 응용이 가능하다. 예컨대 다시마에서 감칠맛을 추출하기 위해 일반적으로 찬물에 다시마를 넣고 끓이다가 물이 끓어오르면 다시마를 건져내고 가다랑어포를 넣고 불을 껐다. 대대로 이렇게 해왔기에 이것이 정답 같지만 과학이 끼어들면 달라진다. 다시마의 감칠맛을 최대한 뽑아내려면 다시마를 물에 넣어 60도씨로 1시간 가열한 후 물 온도를 85도로 높인 후 바로 전원을 끄고 가다랑어포를 넣어야 한다(이시카와 신이치: 2016). 과학은 요리를 더욱 맛있게 한다.

밥 짓기에서 해방되다, 전기밥솥

센 불로 끓이고 중불로 익히고 약한 불로 뜸들이며
냄비 속의 물이 넘쳐 불을 다치지 않게
불 위의 냄비가 뜨거워져 쌀을 다치지 않게
쌀과 불과 물이 평화롭게 하나 되어
사람이 먹는 한 그릇의 더운밥이 되는 일이란

_정일근, 「냄비밥을 하면서」 일부

삼층밥이라는 것이 있다. 디지털에 익숙한 세대들은 이름조차 낯설겠지만 아날로그를 거쳐온 세대, 특히 남자들은 한 번쯤 경험을 한 밥이다. 대개 '엄마는 부재중'인데 배가 너무 고팠다거나 자취를 막 시작했을 무렵 삼층밥을 만난다. 즉석밥을 돌리는 세대는 모르겠지만 밥하는 일은 원래 무척 번거로운 일이었다.

밥을 먹으려면 숙련된 솜씨와 집중력이 필요했다. 우선은 쌀을 잘 씻어야 했다. 예전엔 도정기술이 좋지 않아 쌀에 돌이 섞여 있었다. 조리라고 하는 국자모양의 기구로 돌을 가려내야 했다. 조리로 물에 담근 쌀을 일정한 방향으로 살살 일면 쌀은 조리에 담기고 돌은 조리를 빠져나갔다. 조리에 담긴 쌀을 솥(냄비)에 옮겨 담으면 1단계는 끝이 난다.

2단계는 물 조절이다. 물이 너무 많으면 진밥이 되고 적게 넣으면 된밥이 된다. 지금은 밥솥에 새겨진 눈금에 맞추면 되지만 옛날에는 깜냥으로 했다. 가정·실과 과목에는 씻은 쌀 위에 손바닥을 올려놓고 손등이 살짝 잠길 정도로 물을 채우라고 설명했다. 여기서 문제가 발생한다. 쌀 위에 손바닥을 얹으면 손목 쪽으로 차츰 경사가 올라간다. 어디까지가 '살짝'일까? 실과는 누구 손을 기준으로 했을까? 처음엔 맞추기가 매우 까다롭다.

마지막은 불 조절이다. 불을 잘못 다루면 삼층밥이 된다. 열원에 가까운 밑 부분은 새까맣게 타고 열에서 먼 윗부분은 설익고 가운데만 마침맞게 익는 것이다. 삼층밥을 만들지 않으려면 시에서처럼 센 불로 끓이다가 어느 순간 중불로 전환하고 다시 약불로 가야 한다. 58년 개띠인 시인은 가스레인지를 쓴 듯하다. 센 불, 중불, 약불은 불꽃으로 세기를 확인할 수 있는 가스레인지가 낳은 개념이다.

연탄불엔 그런 것이 없다. 공기구멍을 개폐하는 것으로 불의 강약을 조절하는데 공기구멍을 활짝 열었다고 연탄이 금방 달아오르지 않고 불꽃이 눈에 띄게 변하는 것도 아니다. 게다가 연탄 자체의 화력도 시간에 따라 변했다. 사정이 이러니 난생처음 밥짓기에 도전하는 '머스마'들은 삼층밥을 만나게 되어 있었다. 전기밭솥이 등장하면서 이 고민이 사라진다.

전기밥솥은 1921년 전시 상황에서 신속한 취사를 하기 위해 일본에서 개발되었으나 실용화되지는 못했다. 아이디어를 이어받은 곳은 '도쿄 주신 교코'라는 회사로 1945년 최초로 프로토타입 전기밥솥을 내놓는다. 오늘날 소니라는 이름으로 알려진 회사다. 소비자의 시선을 끌 정도로 매끈한 제품은 1955년 도시바가 만든다. 도시바는 이중 솥 간접 가열double pot indirect cooking 방식을 채택했는데 바깥 솥에 물 한 컵을 붓고 이 물이 모두 증발하면 스위치가 내려가면서 안쪽 솥에 밥이 완성되었음을 알렸다. 다소 불편했지만 이것만으로 일본의 부엌은 혁신이 일어난다. 밥 짓는 아궁이가 사라진 것이다.

1960년대엔 자고나면 새 제품이 쏟아졌다. 타이머가 달려 전날 쌀을 안쳐두면 아침에 기계가 알아서 밥을 짓는 것이 나왔고 지은 밥을 따뜻하게 보관하는 보온밥솥이 따로 출시되더니 밥짓기와 보온이 한 번에 가능한 제품도 만들어졌다. 일본은 1990

○ 1982년 동아일보에 기사에 따르면 그 해 1만5000개 이상이 김포세관을 통해 들어왔다. 그해 일본에서 입국한 내국인과 재일교포가 44만3000명이었는데 25명에 1명꼴로 밥솥을 들고 온 셈이다. 당시 언론에서는 이런 주부들을 손가락질하며 조리돌림 했지만 일제가 좋다는 것은 상식이었다.

년대까지 전기밥솥 시장을 장악했다. 특히 조지루시사가 만든 '코끼리 밥솥'은 우리나라 주부들이 선망한 제품이었다.°

코끼리 밥솥이 유명했던 건 밥통 내부 솥에 있었다. 일본은 당시 알루미늄 내솥에 불소수지 코팅을 할 수 있는 유일한 곳이었다. 불소수지 코팅을 하면 밥알이 솥에 달라붙지 않고 오래 보존해도 밥알의 수분이 유지되어 3일이 지나도 군내가 나지 않았다. 국산은 하루만 지나도 밥알이 노화되어 밥에서 냄새가 났다. 우리가 불소수지 코팅을 뛰어넘는 기술을 획득한 것은 1998년이다. 내식성, 내열성, 내마모성 등에서 훨씬 뛰어난 불화탄소수지 코팅 알루미늄 판재가 개발되고 판도가 '전기압력밥솥'으로 넘어가면서 세계 밥솥 시장은 한국이 이끌게 된다.

1990년대 대통령까지 나서 기술 개발을 독려했다고 하지만 우리는 전통적으로 밥에 진심이었던 민족이다. 주영하(2018)에는 명나라 고관대작의 집에 초대를 받아 재상이 오기를 기다리며 온갖 음식을 대접받고도 끼니때가 되자 밥 먹어야 한다며 숙소로 돌아간 조선 중기 문신의 이야기가 나온다. 뒤늦게 돌아온 재상은 보고를 받고 이렇게 말했다고 한다. "조선인은 밥 안 먹으면 굶었다고 생각하는데 내가 밥 대접하라는 것을 잊었구나!" °° 먹는 것뿐만 아니라 밥 짓기에도 진심이었다. 청나라 장영은 「반유십이합설飯有十二合說」에서 "조선은 밥을 잘 짓는다. 밥알

°° 이 식습관 전통은 지금도 살아 있다. 배식을 하는 곳에서 메뉴에 잔치국수나 메밀국수 등의 면류를 내놓을 경우 추가밥을 따로 차린다. 잡채와 떡볶이, 마카로니와 같은 탄수화물을 반찬 취급하는 것도 밥 아니면 식사가 아니라는 한국인의 정서가 투영된 것이다.

에 윤기가 있고 부드러우며 향긋하고 고루 익어 기름지다"라고 했다.

이런 까닭에 조상들은 어떤 소재에 밥을 지어야 가장 맛있는가도 일찍 고민했었다. 『규합총서』는 돌솥이 으뜸이고 오지탕관(진흙으로 구운 그릇)이 다음이며 가마솥이 세 번째라고 했다. 이 순서는 다른 책에서도 비슷하게 언급되는데 아마도 수라상의 영향을 받은 듯하다. 수라상을 차릴 때 화로에 숯불을 담아놓고 새옹이라고 불리는 곱돌솥에 밥을 지었기 때문이다(정혜경: 2015). 임금이 먹는 밥이니 당연히라고 생각했던 모양이다. 하지만 정말 좋은 밥맛은 가마솥 밥이었다. 2003년 국립중앙과학관에서 가마솥 밥맛이 곱돌솥보다 좋다는 사실을 밝혔다(송영애: 2015).

가마솥 밥맛의 비밀은 솥뚜껑의 무게와 밀접한 관련이 있었다. 가마솥 뚜껑은 몸체의 1/3 정도의 무게로 만드는데 들지 않고 밀어서 열어야 할 만큼 무겁다. 이 때문에 수증기가 쉽게 빠져나오지 못해 내부압력이 높아지고 끓는점이 상승한다. 이렇게 높은 열량 상태에서 빠르게 익은 밥은 그렇지 않은 밥보다 찰기와 향에서 뛰어나다. 또 열전달이 균일하게 되도록 부위별로 두께가 다른 것도 가마솥 밥맛의 비밀이다. 열이 균일하게 퍼지도록 하기 위해 가마솥은 열원이 직접 닿는 곳은 두껍게 하고 좌우로 갈수록 두께가 얇다(노봉수: 2014).

현재 우리나라 브랜드가 주도하고 있는 전기압력밥솥은 이

가마솥의 원리가 적용되어 있다. 고압을 버틸 수 있도록 내솥을 두껍게 했는데 그 덕에 재질이 알루미늄에서 스테인리스, 황동, 무쇠로 바뀌었다. 전자유도가열방식(IH)이라 하여 자력선으로 솥 전체를 통가열하는 것도 가마솥 열전달 방식의 모방한 것이다. 여기에 전기압력밥솥엔 내솥에서 발생하는 수증기로 인해 누전사고가 일어나지 않도록 하고 고압에 의한 폭발사고를 방지하는 각종 안전장치도 주렁주렁이다. 스위치를 누르면 알아서 밥이 되는 세상이지만 '사람이 먹는 따뜻한 한 그릇의 밥이 되는 일'이란 결코 쉬운 일이 아니다.

5

우리에게 없었던 프라이팬, 사라지는 밥상

볶음밥은 양식이었다

집에 찬밥이 남았으니 볶음밥을 만들어 먹자. 양파는 큰 것을 골라 반개만 숭숭 썰고 소고기도 잘게 썰어 함께 살짝 볶은 후 후추와 소금으로 밑간을 하고 한 사람이 먹을 만치의 밥을 넣어 다시 볶아 그릇에 담자. 재료가 너무 간단해 아쉽지만 이 음식은 한식인가? 당연한 질문이라면 식용유 대신 버터를 사용했다고 하자. 그래도 한식일까? 사실 질문 자체가 무의미할 수 있다. 밥을 주식으로 하거나 쌀 요리가 있는 문화권은 각자 나름대로 볶음밥을 만들어 먹었다. 중국의 차오판, 일본의 아키메시, 인도네시아의 나시고랭, 우즈베키스탄의 쁠로프, 스페인의 파에야, 이탈리아의 리조토, 미국의 잠발라야 등등 기원이 어디냐고 물을 수 없을 정도로 문화에 따라 다양한 변이가 존재한다.

하지만 1924년 『조선무쌍 신식요리제법』의 저자 이용기는 볶음밥에 대해 분명한 생각이 있었다. 그는 볶음밥을 양식이라고 보았다. 볶음에 사용했던 버터 때문이었는지 '퓨라이라이스'라고 표기하고 양식에 포함시켰다. 재료라고 해보았자 위에 소개된 것이 전부다. 양파, 소고기, 후추, 소금, 밥, 버터. 지금이라면 요리책에 소개하기도 민망할 정도로 빈약한 구성이지만 당시엔 일반 대중이 쉽게 접하기 힘든 음식이었다.

당연히 구하기 힘든 재료가 있었을 것이다. 외국 요리를 소개하는 오늘날의 요리책에도 한두 개쯤 주변에서 찾기 어려운 식재료가 늘 있으니 말이다. 양파는 『동의보감』에 나올 만큼 들어온 지 오래되었으니 후추와 버터가 그것이었을 가능성이 크다. 하지만 구하기 어려웠던 것이 하나 더 있었다. 프라이팬이었다. 이용기는 퓨라이라이스를 냄비에 볶으라고 했다.

우리에겐 프라이팬이 없었다. 비슷한 것이 있었지만 사용하기 번거로웠고 무거웠다. 『임원경제지』에서는 볶음판(초반炒槃)이라는 것이 소개되어 있다. 구리로 만들고 솥뚜껑을 뒤집어 놓은 모양이라고 했다. 약방에서 약재를 볶을 때 사용하고 적은 식재료를 볶거나 덖을 때도 썼다. 기름을 두르고 사용하는 것은 튀김판(자철炙鐵)이라고 했는데 볶음판과 모양이 같으나 구리가 아닌 무쇠로 만든다고 했다.

아동문학가 어효선(1925~2004)이 기억하는 전통 프라이팬도 비슷하다. 그의 회상에 따르면 번철이라고 부르는 것으로 전을 부쳤는데 무쇠로 만들고 솥전에서 팔았다고 한다. 큰 것은 지름이 50~60센티미터였는데 그것이 없으면 솥뚜껑을 뒤집어 사용했다고 한다. 유기나 돌로 만들기도 했고 간혹 손잡이가 붙어 있는 것이 있었지만 공통적으로 무거웠다.

냄비에 볶든 팬에 볶든 기름 두르고 볶아서 먹으면 그만이지만 기름 두르고 볶아먹는 전통요리는 사실 빈약하다. 『조선 무쌍 신식요리제법』에서는 볶음 요리를 이렇게 말한다.

> 국은 국물이 제일 많고 지지미는 국물이 바특하고 볶음은 국물이 더 바특하여 찜보다 조금 국물이 있는것으로……

국물 요리의 연장선에서 보았지 기름 요리가 아니었다. 쇠고기, 닭, 제육볶음의 경우 간장과 물로 볶았다. 기름이 사용된 쇠양볶음, 천엽볶음도 간장과 물을 함께 사용했다. 전통요리에서 볶음은 지금의 떡볶이처럼 물기 없이 자작하게 볶는 것을 말하는 것이었지 반드시 기름을 사용하는 요리가 아니었다. 식용유로 쓰인 참기름과 들기름°이 귀했기 때문이다. 원재료도 비쌌고 게다가 근대 이전에 참깨와 들깨에서 기름을 짜려면 일일이 손으로 짜야 하는 고된 노동이 필요했다. 볶음이나 튀김에 쓸 식용

○ 들기름은 오메가3와 같은 건강에 좋은 성분이 매우 많지만 산패가 빨라 옛날에는 필요할 때마다 방앗간에서 조금씩 짜서 사용했다. 들기름이 들깨에서 나온다는 것은 잘 알고 있지만 들깨의 잎이 세상에서 한국인만 먹는 깻잎이라는 사실은 잘 모른다.

유가 귀했으니 프라이팬도 만들어지지 않았다.

반면 식용유가 풍부하면 프라이팬이 만들어진다. 대표적으로 중국의 웍wok이다. 요리의 다양함에도 불구하고 중국 요리에 사용되는 주방기구는 놀랄 만큼 단순하다. 중식칼과 도마, 재료를 뒤지고 섞고 볶거나 그릇에 옮길 때 쓰는 수평 국자 까오기, 찜통과 찜발, 튀김용 그물망 그리고 웍이라고 불리는 둥근 프라이팬만 있으면 모든 요리가 가능하다. 웍은 속이 둥글고 각이 없어 불이 닿는 면적이 넓어 팬을 흔들면서 센 불에 재빨리 볶는 요리에 최상이다. 반면 우리에게 익숙한 궁중팬은 바닥이 평평하다. 별 차이 아닌 것 같지만 웍은 오목한 곳으로 기름이 모이기에 위아래로 잘 까불면 생각과 달리 식용유를 적게 사용할 수 있다.° 웍에 증롱이라는 시루를 얹으면 만두 따위를 찌는 것도 가능하다. 중식 요리사들은 끓이고 삶는 요리도 이것으로 하기에 서양 요리사들은 웍을 찌개용 냄비와 프라이팬의 복합형으로 생각한다. 언제부터 사용했는지 불분명하지만 대략 명나라 연간인 15세기라고 짐작한다. 이때부터 볶고 졸이고 튀기는 기름 요리가 폭발적으로 증가하고 식용유 제조법을 기록한 책도 나오기 때문이다.°°

서양도 프라이팬이 일찍 출현했다. 요리에 사용하고 집과 사원에 불을 밝히고 또 머릿기름과 피부 연고로도 쓸 만큼 올리브

° 웍은 일반 프라이팬처럼 손잡이가 하나라 잡고 까부릴 수 있는 북경식과 양쪽에 손잡이가 달린 광동식이 있다. 튀김에는 안정감이 좋은 광동식이 좋으며 일반 요리에는 북경식이 편하다(채영철 외: 2003).

중국의 웍은 볶음요리에 최상이다.

오일이 풍부했기 때문이다. 올리브나무는 지중해성 기후가 최적이지만 기온이 영하 12도 이하로 내려가지 않고 연 강수량이 200밀리미터밖에 되지 않는 척박한 땅에서도 잘 자란다. 첫 열매를 맺기까지 5~8년이 걸리지만 수명이 평균 600년이다. 우리 땅의 참깨, 들깨 같은 한해살이가 아니다.

기록에 따르면 고대 올림픽 우승자는 2.5톤의 최상급 올리브 오일을 수여받아 이를 되팔 수 있는 자격이 주어졌다(미르시니

○○ 명나라 송후가 쓴 『송씨양생부 宋氏養生部(1504)』에 1백여 종에 이르는 조리법이 있는데 대부분이 기름을 쓰는 요리다. 송응성의 『천공개물 天工開物(1637)』에는 식용유 만드는 법을 별도로 다루었다. 이를 통해 주영하(2011)에서는 중국에서 숟가락이 사라지고 젓가락 우세로 돌아선 원인으로 기름 요리의 증가를 꼽았다. 숟가락으로 먹으면 기름까지 함께 먹기 때문이다.

라브라키: 2002). 모두가 사용할 수 있을 만큼 풍족하지 않았겠지만 적어도 귀족들은 샐러드에서부터 볶음과 튀김 요리에까지 마음껏 즐길 수 있었다. 15세기 프랑스의 시부아 공작을 보좌하던 한 요리장은 연회를 준비하는 과정에 필요한 기물들을 나열하면서 튀김용 대형 프라이팬, 카스casses 스무 개가 필요하다고 적었다(파트릭 랑부르: 2017). 이렇듯 식용유가 풍부해야 프라이팬이라는 독립된 주방기구가 출현할 수 있다.

프라이팬은 지짐남비이올시다

우리나라에 프라이팬이 공식 출현한 것은 1930년 3월 9일이다. 실물이 아니라 지면에서다. 『동아일보』는 '부인이 알아둘 봄철 요리법'에서 새우덴쁘라(튀김)를 소개하며 이렇게 적었다.

> 대가리하고 잔등이 싹싹한 것을 떼여버리고 꽁댕이는 남긴 채 껍질을 벗겨버리고 씻어 물긔를 업새고 약간 소곰을 칩니다. 다음에는 접시를 두개 준비하야 한 접시에는 계란 푼 것을 너어노코 새우에다 우선 밀가루를 무치고 그다음에 계란을 발러 또 한번 밀가루를 무처노흡니다. 그다음에 후라이팡(서양 남비에 자루 달린 것. 이것이 업스면 무쇠남비도 조흠)에다 참기름이나 락화생(땅콩)기

름이나 콩기름 가튼 것을 새우가 능히 덥힐 만큼 기름을 붓고 쓸입니다.

'후라이팡'이라고 적고 익숙하지 않은 독자들을 위해 '서양 남비에 자루 달린 것'이라고 따로 풀이까지 했다. 그리고 이튿날 지면에는 바로 번역어가 나온다. 일본 떡 '사쿠라모치' 조리법을 소개하며 '지짐남비(후라이팡)'라고 표기했다. 이때까지 우리에겐 프라이팬이 없었다. 산적, 튀각, 전처럼 기름을 사용하는 요리가 없었던 것은 아니지만 냄비를 쓰거나 가마솥 뚜껑을 뒤집어 임시변통해도 될 만큼 특화된 기구가 필요했던 것은 아니었기 때문이다.

조선총독부가 출간한 『조선습속』(1925)엔 조선의 식습관을 "하루 세 끼를 반드시 데워 먹기에 결코 찬 음식을 먹지 않는다"고 기록되어 있다. 우리는 뜨겁게 먹는 것을 좋아했다. 전기보온밥솥이나 보온기가 없던 시절, 우리가 찬밥을 활용했던 전통 방식은 토렴이었다. 겨울철엔 아무리 국물이 뜨거워도 식은 밥을 국에 말면 국밥 자체의 온도가 떨어지고 만다. 토렴은 뚝배기 안에 식은 밥을 얹고 가마솥에서 펄펄 끓고 있는 국물을 부었다 따랐다 하는 과정을 여러 차례 되풀이 하는 방법이다. 이렇게 하면 딱딱하게 굳은 밥알 하나하나에 국의 간과 맛이 스며들어 밥맛이 좋아진다. 국의 온도도 적당히 내려가 급하게 먹어도 입천장이 데일 염려가 없다(간단해 보이지만 가마솥으로 밥알을 흘리지 않아야 하고 손이 많이 가기에 지금은 전문 국밥집에서도 토렴을 하는 곳이 드물다).

이렇듯 프라이팬이 없던 시절 찬밥에 갖은 재료를 넣고 볶아 먹는다는 개념 자체가 우리에겐 없었다.° 따라서 『조선 무쌍 '신식' 요리제법』을 쓴 이용기는 버터를 사용하지 않았더라도 볶음밥을 한식에 넣진 않았을 것 같다.

○ 볶음밥은 찬밥으로 볶아야 맛이 있다. 식으면 찰기가 떨어져 밥알마다 기름 코팅이 되기 때문이다. 따라서 처음부터 찰기가 떨어지는 인디카쌀이 우리가 먹는 자포니카종보다 볶음밥에 적당하다.

김치볶음밥은 언제부터 먹었나?

서양의 대표적인 달걀 요리, 스크램블 에그는 모양새만 보면 요리라고 할 수 없다. 우리 눈엔 달걀말이를 하려다 찢어진 김에 마구 휘저어놓은 것으로 보인다. 잘게 덩어리진 것을 보고 있자면 요리가 뜻대로 되지 않아 성질이 난 초보 요리사의 얼굴도 연상된다. 크림과 버터를 넣어 부드러운 식감을 돋보이게 하지 않았다면 영락없이 실패한 요리의 전형이다. 하지만 이 간단하고 쉬운 요리도 프라이팬이라는 특화된 기구가 없으면 쉽게 생각해낼 수가 없다. 압력솥 역할을 했을 만큼 무거운 가마솥 뚜껑을 뒤집어놓고서 달걀을 휘젓겠다는 생각을 할 주부는 없을 것이다. 삶고 끓이고 데치는 데 썼지만 우리가 프라이팬 대용으로도 썼던 냄비도 마찬가지다. 프라이팬이 있어야만 가능하고 더 쉬운 요리가 있다. 달걀말이가 그렇고 두부조림이 그렇다.

통계는 없지만 1945년이 되면 프라이팬이 꽤 보급된 것으로 보인다. 매일신보 3월 10일자에 '후라이판은 이러케 다룰 것'이라는 기사가 있다.

> 후라이판에다 기름을 붓고 요리를 하고 난 뒤에 그냥 닥거버린다는 것은 물자가 귀한 요새 안 될 일이다. 거기다 물을 조곰 붓고 불에다 놔서 잠깐 끄리다가 이 물을 된장 씨개 가튼데다 부어서 쓰면 조타.

지금 보면 엽기적인 재활용법이지만 곧 이어 기름을 조금 발라 보관하라고 했고 눌러 붙은 것을 제거하려면 계란 껍데기를 잘게 부수어 신문지로 닦으라고 했다. 기름을 발라 보관하라고 했으니 재질은 쇠였을 것이고 눌러 붙는 경우가 있었다면 코팅이 되지 않았다는 이야기다. 아무튼 어느 정도 대중화되지 않고서는 날 수 없는 기사다.○

그런데 이 시기에 오면 볶음밥을 중식으로 인식한다. 1939년

○ 1937년 9월 13일 매일신보는 추석을 앞두고 〈번철 다루는 법〉이라는 기사를 냈다. "지지고 볶는데 없어서는 안 될 번철이 한참 쓰일 때가 되었다. 그런데 우리 조선 가정에서는 한번 쓰고는 행주 같은 걸로 쓰윽 문지르고 다시 쓸 때 같은 방법으로 하는 것이 보통이다. 그런데 이러면 기름 찌꺼기가 더께로 내려앉게 되어 깨끗하게 지져낼 것을 거기다 하면 시꺼먼 찌꺼기가 묻어날 수 있으므로 한 번 쓰면 꽃비누와 가는 모래로 말끔히 닦고 말려서 보관해야 한다."는 내용이다. 프라이팬이 대중화되지 않았고 번철 또한 자주 쓰이는 도구가 아니었음을 알 수 있다.

10월 19일자 동아일보는 '가을철에 조흔 지나요리'라는 기사에서 날이 차지기 시작하면 찬밥이 많이 남는데 가정에서는 끽해야 쪄 먹거나 물에 끓여 먹는 일이 많다며 참으로 맛있게 먹는 중국식 찬밥 이용법을 소개했다. 계란볶음밥, 느타리볶음밥, 오색볶음밥, 제육볶음밥이 함께 소개된 조리 예시다. 계란, 파, 느타리, 양파, 새우, 죽순, 돼지고기, 닭고기, 소금과 간장 그리고 당시 조미료였던 아지노모도 등이 준비 재료였고 기름은 라드(돼지비계를 정제한 기름)를 추천했다. 아무것을 써도 관계없지만 라드가 제일 맛있고 가장 경제적이라는 것이 추천 사유다.

중국은 6세기경 위진남북조 시대에 쇄금반碎金飯이라고 불린 볶음밥을 먹었다는 기록이 있을 만큼 볶음밥의 역사가 깊다. 여기에 19세기 말 제물포와 인천으로 들어온 중국인들이 식당을 열면서 청요리가 일식과 함께 고급 요리의 대명사로 자리를 잡아가던 시기였으니 볶음밥을 중식으로 인식했어도 무리는 아니다.

그렇다면 우리는 언제부터 볶음밥이라는 요리에서 국적을 연상하지 않게 되었을까? 분명히 김치를 넣고 밥을 볶아먹기 시작한 후부터일 것이다. 오늘날처럼 젓갈과 고춧가루가 들어간 배추김치는 1766년 『증보산림경제』가 편찬되던 시기에 확립이 되었고 프라이팬이 1940년대에 주방기구로 우리 부엌에 들어왔다고 본다면 대략 1940년대 말에 등장했을 수 있다. 느끼하고 기름진 음식을 싫어하는 한국인이라면 매콤한 김치를 넣고 볶아먹을 궁리를 누군가는 했을 터이니 말이다.

하지만 볶음밥이 확실한 한국 국적을 취득하게 된 것은 1970년대라고 생각된다. 일제의 수탈이 심해지던 1940년대와 해방 직후 한국전쟁의 발발로 나라 살림이 피폐하던 1950년대는 식용유는 물론이고 가장 경제적이라고 추천되던 돼지기름도 쉽게 구할 수 있는 때가 아니었다. 잔칫날이나 명절이 되어야 솥뚜껑을 올려놓고 부침개를 부쳐 먹을 정도로 기름은 귀했다. 그나마 라드를 정제하지 못해 돼지비계 그대로를 불판에 문질러가며 기름칠을 했다. 이렇게 전을 부치는 광경은 1960년대에도 흔했다.

우리에겐 기름으로 쓸 만큼의 돼지가 없었다. 돼지는 살을 1킬로그램 찌우려면 4.4킬로그램의 먹이가 필요하다. 1.7킬로그램의 먹이만으로 바로 잡아먹을 수 있는 닭에 비하면 이는 감당하기 힘든 양이다. 인간과 먹이를 공유하는 돼지 사육은 기피되었으며 축산 장려책이 시행된 1960년대 이후에야 돼지고기 소비 통계가 잡힐 만큼 생산량이 미약했다(주선태·정은영: 2013).

식용유가 풍부해진 것은 1969년과 1971년 오뚜기, 해표와 같은 식품회사가 설립되면서부터다. 이때부터 대두를 사용한 콩기름이 대량으로 시장에 나왔다. 또 원석을 거푸집에 녹여 생활필수품을 만들던 가내수공업 형태의 알루미늄 주물생산도 1969년 한국알루미늄제련공장의 설립으로 대량생산되기 시작한다(김주한·양호석: 1984). 알루미늄에 에나멜 코팅을 한 프라이팬이 본격적으로 보급되기 시작한 것이 이 시기다. 이제 밥상에 손쉽게 볶은 김치를 올려놓을 수 있는 기본준비가 된 것이다. 김치를 볶아먹을 수 있는 시대가 오자 볶음밥이 귀화를 했고 이때부터 누구도 밥상에 올라온 볶음밥을 보고 다른 나라를 떠올리지 않게 되었다. 김치와 프라이팬, 식용유가 만났기에 가능한 일이었다. 한식에 새로운 지평이 열린 것이다.

한때는 보석이었던
알루미늄

중식 프라이팬 웍은 Wok to Walk라는 동음이의어를 이용한 프랜차이즈가 있을 정도로 중식칼과 함께 중국 요리를 상징하는 기물이다. 바닥을 맞은편이 볼 수 있도록 하고 중식칼과 함께 들고 있으면 칼과 원형 방패라고 해도 될 만큼 크고 둔탁한 생김새를 가졌다. 하지만 막상 들어보면 의외로 가볍다. 두께 1.5~2밀리미터 사이의 아주 얇은 철로 만들기 때문이다. 재질이 철이라 공장에서 출하되어 소비자와 만나기 전까지 녹이 슬지 않도록 니스나 캐슈칠cashew로 코팅을 해둔다. 눌러 붙지 말라는 코팅이 아니라 녹슬지 말라는 코팅이기에 사용하기 전 반드시 태워 없애는 과정이 필요하다. 그리고 다시 기름막을 입혀 눌러 붙지 않도록 길을 들여야 한다. 이 기름막을 잘 입혀 놓으면 눌러 붙지 않고 녹이 슬지도 않는다. 혹 세척 후 기름막이 손상되면 기름을 둘러 녹이 슬지 않도록 보관해야 한다. 금속은 녹에 약하다.

현재의 웍과 가장 가까운 한나라 때의 냄비

전통적으로 주방기물로 선호된 금속은 철이나 구리였다. 구하기가 쉽고 가공과 성형이 수월하며 열전도율도 좋기 때문이다. 철의 열전도율은 55, 구리의 전도율은 401이다. 비교군 두 개를 기억하면 두 금속의 열전도율이 얼마나 좋은지 알 수 있다. 공기의 열전도율은 0.025이고 물은 0.6밖에 안 된다. 한증막과 목욕탕에서 우리가 삶기지 않는 것은 공기와 물의 낮은 열전도율 덕이다.

두 금속은 비열도 우수하다. 비열은 1킬로그램의 물질을 1도 올리는 데 필요한 열량을 말한다. 철은 450이고 구리는 380이다. 역시 물과 공기의 비열과 비교하면 이 수치를 쉽게 이해할 수 있다. 물의 비열은 4180, 공기의 비열은 1012이다. 숫자가 클수록 온도가 쉽게 올라가지 않는다. 물과 공기의 열전도율이나 비열이 철이나 구리 수준이면 물과 뭍에 사는 짐승들은 태양열로도 삶긴다.

음식을 끓이고 덥히는 데 이보다 더 좋은 재질이 없지만 문제는 녹을 통제하기 힘들다는 점이다. 철에 생기는 녹(산화철)은

기원전 4세기 무렵의 구리로 만든 프라이팬, 테살로니키 고고학박물관 소장

도자기와 칠기의 안료나 화장품 원료로 쓰일 만큼 비교적 안전하지만 푸른빛 구리 녹은 독성이 상당히 강하다. 구리 녹에 중독되면 감정 통제력 상실, 갑작스런 기분 변화, 우울증과 같은 정신장애와 구토, 고혈압, 위장 질환 등이 생긴다. 폭정을 일삼던 상나라의 마지막 임금, 주紂가 당시 최고급 식기 재료였던 구리 녹에 중독되어 있었다고 전한다.

이 점에서 알루미늄은 철과 구리로 만들어진 주방기물들을 대체할 자질이 있었다. 열전도율이 120~180이고 비열은 879로, 열 특성도 쓸 만했고 무엇보다 가벼웠다. 녹이 슬지만 성격이 좀 달랐다. 일반적인 생각과 달리 알루미늄도 녹이 슨다. 오래된 알루미늄 냄비가 있으면 쉽게 확인할 수 있다. 세척 후 건조된 알루미늄 냄비를 보면 가끔 하얀 가루가 군데군데 묻어 있는 것을 볼 수 있다. 공기와 반응해 생긴 알루미늄의 녹, 산화알루미늄이다. 녹이라니 찝찝하지만 사나운 녀석은 아니다. 위산과다나 위궤양으로 제산제를 복용하고 있다면 성분 표시를 읽어보자. 알루미나겔이 보인다면 산화알루미늄의 다른 이름이다.

산화알루미늄에는 산화철과 달리 공기와의 접촉을 차단해 부식을 방지하는 착한 면모도 있다.[○] 다만 자연적으로 생기는 산화 알루미늄은 너무 얇다. 그래서 주방의 거친 환경을 이겨낼 수 있도록 전기분해를 통해 두꺼운 피막을 입힌다. 주방에서 만나는 알루미늄 기구들은 모두 이 과정을 거쳐 우리에게 온다.

알루미늄은 지각에서 가장 흔한 금속이다. 흔하지만 순수 알루미늄 형태로 존재하지 않고 제련하기 위해선 반드시 전기가 필요하다. 1825년 민간요법으로 무좀, 피부병 치료에 쓰던 명반으로부터 덴마크와 독일이 이 금속을 동시에 추출했다.[○○] 은처럼 광택이 나는 알루미늄은 즉각 귀금속으로 분류되었다. 프랑스는 대관식을 거행할 때 보석류 곁에 알루미늄 막대를 전시했고 나폴레옹 3세는 귀중한 손님을 접대할 때 알루미늄으로 만든 나이프와 포크를 내놓았다고 한다. 금 식기는 그보다 등급이 떨어지는 손님에게 나왔다.

제련기술이 발전한 1854년에도 생산 단가가 킬로그램당 3000프랑에 달해 금만큼 비쌌다. 1884년 미국은 워싱턴 기념비를 세울 때 자국의 부를 과시하기 위해 꼭대기를 2.7킬로그램의 알루미늄 피라미드로 장식했다(샘 킨: 2011). 하지만 2년만 더

○ 구리 녹도 부식을 방지한다. 세월의 흐름에 따라 독특한 질감을 표현하기 위해 건축물의 외장재로 많이 쓰였다. 구 서울역의 푸른 지붕이 구리 녹을 이용했다. 지금은 철에 니켈, 크롬, 인과 유황을 합금한 코르텐강Corten steel이 이 자리를 대신하고 있다. 코르텐강은 처음에는 검은색이지만 표면이 부식되면서 와인처럼 붉게 변하다가 커피를 닮은 암적색으로 차츰 바뀌면서 이후로는 부식이 일어나지 않는다. 교량이나 토목용 구조재로 쓰이며 역사적 가치가 있는 기념물, 불멸을 상징하는 종교 건축이나 미술품에 쓰인다. 고 노무현 전 대통령의 비석에 코르텐이 쓰였다.

○○ 알루미늄은 산소, 규소에 이어 지구상에 세 번째로 많은 원소이며 금속원소로는 가장 많다. 지표면의 8퍼센트를 차지한다. 이름은 명반(백반)을 뜻하는 'Alum'의 라틴어 Alumen에서 왔다. 명반은 살충과 항균 작용이 있어 염증, 이질, 설사, 황달 등의 처방전으로 쓰이며 캠핑할 때 뱀이 오지 못하도록 텐트 주변에 뿌려두기도 한다. 약간 떫은맛이다.

기다렸다면 꼭대기에 다른 장식이 올라갔을 것이다. 1886년 전기분해를 통해 알루미늄을 대량생산하는 길이 열렸기 때문이다.

천덕꾸러기가 된 알루미늄

60년 만에 귀금속에서 금속으로 지위가 내려앉으면서 생산업체들은 다른 판로를 모색하게 된다. 주방기구의 재료가 된 것이다. 알루미늄은 주방에서 전통 재료들을 몰아낼 수 있는 여러 장점이 있었다. 은처럼 반짝거리고 녹이 잘 슬지 않았으며 열전도율은 철의 5배였다. 요리 시간을 단축하고 연료비를 절약할 수 있는데다 요리에 금속성 맛을 남기지 않는 장점도 있었다. 철과 구리로 된 주방도구, 혹은 은으로 만든 식기들은 요리에 금속 이온을 용출해 특유의 쇠 비린내를 풍겼다. 알루미늄 식기에는 이런 단점이 없었다. 게다가 살짝 비싸기까지 했고 가벼웠다. 19세기 말이 되면 알루미늄으로 만든 냄비, 프라이팬, 주전자를 가져보는 것이 주부들의 소원이 된다.

하지만 알루미늄의 영광은 오래 가지 않는다. 식기로서 입지를 구축하기 전 두 가지 악재를 만난다. 하나는 제2차 세계대전의 발발이고 다른 하나는 스테인리스강의 발명이다.

제2차 세계대전은 가볍다는 알루미늄의 특성을 제대로 활용한 전쟁이었다. 가볍다는 장점은 전투기를 만들 때 필요했다. 수통과 군용 식기, 폭탄 제조에도 알루미늄이 쓰였다. 대량 생산에 박차를 가하면서 생산 단가는 낮아졌지만 냄비와 같은 부엌 도구 제조에 쓸 알루미늄은 부족했다. 우선적으로 전쟁터에 보급되면서 생활도구 제조에 공급된 알루미늄의 질이 나빠졌다. 너무 얇게 만들어 쉽게 찌그러지기 일쑤였다. 자연스럽게 알루미늄은 '곤궁한 시대가 낳은 사생아'라는 이미지가 덧씌워졌다. 전쟁이 끝나고 부정적인 이미지를 극복하고자 주방용품 회사들이 두껍고 튼튼하고 아름다운 주방용기를 만들기 시작하면서 알루미늄은 잠시 영광을 회복한다.

엄청나게 남아도는 재고량으로 가격 경쟁력도 좋았다. 하지만 알루미늄의 부활은 오래 가지 못한다. 1960년 이후 스테인리스강으로 만든 주방용품들이 대거 등장하기 때문이다. 광택과 강도 면에서 비교할 수 없었다. 스테인리스강은 녹슬지 않는다는 것과 쇠맛을 용출하지 않는다는 장점이 있었다. 스테인리스가 녹슬지 않는 것은 합금성분으로 들어간 크롬이 피막을 형성해 철의 부식을 막기 때문이다. 이 피막은 세척과정에서 벗겨져도 다시 자연스럽게 형성된다. 빡빡 문지르면 벗겨져버리는 산화알루미늄 피막과 달랐다. 피막은 부식뿐만 아니라 쇠와 우리 혀가 직접 만나는 것도 막았다. 인류는 드디어 철의 이점을 누리면서 쇠맛과도 완전히 이별하게 된 것이다.

쇠맛이 얼마나 기분이 나쁜가는 한국인이라면 지금도 체험할 수 있다. 젓가락 문화권에서 유일하게 쇠젓가락을 사용하는 우리는 식사 도중 어쩌다 젓가락을 깨물었을 때 이 맛을 본다. 크롬 피막이 벗겨지면서 순간적으로 금속 이온이 용출되는데 건전지에 혀를 갖다 댔을 때 느껴지는 짜릿함에 비린내를 더한 맛이다. 어쨌든 반짝거리는 스테인리스강은 알루미늄을 압도하는 강력한 라이벌이었다. 그로기 상태에 있던 알루미늄에 결정타를 먹인 것은 그보다 더 가벼운 플라스틱이 등장하면서다. 플라스틱으로 만든 주방용품, 생활도구들은 알루미늄이 갖지 못한 장점, 다채로운 색깔이라는 무기가 있었다(루이트가르트 마샬: 2011).

주방에서 자리를 잃어가는 알루미늄이 여전히 굳건하게 자리를 지키고 있다면 딱 한 곳이다. 바로 프라이팬이다. 가벼워야 하고 빨리 달궈져야 하는 프라이팬의 쓰임새에는 알루미늄이 유리했다. 스테인리스강은 열전도율이 12~45로 철의 55에도 미치지 못하지만 알루미늄은 120~180이나 된다. 알루미늄 냄비나 알루미늄 솥은 이제 주방에서 천덕꾸러기 취급을 받고 있지만 프라이팬에서만큼은 예외다.

코팅 프라이팬과
원자폭탄의 공약수

업소에서는 코팅팬을 쓰지 않는다. 눌러 붙지 않는 장점이 있지만 코팅팬은 수명이 짧다. 하루 종일 불에 달구고 수세미로 박박 문질러 닦아내는 거친 환경에서 코팅이 벗겨지거나 타게 되면 프라이팬을 교체해야 한다. 프라이팬의 입장에선 업장에서의 한 달은 가정에서의 1년에 해당할 만큼 노동 강도가 세다. 업소 입장에선 교체 비용이 만만치 않다. 때문에 중국집에서는 무코팅 웍을, 양식당에서는 스테인리스팬을 일반적으로 사용한다. 코팅이 되지 않은 팬으로 조리를 하기 위해선 사용하기 전 반드시 기름 먹이는 작업이 필요하다. 기름 먹이는 데 익숙지 않으면 계란프라이 하나 부치기도 꽤나 까다로운 일이 되기 때문이다.

코팅프라이팬이 나오기 전엔 웬만한 주부들도 기름 먹이는

데 능숙했다. 세상이 스마트해질수록 인간은 조금씩 우둔해지듯 우리는 기름 먹이는, 비교적 간단한 이 요령조차 잊어버렸다. 불소수지코팅, 바로 테플론의 발명 덕이다. 테플론의 발명은 냉장고와 관련이 있다.

프레온의 사용으로 냉장고 냉매의 획기적인 개선이 이루어지자 모든 소비자가 만족을 했지만 여기에 불만을 가진 두 부류가 있었다. 프레온을 발명한 화학회사 뒤퐁과 제너럴일렉트릭을 제외한 다른 가전회사였다. 당시 프레온은 제너럴일렉트릭만 독점적으로 사용할 수 있었다. 합작 투자한 탓에 고부가가치 상품을 전량 제너럴일렉트릭에 공급해야 했던 뒤퐁은 돈을 더 벌고 싶었다. 다른 가전회사들 역시 뜨겁게 달아오른 냉장고 시장에 뛰어들고 싶어 안달을 하고 있었다. 뒤퐁은 로이 플렁켓이라는 젊은 화학자에게 제너럴일렉트릭과 무관한 새로운 무독성 냉매 개발을 지시했다.

로이는 테트라플로오르에틸렌TFE이라는 가스와 염산을 이용해 새로운 냉매를 개발하려고 했다. 이 둘을 봄베라는 고압용기에 넣고 영하 80도씨로 냉각 보관하며 다양한 실험을 했는데 1938년 이상한 일이 일어났다. 용기를 열자 하얀 가루가 쏟아진 것이다. 로이는 우연히 세상에서 가장 미끄러운 물질을 만들었다는 것을 알았다. 테플론은 어떤 화학물질과도 반응하지 않았고 질산과 염산의 혼합으로 이루어져 모든 금속을 녹이는 왕수royal water에도 녹지 않았다. 흥미로웠지만 냉매는 아니었다. 뒤퐁의 고분자 연구부서는 쓸모없는 물질이라고 판단했다. 딱히 쓰임새도 마땅치 않았고 무엇보다 생산단가가 너무 비쌌다.

창고로 직행한 테플론을 세상 밖으로 꺼낸 것은 원자폭탄이다. 원자폭탄에 쓰일 고농축 우라늄을 생산하기 위해선 UF6(육불화우라늄) 실험이 필요했는데 이 물질은 파괴력이 강해 어떤 용기에도 담을 수가 없었다. 1943년 맨해튼프로젝트의 연구진들로부터 도움을 요청받은 뒤퐁은 테플론을 떠올렸고 이것으로 용기에 보호막을 한 번 입혀보자고 생각했다. 결과는 성공이었다. 이 성공으로 활용방안을 깨달은 뒤퐁은 보호막이나 차폐 효과가 필요한 금속을 코팅하는 용도로 테플론을 상업적으로 생산하기 시작한다. 이때까지 테플론은 일상생활과는 상당히 먼 거리에 있었다(마르틴 슈나이더: 2004).

프라이팬과 만난 것은 1956년 프랑스 화학자 마크 그레구아르와 그의 아내 덕이다. 낚시광이었던 그레구아르는 낚싯줄이 엉기는 것이 성가셔 세상에서 가장 미끈미끈하다는 물질로 낚싯줄을 코팅해볼까 궁리하고 있었다. 곁에 있던 아내가 프라이팬에 코팅하면 아주 실용적인 물건이 나오겠다는 아이디어를 내면서 이 화학자의 인생은 완전히 달라진다. 글로벌 주방용품 기업 테팔Tefal의 창업주가 된 것이다. 테팔은 테프론과 알루미늄의 합성이다. 코팅알루미늄 프라이팬은 유럽에서만 100만 개나 팔렸고 1960년 미국의 메이시 백화점에 입점했을 때는 눈보라가 엄청 날리는 날씨에도 모두 팔릴 만큼 반응이 뜨거웠다(릭

베이어: 2012).

그렇다면 세상에서 가장 미끌거리는 물질이 어떻게 프라이팬에 달라붙을 수 있을까? 접착촉진제 퍼플루로알킨산PFOA이 있어야 테플론이 들러붙는다. 그런데 이 물질은 독성이 있다(제프 포터: 2011). 2003년 미국 환경보호청은 PFOA에 노출될 경우 발암, 성호르몬 교란 가능성이 있다고 했다. 문제는 테플론을 접착하기 위해선 PFOA로 대표되는 과불화 화합물이 반드시 필요하다는 점이다. 이를 대체할 수 있는 것은 아직 없다. 뒤퐁과 소비자단체의 주장이 조금씩 다르지만 팬의 온도가 300~350도가 되면 코팅제가 분해된다. 정상적인 조리 조건에서 이 온도에 도달하는 경우는 드물다고 하지만 이 부분은 아직 논쟁 중이다.

인덕션에 사용할 수 있는 코팅프라이팬의 경우 센 불에서 5분 안에 370도까지 열이 치솟는다는 보고가 있다. 온도에 따른 코팅의 안정성 문제는 뒤퐁의 손을 들어준다고 해도 문제는 남는다. 코팅이 벗겨지면 과불화 화합물에 그대로 노출된다는 사실이다. 대안은 PFOA Free 제품이나 세라믹 코팅팬을 사용하는 것이다.° 화합물의 역사가 그렇듯 이런 대체재들도 믿지 못하겠

○ 에콜론, 퀀테라, 크레블론, 테르몰론 제품명은 세라믹 코팅을 가리킨다. 에나멜 코팅은 유리질 세라믹 코팅으로 무쇠에 많이 입힌다. 반면 실버스톤, 마블, 다이아몬드, 엑스칼리버, 플래티움 등은 테프론 코팅으로 과불화 화합물이 사용된 제품이다. 나노가 표기된 제품도 상식과 달리 안전하지 않다. 대부분 과불화 화합물 코팅 기반에 '나노화' 물질을 넣은 것이다(이다영: 2015). 전문가들은 스텐인리스나 무쇠팬을 추천하고 코팅팬은 조리 시간이 짧을 경우에만 쓰라고 한다. 뒤지개는 코팅 면을 긁지 않는 나무나 실리콘 소재가 좋다.

다면 스테인리스나 무쇠팬에 기름 먹이는 요령을 익혀야 한다. 무쇠팬의 경우 2~3년 정도 녹이 슬지 않게 사용하면 자연 코팅이 안정화 단계에 접어들어 쇠수세미로도 잘 벗겨지지 않는다.

과불화 화합물이 아니더라도 알루미늄은 그 자체의 유해성 논란으로 주방에서의 입지가 점차 좁아지고 있다. 알츠하이머나 중추신경계 이상의 원인이라는 주장이다. 결론부터 이야기하면 관련이 없다. 지표면에서 가장 흔한 금속 원소이기에 곡물에도 알루미늄이 함유되고 풀 뜯어먹는 초식동물의 조직에도 알루미늄이 있다. 당연히 잡식동물과 육식동물의 몸에도 쌓이지만 체내 흡수율이 낮아 대부분 오줌이나 변으로 배출된다(게리 웬크: 2016).

유해성 논란으로 한때 알루미늄 용기들을 주방에서 퇴출하자는 소란이 있었지만 알루미늄 식기를 치운다고 해서 알루미늄과 담을 쌓지는 못한다. 열전도율이 낮은 스테인리스로만 주방기구를 만들지 않기 때문이다. 전도율이 낮으면 열원이 닿는 부위만 뜨거워지고 주변으로는 열이 잘 전달되지 않는다. 이 단점을 극복하기 위해 알루미늄과 스테인리스를 겹쳐서 주방 용기를 만든다. 통3중, 통5중이라는 말은 스테인리스 사이에 알루미늄 층이 한 겹 혹은 두 겹이 들어가 있음을 뜻한다. 싸고 가볍고 열전도율도 좋은 금속이 만들어지지 않는 한 알루미늄은 여전히 부엌을 지킬 것이다.

밥상은 우리 주방에서 사라질까?

긴 상이 있다
한 아름에 잡히지 않아 같이 들어야 한다
좁은 문이 나타나면
한 사람은 등을 앞으로 하고 걸어야 한다
뒤로 걷는 사람은 앞으로 걷는 사람을 읽으며
걸음을 옮겨야 한다
잠시 허리를 펴거나 굽힐 때
서로 높이를 조절해야 한다
다 온 것 같다고
먼저 탕 하고 상을 내려놓아서는 안 된다
걸음의 속도도 맞추어야 한다

한 발

또 한 발

_ 함민복의 「부부」

영화 「광해: 왕이 된 남자」(2012)에서 왕의 대역을 하던 하선은 생전 처음 받아본 수라상을 깡그리 비우는 만행을 저지른다. 아랫사람을 배려할 필요가 없는 밑바닥이었으니 대궁밥상의 법도를 모른 탓이다. 옛 시절에는 밥상을 받는 법도가 있었다. 가장 먼저 집안의 최고 연장자가 받고 그 상을 물리면 다음 사람이 어른이 남긴 밥을 먹거나 밥상에다 밥만 따로 차려 그대로 먹었다. 그러니 입에 맞는 찬이 있다고 다 먹어서도 안 되고 함부로 이쪽저쪽 젓가락질을 해 헤집어놓아서도 안 되었다.

개화기의 기록에 따르면 관공서에서 이런 식으로 상을 물려가며 맨 아랫사람까지 식사를 끝내기 위해선 보통 서너 시간이 걸렸다.○ 지금의 시각으론 위계에 따른 비위생적 식사로 보이지만 역사학자이자 인류학자인 잭 구디의 말을 떠올리면 다르게 읽힌다. 그는 "계급 차이가 발달한 문화에서는 상층은 하층계급과 다른 희귀한 식재료와 정교한 조리법으로 자신들만의 고급 음식문화를 만든다"고 했다. 여기에 한식의 특징이 있다. 고급 한정식에 나오는 요리들은 맛난 것들의 조합이지 진귀한 것들

○ 대궁밥상으로 인해 오후 서너 시가 되어야 점심 식사가 끝이 났다. 이렇게 오후 내내 궁궐이 식당이 되는 폐단을 막기 위해 의외의 인물이 등장한다. 매국노 이완용이다. 그는 조선 최초로 혼자 먹을 수 있는 만큼의 도시락을 지참했다. 처음엔 그 야박함(?)에 비방과 비난이 구구했지만 차츰 따르게 되었다고 한다(이규태: 1969).

의 조합이 아니다. 조리법도 일상식의 그것에서 크게 벗어나지 않는다. 한식은 왕이 먹는 음식이나 궁중 나인이 먹는 음식에 별 차이가 없는 민주적인 밥상이었다.

그런데 이렇게 상을 올리고 상을 물려주기 위해선 반드시 상을 들어 날라야 한다. 식탁에서 식사하는 세대들은 한 번도 경험하지 못했겠지만 상을 들어 나르려면 상당한 균형 감각이 필요하다. 올라가는 그릇의 크기도 다르고 찬물의 무게도 다를 뿐만 아니라 동치미와 간장 같이 국물이 있는 것들은 잘못하면 흘릴 수 있었다. 게다가 문턱을 넘고 신발까지 갈아 신으며 오르락내리락해야 했고 상 자체의 무게도 만만치 않았다. 집 구조에 따라 옮기는 거리도 천차만별이었다. 우리에게 밥상은 쟁반이면서 동시에 식탁이었다.

전통적으로 우리가 사용한 상은 용도와 크기, 모양에 따라 여러 이름으로 불린다. 해주반, 나주반, 통영반 등은 지역 명칭을 딴 것이고 호족반, 구족반, 마족반은 상다리 모양을, 원반, 반월반, 팔각반, 연꽃반은 상판의 모양을 딴 것이다. 이중에는 머리에 이고 이동하기 쉽게 만든 공고상公故床이 있다. 높이 25센티미터, 지름 59센티미터의 12각 밥상으로 일종의 배달상이다. 상에 음식을 차리면 기름종이나 보자기로 묶고 상다리 밑에 머리를 집어넣어 이고 가게끔 되어 있다. 머리를 집어넣으면 상다리가 어깨에 닿아 균형을 잡기 용이했다. 앞뒤로 '아亞'형 구멍을 뚫어 시야를 확보하고 그 옆으로는 손잡이 구멍을 내 음식을 안

호족반 | 구족반 | 공고상

정적으로 나를 수 있게끔 했다. 보통 관공서에 숙직을 할 때 몸종들이 상전의 식사를 나르는 데 이용했다고 한다(송영애: 2015). 일종의 배달이다.

본격 배달 문화의 시작은 1903년 최초의 조선 요릿집 명월관이 개설되면서다. 대령숙수로 궁중음식을 책임지던 안순환(1871~1942)이 여럿이 함께 둘러앉아 먹을 수 있도록 교자상을 개량해 궁중요리를 내놓게 되는데 명월관 바깥에서 주문이 들어오면 교자상 그대로 배달했다고 한다(우나리야: 2014).

부엌을 경험한 세대들은 식사하기 위해선 반드시 음식을 담은 밥상을 방으로 옮겨야 했다. 식탁이 들어선 이후에도 밥상은 여전히 필요했다. 요기하면서 텔레비전도 보려면 차려서 날라야 했기 때문이다. 지금은 텔레비전을 식탁으로 가져온다. 2007년 애플에서 스마트폰을 만든 이후 달리진 풍경이다. 그래서 서빙 아르바이트를 하는 디지털 세대들은 물 컵 나르는 작은 일도 처음엔 균형을 잡지 못한다고 한다. 요식업을 하는 사장님들의 경험담이다. 어쩌면 우리는 밥상이 사라지고 있음을 목도하는 마지막 세대일지도 모른다.

그렇다고 상이 우리 문화에서 완전히 자취를 감추기는 쉽지 않다. 평소 식탁 생활을 할지라도 명절이나 축하할 일이 생겨 일가친척이 모이면 한민복의 시에서처럼 긴 상을 펴놓고 둘러앉기 때문이다. 그렇다면 디지털 세대들은 시가 묘사하지 않은 부분을 어떤 이미지로 채웠을까? 걸음의 속도를 맞추어 한 발 또 한 발 옮기는 저 긴 상 위에 높다랗게 차려진 음식이 한가득 있다는 것을 짐작할 수 있을까? 아마도 빈상을 먼저 옮기고 쟁반으로, 손으로 일일이 음식을 나른다고 상상했을 것이다. 하지만 옛날에는 그렇게 옮기지 않았다. 찬물이 모두 올라간 상을 통째 옮겼다. 그래서 둘이 옮기는 일은 혼자서 옮기는 것보다 더 어려웠다. 조심하고 배려하지 않으면 잔칫상이 엎어지기 때문이다. 그래서 시의 제목이 「부부」다.

6

불의 진화,
부엌에서 주방으로

요리는 머리로 한다

집안에서 유일하게 불이 허락되는 곳, 불이 있어야 제 기능을 하는 곳이 부엌이다. 몇몇 날로 먹는 음식을 제외하고 요리가 되기 위해선 불이 필요하다. 부엌의 역사는 불을 통제하는 능력의 개선사였다. 애리조나주립대학에서 환경사와 화재의 역사에 대해 연구하는 스테판 파인은 "자연적으로 불이 날 수 있는 지구라는 행성에서 인간만이 의도적으로 불을 피운다"라고 했다. 인간이 어떻게 불의 유용성을 발견했는지는 수수께끼로 남아 있다. 어찌 되었든 시작은 우연이었을 것이다. 중국 설화에 따르면 집에 화재가 나 타죽은 돼지를 우연히 먹어본 데서 불에 의한 요리가 시작되었다고 한다. 인류학자들의 생각도 대동소이하다. 다만 동굴시대로 시기를 올려 잡는다. 자연발화로 타죽은 동물의 잔해나 잘 구워진 덩이식물을 우연히 맛본 데서 불의 유용성을 알게 되었다고 추측한다.

요리는 기본적으로 불을 사용해 식재료의 성질을 먹기 좋게 변화시키는 행위다. 인류가 이 기술에 능숙하기까지는 상당히 오랜 시간이 걸렸다. 최초로 불을 사용한 흔적은 약 160만 년 전 케냐의 쿠비 포라와 체소완자 유적에 그을린 토양의 형태로 남아 있다. 이후 아무런 증거가 없다가 100만 년 전 것으로 추정되는 60여 개의 새까맣게 탄 뼛조각이 남아프리카 스와르트크란스에서 발견된다. 뼈가 절단된 모양, 고온에서 태운 흔적으로 보아 우연히 불 속에 떨어진 것이 아니라 작정하고 요리라는 행위를 했던 것이다.

이후 다시 불의 사용은 오랫동안 흔적이 묘연하다 약 40만 년 전으로 가늠되는 유적지에서 화덕의 형태로 나타난다. 이 오랜 시간을 거쳐 불을 사용한 주인공들을 우리는 각각 호모 하빌리스(손재주 좋은 인간), 호모 에르가스테르(일하는 인간), 호모 에렉투스(직립 인간)라고 부른다.

모두 호모속으로 불리는 고대 인류로, 그 이전 인류 조상들과 확연히 다른 점은 뇌의 용량이다. 침팬지보다 약간 큰 480세제곱센티미터의 머리를 가졌던 오스트랄로피테쿠스는 호모 하빌리스와 호모 에르가스테르로 오면 600~760세제곱센티미터가 되고 호모 에렉투스에서는 900세제곱센티미터로 증가한다. 이 중에서 호모 에렉투스는 화덕을 남겨 제법 능숙하게 불을 다룰 수 있었음을 증명했다.

로빈 던바(2017)는 규모가 큰 화덕의 경우 하루 약 30킬로그램의 땔감이 필요했을 것으로 본다. 책임지고 관리하는 사람과 상당한 수준의 협동심, 체계적이고 정교한 의사소통이 필요했을 것이다. 호모 에렉투스가 어떻게 불을 얻고 무슨 요리를 했는지는 상상의 영역이지만 한 가지는 확실하다. 불을 다루기 위해선 적어도 침팬지의 지능지수는 넘어야 하고 화덕 앞에서 초보적인 수준의 요리를 하기 위해선 호모 에렉투스만큼의 두뇌 용량이 필요하다는 점이다. 이 사실이 가리키는 바는 하나다. 요리는 머리로 한다. 머리가 좋아야 요리도 잘 한다.

요리를 뜻하는 고대페르시아어 파크 پختن는 '불로 먹을 수 있게 만들다'는 뜻이다(레이철 로던: 2015). 우리는 불 덕분에 재료의 식감과 영양분을 개선하고 날것으로 먹어서는 안 되는 것까지 먹을 수 있게 되었다. 예컨대 불이 없으면 감자를 먹을 수 없으며 가지도 먹을 수 없다. 독성 아미노산을 함유한 붉은 강낭콩은 생으로 먹으면 복통, 구토, 설사 등을 유발한다. 인류는 불을 사용하면서 식재료에 포함된 독성을 제거했을 뿐만 아니라 세균과 기생충 감염의 위험에서 벗어날 수 있었고 결과적으로 생존율과 번식률을 높일 수 있었다.

지금은 딸깍, 스위치만 올리면 쉽게 불을 얻을 수 있지만 불을 구하는 일은 그렇게 쉬운 일이 아니다. 장 자크 아노는 영화 「불을 찾아서」(1981)에서 불씨를 꺼뜨린 구석기 종족이 어떤 곤경에 처하는지를 기발하게 그렸었다. 구석기인에게 불은 생존과 힘의 상징이었지만 창조의 비밀을 알 수 없는 미스터리한 존재였다. 자연에서 훔쳐올 수밖에 없었다. 생존의 위협에 직면한 영화의 구석기인들은 불씨를 찾아 집단 전체가 어마어마한 오디세이를 감행한다.

신석기 농업혁명과 함께 찬란한 문명을 이룩한 이후에도 우리는 불을 꺼뜨리지 않게끔 갖은 노력을 기울여야 했다. 집안일 중 가장 막중한 것이 불을 유지하는 일이었다. 한번 꺼지면 다시 피우기 어려웠다. 이웃집에서 빌려오거나 빌리지 못하면 부싯돌을 두드려 직접 불을 피워야 했다. 불씨를 만드는 것보다 더 중요한 것은 불씨를 보관하는 일이었다. 그러자면 밤새도록 불꽃이 꺼질락 말락 하는 상태로 유지되어야 한다. 부주의하면 아침이 성가셨다.

통행금지를 뜻하는 영어 'curfew'는 프랑스어 'coure-feu(불에 뚜껑을 덮다)'에서 왔다. 성당에서 종소리가 들리면 화덕의 불씨를 잘 갈무리하고 잠자리에 들었던 것이 그 유래다. '집안의 화덕은 교회의 제단'이라는 러시아의 옛 속담이 가리키듯 불씨를 보관하는 일은 신성한 일로 간주되었다(린다 시비텔로; 2011). 20세기에 와서야 비로소 인류는 이 고된 임무에서 놓여날 수 있었다.

불 피우는 일은 만만치 않다

인류는 오랫동안 나무를 연료로 하여 불을 피웠다. 성냥이나 라이터가 없던 시절 나무로 불을 피우는 일은 지금의 우리가 상상할 수 없을 정도로 성가신 일이었다. 물은 섭씨 100도에서 끓지만 불을 피우려면 이 이상의 온도가 필요하다. 나무는 훌륭한 발화체이지만 그것 자체로 불이 붙지는 않는다. 게다가 수분을 머금고 있다. 충분히 건조되었다 하더라도 대기 중의 수분을 무시할 수는 없다.

지구의 대기 구성도 발화에 그다지 호의적이지 않다. 발화에 필수 조건인 대기 중 산소 비율이 21퍼센트에 불과하기 때문이다. 대기 중 산소 비율이 25퍼센트가 넘으면 가연물질을 다 태울 때까지 불이 꺼지지 않지만 15퍼센트 이하로 떨어지면 옆에 가연물질이 있어도 쉽게 불이 붙지 않는다. 그러니까 산소 비율 21퍼센트는 그야말로 불이 붙을 수도 있고 안 붙을 수도 있는 애매한 긴장상태인 것이다. 성냥도 라이터도 없다면 이 균형을 무너뜨리기 위해선 노력이 필요하다.

무인도에 조난을 당했다고 가정하자. 우리는 원시인이 아니다. 현대적 도구 없이 불을 피울 수 있는 요령 정도는 이미 알고 있다. 두 가지 방법이 있다. 하나는 부싯돌을 이용하는 타격법이다. 단단한 석영이나 규석을 골라 마른 풀이나 지푸라기를 올려놓고 황철광으로 내려쳐 불똥을 만들면 된다. 그런데 어떤 돌이 석영인가? 황철광은? 아스팔트와 시멘트만 보고 자란 도시인에게는 그 돌멩이가 그 돌멩이다. 좀 더 만만한 방법을 찾자. 가늘고 긴 막대를 나뭇조각의 움푹한 구멍에 세워 놓고 회전시키는 마찰법이다.

우선 적당한 나무를 골라야 한다. 수분 함량이 15퍼센트를 넘어가면 화염에 장시간 접촉시켜도 타지 않는다. 수종에 따라 발화점도 다르다. 회화나무와 박달나무를 찾을 수 있다면 수월하겠지만 오동나무를 주웠다간 곤란하다. 가볍고 연해서 쉽게 불이 붙을 것 같지만 안 붙기로 유명하다. 전통가구의 주재료가 오동나무인 것은 이 때문이다. 하긴 나무 종류는 많으니까 오동나무를 주울 가능성이 얼마 되지 않을 것이다. 바짝 말라 불이 붙기 쉬운 나무를 찾았다면 이제 텔레비전에서 본 것처럼 비비면 된다.

마찰열을 얼마나 올려야 불이 붙을까? 상식과는 달리 나무에 직접 불이 붙지는 않는다. 열로 나무 조직을 붕괴시켜 인화성 가스를 만들어내야 한다. 막대를 손으로 비벼 나무 표면의 온도가 100도씨까지 오르면 목재 내에 남은 수분이 서서히 증발한다. 160~200도씨로 올라가면 나무의 주요 구성 성분들이 열분해되는데 이 단계에서 발생하는 가스는 불연성이다. 조금 더 비벼 온도를 200~225도씨로 높이면 나무가 흑갈색으로 변색된다. 가스는 그래도 비가연성이다. 막대가 미끄러지거나 힘들다고 쉬게 되면 열이 내려가니 계속 비벼야 한다. 본격적인 열분해가 진행되는 온도는 225~275도씨 사이다. 서서히 가능성이 있다는 느낌이 들지만 가연성 기체가 발생하는 것은 아니다. 온도가 280도씨를 넘어서면 열분해가 급격히 일어난다. 이때부터 메탄과 같은 가연성 기체가 나오기 시작한다.

오늘 저녁은 따뜻하게 먹을 가능성이 높아졌다. 속도를 유지하면 자연이 알아서 한다. 뜨거워진 공기와 인화성 가스가 섞이면서 난기류가 발생하고 탄화가 시작된 나무의 겉 표면에선 계속 인화성 가스가 분출된다. 탄소와 산소가 결합해 이산화탄소와 열을 발생시키고 이산화탄소가 가열되면서 일산화탄소와 수소가 나오고 수소가 연소되면서 본격적으로 불이 붙기 시작한다. 섭씨 400~500도다. 보기에도 불다운 불이 만들어졌다.

상당히 오래 걸릴 것 같지만 현대의 수렵채집인들은 불과 2분이면 손으로 나무를 비벼 불을 만들어낼 수 있다. 처음 하는 현대인은 이보다 더 오래 걸릴 것이다. 하지만 달통한 수렵채집인들도 이를 번거롭게 여겨 불씨 보관에 온 정성을 기울인다. 어쨌든 불이 있어야 부엌이 된다. 이제 불조심을 하면서 요리를 할 차례다.

불꽃이 없는 신기한 화덕, 전자레인지

가스통 바슐라르는 『불의 정신분석』에서 "불은 낙원에서 빛나고 지옥에서 타오른다"고 했다. 불에게서 온화함과 재앙이라는 상반된 가치를 보았다. 그도 그럴 것이 전기가 없던 시절 화재의 진원지는 부엌이기가 십상이었다. 18세기까지 질병을 제외한 여성 사망의 주된 원인은 출산이었고 그다음이 화상이었다(김영갑, 강동원: 2018). 치렁치렁한 치마와 풍성한 소매로 인해 주의 깊게 행동하지 않으면 큰일이 났다. 불에 데거나 끓는 물을 뒤집어쓸 수 있었다. 아이들이 현대적인 거실 주방에서 장난을 칠 수는 있어도 전통 부엌 바닥에서 장난을 칠 수 없는 이유다. 천둥벌거숭이 시절엔 라면도 직접 끓여먹지 못하게 할 만큼 부엌엔 위험이 상존했다. 아이들도 불을 다루며 조리를 할 수 있게 된 것은 주방에 혁신이 불어 닥친 이후의 일이다. 전자레인지가 그 혁신의 주인공이다.

불이 핥고 지나가면 식재료의 맛이 좋아진다. 어떻게 핥고 가는지를 우리는 직접 목격할 수 있다. 열이 식재료에 전달되는 방식을 보면 된다. 방식은 세 가지다. 냄비에서 팔팔 끓고 있는 고구마나 오븐에서 부풀어 오르는 빵은 물과 공기의 대류로 익는다. 불이 직접 식재료에 닿으면 직화가 아니라 전도라고 한다. 전도와 대류는 함께 일어날 수 있다. 불과 접촉한 냄비는 전도에 의해 열에너지를 전달받고 냄비 속의 음식은 대류로 인해 익는다. 그리고 열에너지가 이동하는 또 하나의 방식은 복사다. 이는 태양이 지구를 덥히는 방식이다. 숯불구이는 원적외선이라는 복사열과 뜨거워진 공기의 대류를 이용하는 조리법이다. 그런데 20세기에 와서 전에 없던 새로운 방식이 출현했다.

레이더를 연구하던 퍼시 스펜서는 우연히 주머니 속 봉지 초콜릿 미스터굿바Mr.Goodbar가 녹았다는 것을 알게 된다. 특허가 120개나 되었던 이 영민한 공학자는 마이크로파가 원인이라는 것을 눈치 채고 이를 이용해 요리 기구를 만들 생각을 했다. 1947년 그가 전자레인지를 처음 내놓았을 때 사람들은 이 기계를 매우 낯설어했다. 182센티미터의 키와 350킬로그램의 몸무게에 가격은 5000달러에 달했다(잭 첼로너: 2010, 미셸 리발: 2012).

무지막지한 외양도 문제였지만 무엇보다 수상쩍었다. 불꽃이 보이지 않았다. 익기는 하는데 불 요리도 아니고 물 요리도 아니었다. 식재료를 약 올려서(?) 익히기 때문에 건강에 좋지 않다는 해괴한 소문이 돌기도 했었다. 인류는 100만 년 만에 전혀 낯선 조리 방식과 만났다.

전자레인지는 따지고 보면 물 요리다. 대부분의 식재료에는 수분이 포함되어 있다. 분자식이 H_2O인 물 분자는 극성을 갖는다. 수소 원자 2개는 각각 하나 값의 양전하를, 산소 원자 하나는 두 개 값의 음전하를 갖는다. 이들은 나침반 바늘이 지구의 자기장에 따라 늘어서는 것처럼 전기장의 방향에 따라 늘어설 수 있다. 전자레인지의 진공관은 2.45기가헤르츠의 마이크로파를 쏟아낸다. 이 주파수를 얻어맞으면 양전하와 음전하가 서로 반대 방향으로 회전한다. 1초에 24억 5000만 번이다. 이렇게 미친 듯이 방향을 바꾸면서 물 분자는 열에너지를 얻는다. 그리고 옆에 있는 다른 분자들을 들이받는다. 즉 고속 회전을 통해 얻은 열에너지가 전파되면서 재료가 익는다(로버트 L 월크: 2013).° 전자레인지 속에 한 번 들어갔다 나온 음식이 식으면 딱딱해지는 이유가 여기에 있다. 식재료 속의 수분이 증발하기 때문이다.

불꽃이 보이지 않기에 전자레인지는 마법 같다.°° 하지만 전자레인지는 진짜 마법을 부릴 수 없다. 보글보글 끓는 소리, 향

○ 전자레인지의 원리가 이렇기 때문에 마이크로파를 흡수할 수만 있으면 뜨겁게 덥힐 수 있다. 지방과 당분도 마이크로웨이브를 흡수한다. 하지만 가열되는 속도가 빠르다. 예컨대 건포도가 박힌 머핀을 돌리면 머핀은 미적지근한데 건포도는 혀가 데일 정도로 뜨거워진다. 수분은 수증기가 되어 날아가지만 지방과 당은 복병처럼 숨어 있을 수 있다(로버트 L 워크: 2013).

○○ 스펜서가 시제품을 만든 후 처음 구운 것은 팝콘이고 두 번째로 요리한 것은 계란이다. 전자레인지 상식이 일반화되어 짐작하겠지만 계란은 폭발했다. 첫 제품이 나온 후 가격이 500달러로 내려갔지만 '핫도그 덥혀 먹으려고 500달러를 쓰나?'라는 빈축을 샀다. 20년 지나서야 일반화될 수 있었다(릭 베이어: 2012). 냉동식품이 발달한 덕이었다.

긋하게 퍼지는 냄새, 몽근하게 피어오르는 김이 없기에 식구들을 식탁으로 모여들게 하지 못한다. 요령만 알면 찜이나 조림, 나물 요리도 할 수 있지만 마이크로파는 음식물의 2.5센티미터까지만 침투한다. 덩어리가 있거나 부피가 크면 익는 정도를 통제하기 어렵다. 칼질을 못해 재료의 크기가 균일하지 않아도 마찬가지다. 겉 수분이 날아가 버리면 표면이 내부보다 더 뜨거워질 수 없어 노릇노릇하게 만들기도 힘들다.[○○○] 간편 식품이나 반조리 식품을 조리하기에 안성맞춤이고 이들은 대개 1~2인분이다. 조리 연령을 예닐곱으로 낮춘 혁신이지만 혼자 먹기 알맞

○○○ 전자레인지를 효율적으로 사용하기 위해선 공부를 해야 한다. 하지만 두 가지만 소개해도 공부할 마음이 달아날 것이다. 첫째, 랩 사용에 익숙해져야 한다. 식재료 속의 수분이 가열되어 기화하기 때문에 열효율을 높이기 위해선 랩이 필요하다. 그런데 랩을 씌우면 경우에 따라 음식에 달라붙을 수가 있다. 둘째, 전자레인지는 빠른 가열로 영양 손실을 줄이는 장점이 있다. 시금치를 5분간 데쳐 1분간 찬물에 담가두면 비타민C가 69퍼센트만 남는다. 물에 녹은 것이다. 시금치를 살짝 물에 씻어 랩에 싸 전자레인지에 2분 가열하면 비타민C가 82퍼센트까지 남아 있게 된다. 하지만 맛도 무시할 수 없다. 전자레인지에 데치면 시금치의 쓴맛(수산)이 물에 용출되지 않는다. 가장 좋은 방법은 전자레인지에 데친 후 바로 차가운 물에 1분 정도 두는 것이다. 그런데 이게 채소마다 다르다. 아라후네 요시타카 외(2013)에 조리법이 소개되어 있다.

은 수준이니 전자레인지를 바라보며 가족의 정을 떠올리는 사람은 드물다.

난방에서 해방된 부엌, 주방이 되다

바슐라르는 "서서히 변하는 모든 것이 삶으로 설명된다면 빨리 변하는 모든 것은 불로 설명된다"라고 했다. 동물은 불 없이도 생존하고 번성한다. 인간도 동물인 이상 불 없이 생존하고 번성할 수 있다. 원칙적으로 불은 꼭 필요한 것이 아니라 여분의 것이다. 분명치 않은 이유로 인류는 불을 꼭 필요한 것으로 만들었다. 이로 인해 긴 진화의 연대기 속에 인간만이 두드러지게 다른 동물이 되었다.

빨리 변하는 모든 것은 불로 설명이 된다는 바슐라르의 말은 맞다. 불(열에너지)을 통제하는 능력이 획기적으로 개선되면서 현대문명은 이전의 문명과 완전히 달라졌다. 범위를 좁히면 우리말에 그 진화의 족적이 남아 있다. 불이 달라지면서 부엌은 주방이 되었다. 한국인의 먹거리가 주방에서 만들어지게 된 것은 반세기가 채 되지 않는다.

부엌이 주방이 되기 위해선 여러 가지가 개선되어야 한다. 그중에서 가장 중요한 것이 불이다. 여기서 불은 난방을 의미한다. 하지만 난방을 위해 불을 방안으로 들인다는 것은 위험천만한 일이었다. 지금도 원시적인 움막을 짓고 사는 수렵채집인들은 불을 움막 바깥에 피운다. 움막 안으로 들일 때는 화재가 날 염려가 없는 날씨, 즉 비가 올 경우다. 옷도 취침도구도 없이 호주 사막에 거주하는 아룬타Arunta족의 경우 가끔씩 너무 추운 밤이 찾아오면 체온을 유지하기 위해 불 대신 개를 껴안고 잔다. 아룬타족은 개의 마릿수로 바깥기온을 말한다. 예컨대 밤에 개가 세 마리 필요하다면 아주 추운 날씨다(노버트 쉐나우어: 2004). 체온이 38~39도씨 사이인 개가 불보다 안전한 난방도구였다.

하지만 유럽과 시베리아, 미 대륙으로 이동한 선조들은 추위를 개로 해결할 수 없었다. 타 죽느냐, 얼어 죽느냐의 딜레마에서 그들은 전자를 선택했다. 관리만 한다면 죽지 않을 것이니 각오하고 안에다 불을 피웠다. 문제는 연기였다. 아메리카 인디언들의 경우 원뿔형 천막집 티피Tepee 중앙에 난방과 취사를 위한 화로를 설치했다. 집의 뼈대가 되는 지지용 장대들을 얽어 천정에 연기가 빠져나갈 수 있는 구멍을 만들었다. 그러나 연기는 순조롭게 빠져나가지 않았다. 연기는 밀도가 높은 곳에서 낮은 곳으로 확산되면서 천천히 빠져나갔다. 천막 안은 항상 연기로 자

라우흐하우스

욱했다.

사정은 유럽도 마찬가지다. 13세기까지 굴뚝이 없었다. 집 한 가운데 모닥불 형태로 불이 있을 자리를 두고 취사와 난방을 겸했다. 독일어권에선 이런 집을 라우흐하우스Rauchhous, 그러니까 '연기의 집'이라고 불렀다(김남응: 2004).○ 오직 소수만이 연기로부터 조금 자유로웠다. 성과 같이 천정이 높고 방이 넓은 곳에 사는 왕과 귀족들이다. 굴뚝이 출현해 난방이 벽으로 밀려나기까지(벽난로) 유럽인들은 얼굴에 검댕을 묻히고 매캐하게 살았다.

○ 당시 비새는 지붕, 바가지 긁는 아내, 집 안의 연기는 3대 악으로 꼽혔다. 때때로 벽에 작은 구멍을 뚫어 연기가 나가게 했는데 이를 빈트아우게 windauge(wind+eye 바람의 눈, 바람구멍)이라고 했다. 덴마크에서는 vindue, 아이슬란드에선 vindauga라고 불렀는데 오늘날 window의 옛 형태들이다. window는 본래 '연기가 나가는 구멍'이었다(김남응: 2004).

이에 대한 해결법은 동아시아에서 출현한다. 이들은 취사와 난방을 방 바깥으로 쫓아버렸다. 늦어도 기원전 3세기 우리나라만의 독특한 난방방식인 온돌이 역사에 등장했다.

온돌과 벽난로의 가장 큰 차이점은 온돌은 방 안에서 열원이 보이지 않는다는 점이다. 세계 4대 근대 건축가인 프랭크 로이드 라이트가 1914년 겨울 데이고쿠帝國 호텔을 설계하기 위해 일본을 방문했을 때 이 온돌을 경험했다. 그는 오쿠라 남작으로부터 '한국식 다실'이라는 곳으로 안내를 받았다. 방금 전 둥근 화로에 숯을 놓은 전통 난로 히바치로 곁불을 쬐며 달달 떨면서 식사를 마친 그는 다실에 들어서는 순간 방 안에 봄이 왔다고 느꼈다. 그런데 불이 보이지 않았다. 경복궁의 자선당을 뜯어가 재조립한 온돌방이었다.°° 불은 바깥에 있었다.

열원에서 멀어지면 추워지는 벽난로나 일본의 고다쓰(개인용 난방기구)와 달리 바닥 난방인 온돌은 전도, 대류, 복사를 모두 이용해 열효율을 높인 종합 난방이다. 달궈진 아랫목에서 윗목으로 열이 흐르고(전도) 바닥에서 데워진 공기는 위로 상승하

°° 프랭크 로이드 라이트는 온돌방에서 봄을 경험했지만 그보다 먼저 경험한 사람들은 그렇지 않았다. 『하멜 표류기』로 유명한 하멜은 "방이 아니라 오븐이다"라고 했고(핸드리 하멜: 2003) 1904년 조선을 방문한 스웨덴 기자 아손 그렙스트는 "밤마다 펄펄 끓는 방바닥 위에서 식빵처럼 구워진다"라고 했다(전남일 외: 2009). 참기 어려웠던 것은 사람뿐만이 아니었던 모양이다. 조선을 종단했던 샤를 바 라는 열기가 올라가면서 서까래에서 우수수 떨어지는 쥐벼룩 떼를 목격했다(샤를 바 라: 2001). 러시아의 알프탄과 이탈리아의 로제티 정도가 연료를 적게 쓰는 효율적인 난방이라는 것을 알아보았다(카르네프 외 4인: 2003, 카를로 로제티: 1996).

며 방안을 덥힌다(대류). 또 온돌은 열을 일시에 방출하지 않고 머금고 있다 열원이 꺼져도 천천히 방사한다(복사). 프랭크는 온돌을 가리켜 "인류가 만든 최고의 난방법"이라고 했지만○ 장점만 있었던 것은 아니다. 방을 덥히는 온돌의 아궁이는 부엌의 화로를 겸했다. 취사와 난방이 한 곳에서 이뤄졌는데 바깥에 두었기에 거기서 식사를 할 수는 없었다.

부엌은 방이 아니었다. 낮은 곳에서 높은 곳으로 이동하는 열의 대류를 이용하기 위해 부엌 바닥은 바깥 지면보다 50센티미터 낮았다(김광언: 2015). 이 때문에 불을 때려면 쪼그려 앉아야 했고 요리를 할 때는 허리를 굽혀야 했다. 다 만들어진 음식은 상에 차려져 방이나 마루로 옮겨졌다. 열효율을 최대한 높인 방식이었지만 다른 의미에서 비효율적이었다. 상하수도가 있는 마당과 식사 공간이 되는 방 안, 그리고 취사공간까지의 동선이 길어도 너무 길었던 것이다.

효율적인 벽난로가 개발되면서 난방열과 조리열이 분리되기 시작한 서양은 19세기부터 주방(조리열)을 개선하려는 고민을 시작한다. 미국의 작가 캐서린 비처는 당시 최첨단 주방의 집적이었던 갤리galley(선박의 조리실)를 모델삼아 상하수도를 싱크대로 끌어들이고 저장과 수납을 같은 공간에 위치시키는 새로운 주방을 제시한다. 1843년의 일이다(김영갑, 강동원: 2018).

○ 프랭크 로이드 라이트는 유기적 건축물의 상징으로 꼽히는 고든 하우스에 이 온돌의 원리를 사용했다. 보일러 식 온돌인 '패널히팅(온수 순환식 바닥 난방)'은 그가 개발한 것으로 현재 아파트에서 사용되고 있는 난방방식의 기초다(김경은: 2014).

주방 개선의 첫걸음이었지만 선진적인 한 여성의 통찰 덕으로 이 일이 시작된 것은 아니다. 사회적 압력이 있었다. 산업화와 함께 하인 계급이 사라지고 상류층의 가사노동을 담당했던 이들이 일터로 몰리면서 마나님들도 직접 요리를 해야 하는 시대가 도래한 탓이었다. 제1차 세계대전에 패배한 독일도 비슷한 압력에 몰려 있었다. 여성의 산업노동력을 필요로 했던 독일은 여성의 가사노동 부담을 줄여야 했다. 약 2평의 공간에 수납장, 레인지, 작업용 도마, 설거지대 등 주방에서 필요한 모든 기능을 갖춘 현대식 프랑크푸르트주방Die Frankfurter Küche은 그렇게 만들어졌다.

1926년경의 프랑크푸르트주방

우리나라 부엌 개량의 역사는 일제 강점기부터다. 사회문화적 필요성에 의해서라기보다 신문물에 대한 동경이 동인이었다. 식자들은 목소리를 높였지만 부뚜막과 아궁이를 통해 조리와 난방을 동시에 해결하는 전통 부엌은 여전히 효율적이었다. 기술력도 없었지만 무엇보다 생활양식이 변하지 않은 탓이었다. 좌식 생활문화를 영위하고 나무를 연료로 사용하는데 방 안으로 부엌을 들일 수는 없었다. 해방 후 주거 문화의 최첨단인 아파트가 들어섰어도 사정은 마찬가지였다.

1962년 마포에 최초의 아파트단지가 만들어졌을 때 변소는 주거공간으로 들어와 화장실이 된다. 하지만 부엌은 주방이 되지 못했다. 주방이 되기 위해선 부엌 바닥의 높이를 들어 올려 주거공간과 평행을 맞추어 방 안으로 들어오게 해야 했는데 땔감이 연탄이었다. 한 번 피우면 꺼뜨리지 않아야 하는 연탄의 특성상 난방과 취사용으로 같이 쓰는 것이 유리했다. 연소과정에서 유독성 기체 일산화탄소가 발생한다는 문제점도 부엌이 방 안으로 들어오지 못하게 하는 요인이었다. 아파트를 설계한 건축가들도 부엌을 외부 공간으로 인식했다. 바닥 높이가 낮았으며 시멘트로만 마감해 전통 부엌처럼 신발을 신고 출입하도록 했기 때문이다(전남일 외: 2009).

부엌이 주방이 되기 위해선 난방용 열원과 취사용 열원이 구분되어야 했다. 풍로와 같은 보조 취사기구가 등장하면서 난방열과 취사열이 비로소 분리되기 시작하는데 기점은 1970년 이후다. 나라가 갑자기 잘 살기 시작했다. 산업화 현장으로 여성노동인력이 몰리면서 가정부를 고용할 수 있는 집이 드물어졌다. 웬만큼 살아도 직접 밥을 해먹어야 하는 시기가 온 것이다. 구매력 있는 중산층 주부들이 살림을 하게 되면서 부엌의 불편함이 도드라졌다. 그들은 부엌이 아니라 주방을 찾았다. 때마침 가스레인지가 등장하면서 취사열과 난방열의 분리가 가능해진다. 예컨대 난방은 연탄에 맡기고 취사는 가스레인지로 했다. 싱크대가 출현하고 식탁과 냉장고도 팔리기 시작했다. 조금씩 방에서 맨발로 이동해도 먹거리를 찾을 수 있는 곳이 생겨났다. 혁명은 중산층이 뛰어들어야 완성된다. 그렇게 우리의 부엌은 점점 주방이 되어갔다.

또 다른 새로운 불, 전기레인지

3분이면 조리된 라면을 먹을 수 있는 현대인들이 구시대적인 방법으로 조리하는 것은 낭만적이지만 효율적이지는 않다. 예컨대 정수기에서 뜨거운 물을 받아다 불 위에 올려놓는 신속성에 익숙해진 현대인에게 숯불과 연탄불은 온도가 너무 낮다. 공기를 조절하는 방법에 따라 숯과 연탄은 500~800도씨 사이의 열을 낸다. 결코 낮은 온도가 아니지만 주방에서 만나는 가스레인지의 화력은 1600~1800도씨까지 올라갈 수 있다. 강한 불에 빨리 끓이는 라면이 더 맛있을 정도로 조리에 있어 불의 역할은 절대적이다. 화력을 잘 다루어야 하는 중국요리는 압축공기를 사용해 온도를 2000도씨까지 올리기도 한다.

높은 화력을 경험한 주부들은 다시는 재래의 화덕으로 돌아가려 하지 않았다. 가스레인지가 서서히 보급되던 1980년대 중반, 대부분의 가정은 프로판가스라고 불렸던 LPG를 연료로 사용했다. 초기에는 점화하려면 일일이 성냥으로 불을 붙였다. 1974년 린나이코리아가 만든 자동점화 장치가 내장된 가스레인지는 웬만큼 살지 않고는 구비할 수 없는 고가품이었다.

LPG는 지금 일반적으로 쓰고 있는 도시가스보다 화력이 세 배나 높다. 하지만 비중이 공기보다 두 배 무거워 가스 누출 시 공중으로 흩어지지 않고 바닥에 고이는 특성이 있다. 이건 아주 중요한 위험요인이었다. 1983년 1월 청량리 미주 아파트에서 일어난 폭발 사고가 이 때문이었다. 아파트 네 채가 날아갔다. 이런 사고는 심심치 않았다. 이런 위험성에도 불구하고 사용되었던 것은 초기 단가가 쌌기 때문이다. LPG는 액화하기 쉬웠다. 기체는 액화하면 부피가 준다. LPG는 0도씨보다 약간 낮은 온도에서 작은 압력만 가해도 부피가 250분의 1로 줄어들었다. 압력 용기에 담으면 운반도 용이했고 쉽게 팔 수도 있었다. 액화와 부피의 상관관계를 쉽게 이해하고 싶다면 부탄가스를 떠올리면 된다. 가스통을 흔들면 물병처럼 출렁이는 것은 가스가 액화되었기 때문이다. 부탄가스도 LPG다.

반면 도시가스는 비중이 공기의 절반밖에 되지 않아 가스가 누출되어도 쉽게 흩어지는 장점이 있다. 하지만 액화시키려면 영하 163도씨로 온도를 내려야 한다. 초저온에서 엄청난 압력을 가해야 액화가 되기 때문에 통에 담아서 팔 수 있는 물건이 아니었다. 가정까지 연결되는 가스관과 같은 제반 시설이 먼저 만들어져야 했다.

도시가스는 1986년이 되어서야 비로소 보급이 시작되는데 2015년 기준 보급률이 80.8퍼센트에 달할 만큼 이제는 일반적인 에너지다. 공해와 폭발의 위험이 적은 청정에너지이지만 메탄이 주성분이라 밀폐된 공간에 누출되면 질식을 유발할 수 있다. 물이 넘쳐 불이 꺼져도 메탄이 누출될 수 있다. 또 불완전 연소되면 아버지세대 연료인 연탄처럼 일산화탄소를 배출한다. 불완전 연소되고 있음을 아는 방법은 간단하다. 노랗거나 빨갛게 타오르고 있다면 요리하다 죽을 수 있다.

보다 안전하고 효율적인 열원을 가지려는 열망은 인류를 전혀 다른 발열체와 만나게 한다. 전자레인지가 1번 타자였다면 2번 타자는 전기레인지들이다. 발열 방식에 따라 나뉘지만 이것들은 공통적으로 검고 매끈한 세라믹 상판을 갖고 있고, 그 대신 조리도구를 올려놓는 삼발이와 돌려서 켜는 점화 스위치가 없다. 때문에 높은 곳에 올라가기 좋아하는 고양이는 켤 수 있어도 주방 출입을 하지 않는 남자들은 켜는 방법을 모른다. 가스 폭발이나 유해가스, 화재를 예방하고 가정에서 쓰는 모든 에너지를 전기로 통일하려는 사회적 요구에 맞춰 개발된 것이다. 먼저 소개할 것은 자기유도 발열장치, 인덕션이다. 대한민국이 아직 나무와 연탄으로 요리를 하던 1970년대에 미국에서 발명되었다.

인덕션은 전선 코일에 전기가 흐르면 코일이 자석처럼 N극과

S극을 갖는 성질을 이용한다. 인덕션을 켜면 60헤르츠의 교류전류가 흐르는데 이 교류전류는 자석의 방향을 1초에 120번 바꾼다. 이 때문에 묘한 일이 일어난다. 인덕션을 켜고 그 위에 손을 올려놓아도 아무런 열기를 느낄 수 없다. 손은 자석에 달라붙지 않기 때문이다. 철로 된 냄비를 올려놓으면 이때부터 이야기가 달라진다. 코일은 극성의 방향이 계속 바뀌지만 한번 자성을 띤 철은 쉽게 방향을 바꾸려 하지 않고 여기에 저항한다. 이 저항으로 인해 그릇 자체에서 열이 발생한다(로버트 L 월크: 2013). 열효율이 90퍼센트에 달해 신속하게 온도를 높일 수 있고 도시가스를 사용하는 가스레인지와 비교해 연료비를 50퍼센트 이상 절감할 수 있다.○

단점은 명백하다. 자성을 띠지 않으면 열이 나지 않는다. 오징어나 노가리를 구울 수 없고 자석이 달라붙지 않는 뚝배기, 알루미늄, 구리 조리 도구들과 자석이 붙지 않는 대부분의 스테인리스 용기는 무용지물이다. 인덕션 자체도 비싸지만 이 때문에 조리 도구 자체를 인덕션 전용으로 모두 바꾸어야 한다. 원칙적으로 냄비바닥에 수십 미크론미터μm(1μm=0.001mm. 머리카락 지름이 대략 60~80미크론미터)의 얇은 금속막을 입히면 뚝배기를 포함한 모든 용기가 자성을 띠도록 할 수 있다. 하지만 이러면 그릇의 단가가 높아진다.

○ 가전제품을 비교분석하는 유튜브 채널 노써치가 열원이 하나인 휴대용 기구로 실험한 영상을 보면 물 500밀리리터를 끓이는 데 인덕션은 1분 55초, 가스레인지는 2분 45초, 하이라이트는 4분 56초 걸린다.

아예 금속을 그릇 바깥에 덧대어 놓은 양산품은 질감도 그렇고 디자인도 예쁘지 않다. 인덕션 도입 초기에는 편법으로 가열구 크기만큼의 원형 철판이 부속품으로 딸려 나왔었다. 철판을 인덕션 위에 올려놓고 그 위에 다시 그릇을 올리도록 한 것이다. 달궈진 철판의 전도열을 이용해 그릇을 바꾸지 않고 사용하게 한 것이지만 이러면 인덕션의 가장 큰 장점인 열효율이 떨어진다는 문제가 생긴다.

인덕션보다 가격이 싸고 열효율은 떨어지는 하이라이트는 전기저항을 이용한 발열체다. 전류가 흐르면 도선 속을 전자들이 자유롭게 이동하게 되는데 이때 가만히 서 있는 원자들과 충돌하면서 열에너지가 발생한다. 전류의 흐름을 방해해 열을 얻는 방식으로 전기장판의 원리를 조리 도구로 옮겨온 것이라고 보면 된다. 상판이 직접 가열되기 때문에 당연히 발갛게 달아오르는 불판을 육안으로 확인할 수 있다. 기존의 조리도구를 그대로 사용할 수 있고 오징어나 김도 구울 수 있다. 하지만 주변에 가연물질이 있으면 화재가 날 수 있다. 그리고 고양이는 정말로 이 전기레인지를 켤 수 있다. 누름 버튼 위에 잠깐만 발을 대고 있으면 되기 때문이다.

이들 전기레인지들은 불판이 평평하고 매끈하기 때문에 가스레인지보다 청소하기가 편하다. 물걸레나 키친타월로 한 번 훔치면 된다. 일산화탄소나 이산화탄소와 같은 유해가스도 나오지 않는다. 인덕션의 장점과 하이라이트의 장점을 결합한 하이

브리드도 있다. 크게 상, 중, 하로 불꽃을 조절하는 가스레인지와 달리 디지털답게 1에서 10(혹은 9)까지 미세하게 화력을 조절할 수 있다. 이제 곧 가스레인지도 연탄처럼 주방에서 쫓겨나게 될지 모른다. 무엇보다 주방에 있으면 인테리어가 21세기적이다.

나는 아내가 있어서 좋다, 아가 쿠커

연구밖에 모르던 남자가 있었다. 1912년 노벨물리학상의 수상자로 선정되었지만 그는 참석하지 못했다. 실험실 가스 폭발 사고로 두 눈을 잃어버렸기 때문이다. 아내의 간호를 받으며 집에 있는 시간이 많아진 그는 아내가 재래식 화덕에서 불을 다루며 요리를 하느라 매일 녹초가 된다는 사실을 알게 되었다. 아내는 불씨를 관리하기 위해 토막잠을 자기 일쑤였다. 발명가는 아내를 돕고 싶었다. 눈이 멀었지만 그는 사용하기도 쉽고 다양한 요리도 할 수 있는 조리기구 개발에 착수했다. 1922년 우리에게는 생소한 아가 쿠커Aga Cooker가 그렇게 만들어졌다.

스웨덴의 발명가 닐스 구스타프 달렌이 만든 아가 쿠커는 마법의 화덕이다. 요리용 화구 2개와 오븐 2개로 구성된 첫 모델은

아가 쿠커

모양부터 예전의 화덕과 달랐다. 크림색 에나멜로 덮여 외양부터 말끔했으며 청소하기도 쉬웠다. 주철로 만들어진 내부는 한 번 가열하면 다섯 시간 이상 열을 가둬둘 수 있었다. 게다가 요리를 위해 만든 네 개의 공간에는 저마다 다른 온도가 공급되었다. 로스트(200~230도씨)와 베이킹(160~180도씨)으로 나눈 오븐으로는 각각 고기와 빵을 구울 수 있었고 한 화구에서 음식물을 팔팔 끓이면서 동시에 다른 화구로는 찻물이나 소스를 뭉근하게 덥힐 수 있었다. 또 온수를 만드는 보일러 기능까지 갖추고 있었다. 나무가 땔감이던 그 시절 화구의 온도를 일정하게 유지하면서 각기 다른 온도를 지니게 했다는 점에서 아가는 획기적인 발명품이었다.

아가 쿠커는 1929년 영국으로 건너가면서 큰 히트를 친다. 영국 근현대를 배경으로 하는 영화에서 주방 장면이 나오면 쉽게 아가 쿠커를 알아볼 수가 있다. 처음부터 지금까지 디자인이 거의 달라지지 않았기 때문이다. 달라졌다면 1964년엔 석탄을 연료로, 1975년엔 전기를, 그 이후엔 천연가스, 경유, 등유, 프로판가스를 사용하는 제품이 나왔다는 점이다. 풍력과 태양열, 바이오 연료를 사용하는 제품도 있으며 지금은 스마트폰으로도 조작이 가능하다. 노벨상을 받은 사람이 아내의 고충을 이해하게 되면 다르다고 할까? 에너지원이 달라져도 아가는 살아남았다. 오븐을 사용하는 지역에선 지금도 고가품이다.

기본적으로 오븐은 공기 온도를 400도씨 이상으로 끌어올려 그 온도로 음식을 익힌다. 건열로 익히기에 음식에서 전혀 다른 질감을 경험할 수 있고 영양소 손실이 적다. 우리나라에서 오븐은 보편적인 주방기기가 아니다. 한국갤럽에 따르면 2021년 보급률이 21퍼센트 남짓인데 가스오븐, 전기오븐 중심이다. 하지만 미식이 점점 삶의 중요한 부분으로 자리 잡은 만큼 주방의 풍경은 언제든 달라질 수 있다.

영화 「나도 아내가 있었으면 좋겠다」(2001)에서 노총각 봉수는 미래의 아내가 될 사람에게 전할 영상 메시지를 녹화한다. "아직 누구인지 모르지만 당신은 정말 특별한 사람일거야. 나이 들어도 눈웃음이 참 예쁜, 난 그런 여자가 좋더라. 나도 아내가 있었으면 좋겠어." 결혼의 판타지를 자극하는 영화는 아니다. 영화는 봉수와 원주가 서로의 감정을 확인하는 과정을 그저 소소하고 담담하게 보여준다. 영화에서 판타지를 자극하는 요소가 있다면 바로 '아내'라는 단어 자체였다. 영화가 개봉되었을 때 한 여성 평론가는 봉수의 대사를 받아 이런 한 줄 평을 했다. "봉수야, 나도 아내가 있었으면 좋겠어."

'아내'라는 말에는 밥 해주고 빨래도 해주고 청소도 해주고 잠자리를 함께 하는 것 이상의 의미가 있다. 우리가 가정이란 사적 영역에서 체험하는 안락함, 즐거움, 친밀함, 포근함, 따뜻함, 포만감 등의 긍정적 속성은 대개가 아내의 무보수 가사노동과 감정노동에서 비롯되기 때문이다. 그리고 이 긍정적 속성을 빈번하게 체험하는 것은 여성이 아니라 남성이다. 여성 평론가는 바로 그 점을 지적한 것이다. 다행이라면 이젠 그것을 빚으로 인식하는 남자들이 늘어나고 있다는 점이다. 최영철의 시 「쑥국-아내에게」가 바로 그 고백이다.

시에서 쓰이는 단어는 종종 다른 지시대상을 가리킬 때가 많다. "끓는 물 넘쳐흘러/ 내가 그대의 쓰린 속 어루만지는/ 쑥국이었으면 합니다"에서 '쓰린 속 어루만지는 쑥국'은 우리가 먹는 쑥국이면서 동시에 다른 함의를 갖는다. '넘쳐흐르는 끓는 물' 또한 섭씨 100도의 물만을 가리키고 있지 않다. 간난과 고초 속에서도 묵묵히 가족의 곁을 지킬 때 남자는 아내에게 빚을 진다. 그래서 호강 한 번 못 시켜주었을 것이 틀림없는, 물질적 보상의 길이 막막한 시인은 염치없는 소망을 말한다. "참 염치없는 소망이지만 / 다음 생에 딱 한번만이라도 그대 다시 만나 온갖 감언이설로 그대 꼬드겨/ 내가 그대의 아내였으면 합니다"라고. 하지만 실명한 발명가는 아가를 만들었다. 아가 쿠커는 아내에게 바친 기계공학적 시라고 해도 비약은 아니다.

정말 튀기는 걸까,
에어 프라이어

에어 프라이어가 끄트머리에 자리 잡은 건 순전히 확산 속도 때문이다. 한국갤럽에 따르면 에어 프라이어의 우리나라 보급률은 2021년 기준 60퍼센트다. 2011년에 세상에 첫선을 보였으니 증가세가 굉장히 빠르다. 초기엔 사람들이 튀김 용도로 구매를 했다가 정작 튀김을 할 수 없다는 걸 알고는 애물단지 취급을 했었다.

이름에서 '튀김기'라는 인상을 강하게 주고 있지만 작동 원리는 오븐이다. 달궈진 공기를 활발하게 순환시키기 위해 오븐 내부에 팬을 달면 컨벡션 오븐convection oven(대류식 오븐)이 되는데 에어 프라이어도 이 방식이다. 차이가 있다면 에어 프라이어의 팬이 더 빠르게 돌아 공기 순환이 훨씬 빠르다는 점이다. 또 컨벡션 오븐은 밀폐된 공간에서 공기를 순환시켜 식재료의 수분을 보존하지만 에어 프라이어는 바깥공기를 빨아들이고 습한 안쪽 공기를 뿜어내면서 고열의 건조한 열풍으로 식재료의 수분을 싹 날려버린다. 이 때문에 식재료를 튀김처럼 바삭하게 만들 수 있다. 튀김 역시 고열의 기름으로 식재료의 수분을 날리는 조리법이니 에어 프라이어라는 작명이 과장은 아닌 셈이다. 물론 에어 드라이어가 더 솔직한 이름이겠다.

오븐이 필수인 미국에서도 에어 프라이어의 보급률은 2020년 40퍼센트다. 무엇이 소비자의 마음을 끌었을까? 에어 프라이어의 인기 비결은 지방에 대한 현대인들의 공포가 밑바탕이다. 여기에 완전 조리되어 냉동 유통되는 간편식의 보급도 한몫을 했다. 예컨대 냉동 프렌치프라이를 에어 프라이어에 돌리면 열풍을 쐬는 과정에서 지방이 4~6그램밖에 남지 않는다. 전통방식으로 프렌치프라이를 만들면 기름이 17그램이 나온다. 튀김류 냉동식품인 핫도그, 치킨너겟, 돈가스, 만두, 미트볼 등을 에어 프라이어로 돌리면 지방을 훨씬 적게 섭취할 수 있다.

에어 프라이어는 건조한 열풍으로 식재료를 바깥에서 가열하는 방식이기에 조금만 잘못해도 골고루 익지 않으며 열효율도 좋지 않다. 이 단점을 보완하기 위해 식품 안쪽부터 가열하는 전자레인지 기술이 더해지고 수증기로 쪄내는 스팀 기능이 첨가된 것이 있다. 이러면 사실상 오븐이나 마찬가지다. 하지만 에어 프라이어는 아무리 커도 용량에 제한이 있어 많은 요리를 한꺼 번에 하기엔 부적합하다. 1인 가구가 증가하는 흐름에 딱 맞다.

에어 프라이어 덕에 우리는 이미 튀긴 음식이나 기름진 식재료에서 기름을 꾹 짜서 입에 넣을 수 있게 되었다. 또 식재료 겉에 기름을 살짝 바르고 돌리면 기름을 적게 쓰고도 튀김의 식감을 갖는 요리가 가능하다. 되도록 죄책감을 덜 느끼며 기름진 것을 먹고 싶은 심정을 에어 프라이어가 제대로 저격했다.

7

추위를 꺼내 먹다, 냉장고

얼음은 부동산이었다

온실 재배와 냉장 유통체계의 발달로 현대인은 아무 때나 신선한 과일과 야채에 접근할 수 있다. 집 냉장고에 과일이 없으면 더 큰 냉장고가 있는 곳, 마트로 가면 된다. 냉장고가 없으면 겨울 먹거리는 우울해진다. 절이거나 말리거나 발효된 것들, 아니면 훈제가 전부일 것이다. 모두 겨울에도 여름과 가을의 풍요를 누리고 싶었던 열망이 낳은 저장식품들이다. 농경이 시작된 곳이면 모두 고래로부터 전해 내려오는 고유의 식품 저장법이 있다.

하지만 많이 의심스러운 방법도 있었다. 17세기에 쓰인 『음식디미방』은 여름 수박 저장법을 이렇게 적었다. "깊은 놓이나 큰 독에 겨를 넣고 거기에 묻어 얼지 않는 방에 두면 썩지 않는다."

19세기 초『부인필지婦人必知』의 저장법은 비의적이다. "모든 실과를 납설수臘雪水에 담그면 해가 지나도 변하지 않는다." 납설수는 동지 뒤 셋째 미일未日, 그러니까 납일臘日(종묘사직에 제사지내는 날)에 내린 눈을 녹인 물이다. 포도를 납설수에 담그면 이듬해 봄까지 상하지 않고 참외는 납설수에 구리 녹과 함께 넣어두면 썩지 않는다고 했다. 정말 그렇게 믿었을까? 「과채수장법」편에서 21종의 채소와 과일 저장법을 꼼꼼히 기록한 것을 보면 진짜 믿은 모양이다.

『부인필지』

신선식품에 대한 열망이었을 것이다. 납설수라고 해도 물은 여전히 H_2O다. 납일에 내린 눈을 녹였다고 물의 화학적 구성이 달라지진 않는다. 차갑게 보관하면 오래 보관할 수 있었기 때문에 생긴 주술적 염원이었을 것이다. 실제 납일 자체도 엄밀하지 않다. 고려 때는 셋째 술일戌日을, 신라 때는 동지 뒤 셋째 인일寅日을 납일로 여겼다.

차갑게 보관하면 오래 보관된다. 고대인들은 경험으로 이 사실을 알고 있었다. 문제는 불은 어느 때고 피울 수 있어도 차가운 것은 아무 때고 만들 수 없다는 점이다. 물이 꽁꽁 어는 날을 기다려야 했고 그 얼음을 여름까지 보관할 수 있어야 했다. 신라 왕실이 갖고 있었던 석빙고처럼 얼음을 여름까지 보관하는 일은 근세까지 왕과 같은 권력자에게나 가능한 일이었다.○

서구에서는 19세기부터 얼음이 사치품이면서 동시에 서민들도 즐기는 상품이 된다. 곳곳에 얼음 창고가 세워졌으며 겨울에 채굴한 얼음으로 여름에 시원한 음료수와 아이스크림을 만들어 먹는 일을 한철 호사로 여겼다. 하지만 석탄으로 기계를 돌리고 기차와 증기선이 움직이던 시기임에도 냉동기술은 겨울에 캔 얼음을 보관하는 것만이 최선이었다. 당시 얼음은 겨울에 재배해 가장 적합한 두께가 되었을 때 수확하는 농작물의 개념이었다.

혹 따뜻한 겨울이 찾아와 얼음이 깊게 얼지 않으면 얼음 값이 폭등했다. 얼음 기근이 닥쳐도 수요는 줄지 않았다. 시민들이 값비싼 기호품을 포기하지 않았고 아이스박스가 보급되면서 얼음은 가정의 필수품이 되었기 때문이다. 1894년 여름 미시건주의 한 신문은 시카고시의 얼음 보유량이 하루치뿐이라면서 다음처

○ 조선시대에는 한강변에 동빙고와 서빙고를, 창덕궁 안에는 내빙고를 지어 한강이 4치 이상 두께로 얼어붙는 12월에 저장해 다음해 음력 3월부터 필요에 따라 꺼내 썼다. 동빙고는 의례에, 내빙고는 궁에서 쓸 것을, 서빙고는 백성과 신하들에게 나눠줄 얼음을 저장했다. 서빙고는 동빙고의 12배, 내빙고의 3배나 되는 얼음이 있었다. 비록 한양 도읍에 제한적이었지만 여기서 조선의 애민정신을 엿볼 수 있다. 『경국대전』은 여름에 얼음을 우선적으로 받아야 하는 사람으로 환자와 죄수를 규정했다. 빈민구제와 치료를 맡아보는 '활인서'의 병자들과 '전옥서'에 잡혀 있는 죄수들은 『경국대전』에 정한 바에 따라 얼음을 받았다(반주원: 2017). 특권층의 향락과 사치품이었던 다른 나라에 견주면 놀랄 만한 사실이다.

럼 보도했다. "얼음 기근이 임박했다. 과거에 닥쳤던 과일과 채소, 버터, 달걀 부족 현상보다 훨씬 심각하다. 일반 가정을 비롯해 얼음을 사용하는 업주들은 오늘밤 모든 것을 잃을 위기에 처했다."(헬렌 피빗: 2021)

도시 인근에서 산발적으로 도축되는 고기로는 시장의 요구를 감당할 수 없다는 것도 얼음 수요를 부채질하는 요인이었다. 농장에서 인구 밀집 지역으로 돼지고기와 소고기, 우유와 버터를 신선하게 수송하기 위해선 얼음이 있어야 했다. 겨울에는 뚜껑 없는 열차로 운송하며 자연스럽게 냉장했지만 여름에는 반드시 얼음이 필요했다.

이 때문에 물이 얼 수 있는 곳이라면 부동산이 생겼다. 여기서부터 저기까지는 누군가의 얼음이었고 저기서부터 상류까지는 특정 회사의 소유였다. 채굴권은 땅덩어리처럼 거래되었다. 아이디어로만 무장한 사람들은 인공 제빙기술에 뛰어들었지만 부동산과의 싸움은 쉽지 않았다. 천연 감미료가 인공 감미료보다 더 건강하다고 믿는 현대인들처럼 사람들은 천연 얼음을 더 좋아했다. 도시에서 멀리 떨어진 곳에서 언 얼음일수록 품질이 좋다고 생각했다.

품질이 좋은 얼음만 공급되지는 않았다. 수요를 따라잡기 위해 도시 인근에서 채취한 얼음도 사용했다. 생활하수와 산업폐수가 언 얼음도 마구잡이로 팔렸다. 이질이나 장티푸스가 발생하고 '얼음장수를 믿지 마세요'라는 계몽에도 사람들은 천연 얼음을 더 좋아했다. 자연이 만든 산물은 두 배나 더 깨끗하다고 믿었고 설사 세균이 있을지라도 냉동되는 와중에 제거된다고 생각했다. 부패를 막는 소금처럼 얼음에도 비슷한 마법이 있다고 믿었다.○

부동산으로 장사를 하던 얼음장수의 시대는 결국 병원에서 일어난 집단 사망 사건으로 종말을 맞는다. 1902년 뉴욕 올덴버그의 한 정신병원 직원들이 세인트로렌스강에서 이듬해 여름에 쓸 얼음을 채취했다. 그리고 이듬해 장티푸스가 집단 발병하면서 환자와 병원 관계자 다수가 죽었다. 역학조사 결과 강에서 얼음을 채취한 장소가 병원의 하수가 흘러가는 곳이었다. 이후 천연 얼음은 시장에서 자취를 감춘다. 1860년 파스퇴르가 미생물이 전염병의 원인이라고 밝혔지만 아직 일반상식이 아니었던 시절의 이야기다. 그동안 얼음 때문에 얼마나 많이 죽었을지는 짐작할 수조차 없다.○○

○ 인공 얼음은 종교적인 편견도 작용했다. 1842년 존 고리라는 내과의사가 고열에 시달리는 환자들의 열을 다스릴 목적으로 제빙기를 만들었다. 미국은 신이 창조한 얼음을 잘라 쓰는 행위와 인위적으로 만드는 행위를 다르게 받아들였다. 그의 발명품은 얼음 채취꾼의 직업과 영혼을 빼앗고 신에게 도전하는 행동으로 취급되어 대중의 냉소와 불신, 반감을 샀다(헬렌 피빗: 2021).

○○ 특권층은 얼음 때문에 죽었음을 기록에 남겼다. 예컨대 1563년 테니스의 전신에 해당하는 주드폼 경기를 하고 난 프랑스의 프랑수와 태자는 시중에게 시원한 물을 달라고 했다. 시중을 들던 몬테쿠쿨리 백작은 곧바로 얼음물을 대령했고 태자는 물을 마신 후 죽었다. 당시 정적을 독살하는 방법으로 얼음물이 선호되었다. 꿀꺽꿀꺽 시원하게 마실 수 있었고 맛이 이상하다고 느꼈을 때는 이미 늦었기 때문이다(톰 잭슨: 2016).

시원함에 대한 욕망

화이트와인은 섭씨 7~10도, 레드와인은 20도 살짝 아래에서 가장 맛있다. 맥주는 여름에 섭씨 4~8도가 최적의 온도다. 살짝 얼리는 소주도 있지만 소주 맛을 제대로 음미하고 싶다면 8~10도씨에서 먹어야 단맛과 쓴맛이 혀에 감긴다. 우리가 먹는 모든 음식엔 먹었을 때 가장 맛있는 온도가 있다. 맛이 존재할까 싶은 물도 맛있게 먹으려면 섭씨 12도가 좋다. 몇몇 뜨겁게 먹는 음료를 제외하고 맛없게 마시고 싶다면 뭐든지 상온(20±5도씨)으로 먹으면 된다. 한발 더 나아가 가장 맛없게 마시고 싶다면 정상체온 범위인 36.8±0.7도씨에 맞추면 경험이 가능하다. 물도 이 온도에서 가장 맛이 없어진다.

되도록 맛나게 먹고 싶다는 욕망은 인류로 하여금 언제나 시원함을 갈망하도록 했다. 그러자면 인위적으로 음식의 온도를 주위 온도보다 낮게 유지시켜야 했다. 현대인들은 하루에도 다양한 온도를 손쉽게 체험하며 살아가지만 고대인들은 더울 때 차가운 것을 경험하기 위해선 수고로움을 감수해야 했다. 이들은 기화열을 이용했다.

액체는 증발하면서 기체로 변할 때 주위로부터 열을 뺏어간다. 여름철 마당에 물을 뿌리면 시원해지는 것은 액체가 증발하면서 지면으로부터 열을 빼앗기 때문이다. 지금도 인도에선 테라코타라는 다공질 항아리에 물을 담아 이 방법으로 시원한 물을 마시는 곳이 있다. 항아리 표면으로 새어나온 수분이 증발하면서 단지 안의 온도가 떨어지는데 바깥 기온이 높을수록 증발이 많이 일어나 어느 정도 시원함을 얻는다고 한다.

인류는 이 원리를 보편적으로 알고 있었다. 고대 이집트는 시원한 와인을 마시기 위해 노예들이 밤마다 암포라 항아리를 지붕 위로 갖고 가 얕은 물통 안에 넣고 암포라 겉면에 물을 뿌렸다. 밤바람에 암포라 벽에 스며든 물이 증발하면서 안에 든 와인이 천천히 차가워지기를 기다린 것이다. 바람이 충분치 않으면 밤새 부채질을 했다.

밤낮 기온 차가 심한 페르시아(지금의 이란)에서는 기화열을 이용해 얼음을 만들었다. 야크찰yakhchāl(yakh=얼음 chāl=구덩이)이라는 돔형의 기류 순환 창고는 낮 동안 흡수된 지열을 차가운 밤하늘로 방출하고 차가워진 공기로 아주 얇은 얼음을 얼리

이란 코우사르 지역에 남아 있는 야크찰

고 보관할 수 있었다. 뜨거운 사막에서 가능할까 싶지만 겨울철 인 1월과 2월의 밤 평균 기온이 '영하 0.8도씨'로 내려가니 그야말로 살얼음 정도는 얼릴 수가 있었다. 단열처리가 잘 되어 있어 날씨가 가장 더운 7~8월에도 야크찰의 내부 온도는 10도씨 정도다. 전력이 필요하지 않기에 이란에선 지금도 이 2400년 전 냉장고를 사용하는 곳이 있다. 물이 기화하면서 발생하는 냉기를 이용하는 이 방식은 현재 우리가 사용하고 있는 냉장고와 원리가 동일하다.

기화열을 쉽게 이해하려면 부탄가스를 떠올리자. 휴대용 버너에 삼겹살을 구워먹다 부탄가스통을 만져보면 가스통이 차가워져 있음을 느껴보았을 것이다. 액화된 부탄가스가 기화하면서 주변의 열을 빼앗았기 때문이다. 냉장고를 차가워진 가스통 안에 음식을 보관하는 장치라고 정의해도 별 무리는 없다. 가스통이라는 단어에서 약간의 불편함이 느꼈다면 이 불편함에는

충분한 이유가 있다. 초기 냉장고는 사람을 죽일 수 있었다. 냉매로 이용하던 가스가 문제였다.

냉장고는 위험하다

이론적으로 상온에서 쉽게 액화할 수 있는 가스는 모두 냉매가 될 수 있다. 초기 제빙기와 냉장고를 발명하려는 사람들이 냉매로 사용하고자 했던 가스는 에테르, 암모니아, 황산, 아황산가스다. 에테르에서 마취, 암모니아에서는 냄새, 황산과 아황산가스에서 섬뜩함을 느꼈다면 그대로다. 이 가스들은 공통적으로 인화성과 폭발력을 갖추고 있었다. 하지만 증발하면서 주변의 열을 빼앗는 기화열이 매우 좋았다. 발명가들은 이 가스들을 압축해서 액화시키고 다시 증발시키는 과정을 반복해 인위적인 냉기를 만들고자 했다.

기화열이 가장 좋은 것은 에테르다. 1758년 스코틀랜드의 윌리엄 쿨렌은 이를 이용해 최초의 제빙기를 만든다. 속도가 너무 느렸고 수동에다 크기도 너무 컸다. 얼음 양도 작았다. 문제점은 조금씩 개선되었지만 앞서 보았듯 공짜나 다름없는 자연과 지루한 싸움을 이어가야 했다. 그러는 동안 사람들은 녹기 마련인 얼음 대신 그 자체로 일정하게 차가운 온도를 유지할 수 있는 기계를 꿈꾸게 된다. 어찌어찌 얼음을 만들 수 있게 되었으니 꿈은 코앞이었다.

최초의 냉장고를 발명한 사람을 특정하기는 어렵다. 시차를 두고 각기 다른 곳에서 동시다발적으로 이루어졌다. 이를 '복수 발명'이라고 하는데 기준을 달리하면 최초의 타이틀이 계속 바뀐다.

제대로 작동했다는 의미에선 제임스 해리슨이 먼저다. 그는 1862년 에테르를 냉매로 하는 냉장고를 만들었다. 하지만 마취제로 쓰였던 에테르는 수술도구끼리 부딪혀 생기는 작은 불꽃에도 쉽게 폭발한다는 것이 골칫거리였다. 효율성도 좋지 않았다. 에테르를 액화시키려면 2층 집 크기의 압축기가 필요했다. 공장이라면 모를까 집에서 쓸 것이라면 냉매를 바꾸어야 했다.

가장 빨리 만들었다면 에드먼드 카레가 타이틀을 가져간다. 그는 1850년 황산을 냉매로 사용하는 냉장고를 만든다. 하지만 황산은 다루기가 무척 어려웠다. 금속을 부식시키고 독성가스를 쉽게 분출했다. 누출된 증기를 약간만 흡입해도 심각한 상해와 죽음으로 이어졌다.

안정성의 측면이라면 에드먼드의 형제인 페르디낭 카레에게

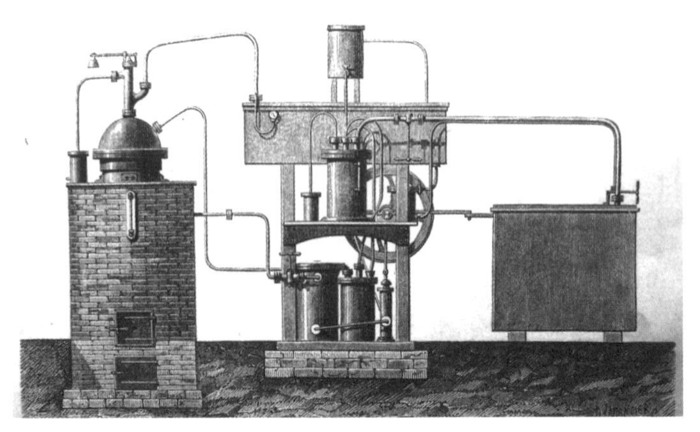

페르디낭 카레의 냉장고

영광이 돌아간다. 페르디낭은 1859년 암모니아를 녹인 암모니아수를 냉매로 사용했다. 보일러가 암모니아수를 데우면 휘발성이 큰 암모니아가 먼저 기화한다. 기화하면서 차가워진 암모니아가 냉각 임무를 마치고 되돌아오면 다시 물에 녹았다. 이 방식은 기체 자체를 압축하는 것보다 장점이 있었다. 물 때문에 폭발할 위험이 적었다. 하지만 냉각방식이 복잡해 제대로 작동하지 않았다.

소형냉장고에 적합한 것은 아황산가스였다. 냉매의 양을 조절하기 쉬웠고 저렴했으며 복잡한 기계장치도 필요 없었다. 냉장고 소형화를 위한 최적의 냉매였다. 프랑스의 수도사 아베 마르셀 오디프렌이 1903년 와인을 시원하게 할 목적으로 가정용 냉장고의 효시를 만들게 된다. 하지만 냄새와 독성에서 심각한 문제를 안고 있었다. 이 때문에 냉장고의 역사에 뜻밖의 인물이 등장한다. 바로 아인슈타인이다.

1926년 베를린에 있던 아인슈타인은 냉장고 아황산가스 누출로 일가족 세 명이 사망했다는 기사를 읽는다. 1970~1980년대 우리나라 서민들의 목숨을 앗아간 연탄가스 사고처럼 연이은 비극에 상심한 아인슈타인은 이론물리학의 세계를 떠나 잠시 실용의 역사에 뛰어든다. 박애정신이 결여되지만 다른 이야기도 있다. 냉장고 돌아가는 소리가 너무 시끄러워 직접 해결하려 했다는 것이다(아인슈타인은 소음에 민감한 아스퍼거 장애가 있었기에 신빙성이 있다).

제3의 버전도 있다. 일정한 수입이 없던 제자 레오 실라드를 재정적으로 지원하려던 것이 계기였다는 설이다. 실제 아인슈타인은 특허 획득으로 수입이 발생할 경우 조교 봉급 수준을 실라드가 먼저 가져가고 이를 제한 나머지 금액에서 다시 수익을 반으로 나누기로 했다. 동기가 무엇이든 둘은 46건의 특허를 따고 수입도 얻는다. 그런데 공학의 세계에 뛰어든 두 물리학자의 이야기는 절반만 해피엔딩이다. 특허는 상품으로 이어지지 않았다(릭 베이어: 2012).

특허권을 사들인 독일 AEG사는 1931년 시제품을 만들지만 출시하진 않았다. 이 냉장고도 소음을 해결하지 못했다는 이야기가 있고 대공황과 맞물려 상황이 좋지 않았다는 설도 있다. 하지만 공학자 헨리 페트로스키(2017)는 1930년 염화불화탄소라는 새로운 냉매의 발견을 결정적인 이유로 꼽는다. 염화불화탄소는 화학적으로 안정적이었고 독성이 없으며 금속을 부속시키지도 않고 가연성도 없어 냉매로서 더할 나위 없었기 때문이다. 게다가 기술의 발전으로 아인슈타인이 해결하고 싶었던 소음도 개선되어 있었다.

염화불화탄소로 인해 삶과 죽음의 기로에 어정쩡하게 서 있던 냉장고는 삶의 영역으로 훅 들어온다. 이 냉매의 대중적 이름은 프레온이다. 맞다. 한때 오존층에 구멍을 내며 인류를 위협하던 그 화합물이다. 프레온은 20세기 말에 금지된다. 오존층이 회복되면서 인류는 지구적 불안에서 벗어날 수 있었다. 프레온을 대체한 냉매는 수소불화탄소다. 하지만 친환경이라고 믿었던 수소불화탄소는 온실가스임이 밝혀진다. 그것도 이산화탄소보다 2000배나 센 온실가스였다. 이 말은 수소불화탄소 1킬로그램은 이산화탄소 2톤에 해당한다는 이야기다. 냉장고가 기후 변화의 한 요인이 된 것이다.

냉장고는 다시 재앙의 영역에서 서성거리고 있다. 추울 때의 따뜻함처럼 더울 때의 시원함 역시 우리는 대가를 지불하면서 얻는다. 냉장고는 개체의 건강에는 축복이지만 인류와 지구에 서식하는 모든 종에게는 아닐지 모른다.

냉장고는 도시 인프라다

신석기 농업 혁명은 풍요로운 식단과 건강을 의미하지 않았다. 신석기인들의 영양 상태는 구석기인들보다 나빴다. 구석기 성인 남성의 키는 평균 175센티미터였지만 농경을 막 시작한 시기 인류의 키는 이미 10센티미터나 줄어 있었다. 키는 유전의 영향을 받지만 동시에 얼마나 충실한 섭식을 했느냐를 가리키는 바로미터다. 역설적이지만 수렵채집생활을 했던 구석기인들의 식단이 더 풍요롭고 건강했다.

뼈를 통해 질병의 유무를 분석하는 고병리학에 따르면 신석기인들의 삶은 우울했다. 소화계와 신경계 장애를 유발하는 펠라그라, 각기병, 빈혈, 당뇨, 갑상선선종, 구루병, 괴혈병과 같은 여러 질병을 달고 살았다. 구석기인들은 먹을거리를 따라 이동하면 그만이었지만 정착생활을 했던 신석기인들은 주기적인 기근에 시달렸으며 주로 곡물, 그것도 한정된 몇 종류에 의존했기 때문이다.

이중에서도 인류를 끈질기게 괴롭힌 것은 괴혈병이다. 괴혈병은 비타민C가 들어 있는 야채나 과일, 신선한 고기를 섭취하면 예방이 된다. 하지만 유럽은 18세기까지 괴혈병에 시달렸으며 맨해튼 주민들은 19세기까지 이 병에서 자유롭지 못했다. 3개월 이상 비타민C를 섭취하지 않으면 괴혈병 증상이 나타나는데 야채와 과일을 섭취할 수 없는 겨울 넉 달은 항상 위험했다. 특히나 오랜 항해를 해야 했던 선원들은 죽을 수도 있었다. 괴혈병은 초기에는 무기력감과 함께 잇몸 출혈과 피부 반점이 나타난다. 이후 화농성 피부염, 황달, 발열 등이 찾아오는데 비타민C를 섭취하지 않으면 증세는 계속 심각해진다. 경험으로 찾은 해결책은 중간 기착지나 섬에 내리면 씹을 수 있는 풀이나 과일은 무조건 먹는 방법이었다.○

냉장고가 보편화되면서 인류는 비로소 1만 년 동안 동거해온 괴혈병과 이별하게 된다. 비타민C는 섭씨 영하 1도에서 1개월, 영하 7도에서 2개월간 보존된다. 영하 18도 밑에서는 1년이 지

○ 괴혈병의 원인이 비타민C 부족이라는 것은 20세기 초에 밝혀지지만 18세기 후반에 경험적인 예방법을 알게 된다. 영국 해군장교이면서 탐험가였던 제임스 쿡은 독일 선원들의 괴혈병 발생 비율이 낮다는 사실을 알고 그들의 식단을 조사했다. 비밀은 사워크라우트sauerkraut였다. 양배추를 소금에 절여 발효시킨 이 독일식 김치는 훌륭한 비타민 공급원이었다. 그는 남극대륙을 발견한 두 번째 대항해 때(1772~1775) 사워크라우트를 잔뜩 싣고 출발해 괴혈병으로부터 선원들을 지켰다(마이클 H 로소브: 2002).

나도 손실이 되지 않는다. 단백질 역시 영하 40~50도에서 급속 냉동하면 영양 손실 없이 신선한 상태로 1년 이상 보관할 수 있다. 냉장고 없이 살아왔던 인류가 냉장고를 알게 되는 순간 이것 없이 살 수 없게 되는 이유다.

폭발과 화재의 위험, 가스 누출로 인한 사망과 음식물 오염의 가능성, 거기에다 값도 비쌌지만 가정용 냉장고는 출시하자마자 주부들이 선망하는 제품이었다. 1920년 약 2만 대에 불과했던 미국의 냉장고는 1936년에 이르면 200만 대로 1000퍼센트의 성장을 보이고 1960년에 오면 4900만 대로 수치가 보급 포화 상태를 가리키는 98퍼센트에 도달한다.

냉장고는 한 번 보는 것만으로 그 용도를 쉽게 이해할 수 있어 사용 설명서가 필요 없는 집 안의 겨울 창고다. 주부들은 귀한 음식을 보존하기 위해 하루 종일 끓이고 볶고 데우는 수고와 매일 장을 보는 번거로움에서 벗어날 수 있었다. 처음으로 상하기 전에 먹어야 한다는 압박에서 벗어난 것이다.[○○] 냉장고는 음식문화사의 혁신이었다.

가전기구 중 24시간 쉴 새 없이 돌아가는 것은 냉장고뿐이다. 냉장고가 현대 생활에서 얼마나 중요한지를 알려면 하루 동안 전기코드를 빼 보면 된다. 비극이 일어나겠지만 코드를 다시 꽂

○○ 1800년대 중반 미네소타와 같은 낙농지역에서 대도시 뉴욕으로 우유를 운송하는 일은 보통 어렵지 않았다. 기차를 이용했지만 우유는 도착하기 전 상한 요구르트로 변했다. 이로 인해 동부 연안에 전문가들이 등장했는데 이들은 물, 아몬드, 짐승의 뇌, 장례식장에 쓰이는 살균제 포르말린 등 온갖 해괴한 방법을 동원해 운송 중 변질을 막았다고 한다(그레그 제너: 2017).

으면 파국을 막을 수 있다. 몇몇은 희생되겠지만 대다수는 살릴 수 있다. 하지만 사회 전체의 냉장고를 하루 동안 꺼버리면 문제가 달라진다. 도시는 끼니를 공급할 수 없다. 가정용 냉장고는 거대한 냉장유통 체계의 말단이다. 냉장고 속 고등어는 노르웨이산일 수 있고 돼지고기는 폴란드에서, 닭고기는 브라질에서 온 것일 수 있다. 포도는 칠레, 오렌지는 캘리포니아에서 왔을 것이다. 국적은 달라도 이들은 모두 냉장고를 타고 식탁까지 온다. 그뿐만이 아니다. 지금 까먹고 있는 제주밀감은 6개월 전에 수확한 것일지도 모른다. 냉장고가 없으면 도시는 마비된다.

냉장유통 연대기

시작은 이윤 추구였다. 미국 목축업자들은 서부 대평원에서 대규모로 방목하는 가축들을 동부 대도시로 가져다 팔아야 했다. 처음엔 산 채로 기차에 실었다. 카우보이들이 함께 탑승해 소를 돌보고 먹이와 물을 주면서 수송했다. 하지만 흔들리는 객차 안에 갇힌 소들은 스트레스를 받아 잘 먹지를 못했다. 도축지인 시카고에 도착할 때쯤에는 몸무게가 40킬로그램 이상 줄어 있기가 일쑤였다. 스트레스를 받지 않게 하려면 죽여서 데리고 가야 했다. 얼음이 답이었다. 날이 더울 때는 최소 8번은 얼음을 갈아야 했다. 녹으면서 이리저리 움직이는 얼음과 매달아놓은 고기로 무게중심이 변해 열차가 탈선하는 일도 잦았다. 그럼에도 이윤이 남았는지 한동안 이 구닥다리 방법으로 움직였다.

기계식 냉장운송은 바닷길에서 먼저 시도된다. 대서양은 가로지르는 데만 평균 석 달이 걸렸기에 얼음에 의지해 운송할 수 없었기 때문이다. 최초로 성공시킨 사람은 샤를 텔리어다. 1876년 그는 프리고리피크호에 냉방장치를 달아 쇠고기를 싣고 프랑스 루앙 항구를 출발해 남미의 부에노스아이레스로 향했다. 105일 만에 입항한 그가 무사히 짐을 내렸을 때 아마도 가장 기뻐했을 사람은 비교우위론을 주장했던 경제학자 리카르도와 아르헨티나의 목축업자들이었을 것이다. 넓은 초지에서 대량으로 사육되던 아르헨티나의 소들이 싼 가격을 무기로 유럽 소비자를 향해 건너갔다.

냉장열차는 1881년 구스타버스 프랭클린 스위프트가 발명했다. 냉장트럭은 더 많은 시간이 필요했다. 냉각장치의 경량화가 먼저 이루어져야 했기 때문이다. 이 기술은 1939년 미국의 조지프 누메로와 프레더릭 맥킨리가 완성했다. 두 사람은 군납 냉장

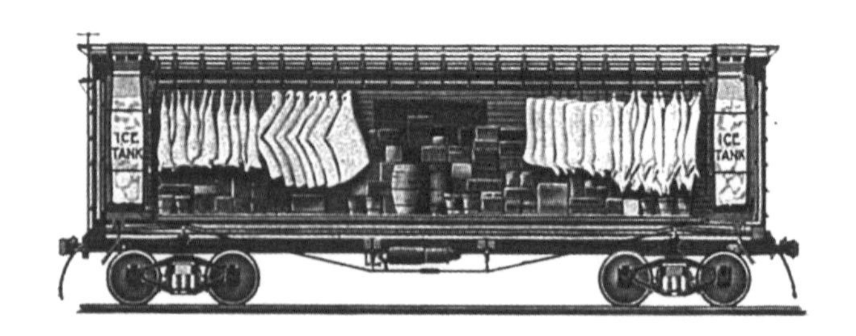

스위프트의 냉장열차 디자인

트럭을 만들어 성공을 거둔다. 군납트럭은 얼음을 운반하는 인부들이 없어도 전선까지 신선식품을 수송할 수 있었다. 두 사람이 써모 킹Thermo King이라는 회사를 설립해 냉장 운송 시스템 전반에 진출하면서 냉장 유통체인이 비로소 완성된다. 이후 인류와 식품의 관계는 완전히 달라진다. 식재료들이 생산지에서부터 최종 소비자에게까지 신선한 상태로 전달되었다.

냉장고는 식품을 더 오랫동안 보관하면서 더 멀리 운반하는 수단이다. 현대인은 더 이상 신토불이만으로 식단을 꾸미지 않는다. 마트에서 만나는 낯선 외국 친구들에게 거부감을 느끼지 않는 것은 우리가 냉장고를 신뢰하기 때문이다. 이역만리 칠레에서 왔다고 품질을 의심하는 사람은 없다. 오히려 현지 소비자들보다 더 좋은 식재료를 섭취할 수도 있다. 품질 좋은 것이 더 많은 이윤을 남기기에 우선적으로 수출되는 탓이다. 선진국일수록 수명이 늘어나는 이유는 다름이 아니다. 더 잘 먹기 때문이다. 냉장고가 그것을 가능하게 했다.

일찍 온 미래, 우리나라 냉장고

1910년대 가정용 냉장고가 몇 종류 시장에 등장한다. 하지만 소음이 심해 라디오 소리가 들리지 않았고 고장도 잦았다. 미국과 유럽의 여러 제조업체가 성능 개선에 뛰어들면서 쓸 만한 제품들이 쏟아지기 시작한 것은 1920년대다. 하지만 비쌌다. 포드의 보급형 자동차 '모델 T'보다 두 배 이상 비쌌다.° 1960년대로 가서야 비로소 가정의 필수품으로 자리 잡을 만큼 가격대가 낮아진다.

우리나라 냉장고의 역사는 의외로 빠르다. 1965년 LG의 전신인 럭키금성이 120리터 냉장고를 출시하면서 시작된다. 널리

○ 1911년 제너럴일렉트릭은 프랑스 수도사 오디프렌에게서 특허권을 사들여 최초로 대중적인 전기냉장고 모니터탑을 출시했다. 당시 포드의 보급형 자동차 '모델T'보다 두 배 이상 비싼 1000달러로 판매되었다(톰 잭슨: 2016). 오늘날 환율로 2만4000달러 수준으로 약 2700만 원이다.

보급된 것은 1970년대 말, 1980년대 초다. 하지만 우리에게는 너무 앞서 온 미래였다. 아직 냉장고를 위한 공간인 주방이 없었던 탓이다. 그래서 냉장고는 더 특별나게 도드라졌다.

부엌과 주방은 공간 구성이 다르다. 주방이 되려면 네 개의 공간이 한 곳에 모여 있어야 한다. 저장 공간, 물 사용 공간, 조리 공간, 식사 공간이 그것이다. 각각 냉장고, 싱크대, 가스레인지와 같은 조리도구, 식탁이 공간의 중심을 차지한다. 한 공간의 작업은 다른 공간의 작업을 방해하지 않아야 하며 공간 사이의 거리가 불필요하게 멀지도 않아야 한다. 하지만 부엌은 달랐다. 저장 공간은 볕과 바람이 잘 통하는 곳에 놓아둔 장독과 마루에 있는 뒤주였다. 물 사용 공간은 앞마당에 있는 우물, 펌프, 혹은 수도였다. 식사 공간은 여름에는 대청, 나머지 계절엔 안방이었다. 공간 사이의 거리가 멀었고 공간에 진입하기 위해선 문턱을 넘어야 했다. 냉장고는 아직은 부엌이던 시절 우리에게로 왔다. 주부들은 미래에서 온 상품에 열렬한 반응을 보냈지만 시작은 참 어정쩡했다.

무엇보다 있어야 할 곳에 둘 수 없었다. 낡고 어두컴컴한 부엌과 백색가전은 어울리지 않았다. 대부분은 냉장고를 대청마루가 아니면 안방에 두었다. 부엌에는 전기코드를 꽂을 곳도 없었다. 손님을 맞이하는 공간이 마루가 아니면 안방이었던 시절이라 풍요와 재력을 과시하기에는 그 자리가 맞춤이었다. 이 시절엔 냉장고를 '산다'라고 하지 않았다. 대개 월부였고 '장만했다'

라고 했다. 재력이 조금 되는 가정은 '들여놓았다'라는 다른 표현을 썼다.

위치도 어정쩡했지만 용도도 어중간했다. 여름 한철에만 사용했다. 나머지 계절엔 전선을 뽑아두었다. 전기료가 무서워 사시사철 돌릴 수 없었다. 찬바람이 부는 순간 냉장고 속 내용물은 모두 꺼내졌고 깨끗하게 청소되어 다음 여름을 기다렸다. 여름 한 철 사용하기 위해 큰돈을 들여 구비한다는 것은 격에 맞지 않는 일이었지만 그만큼 냉장고는 매력적이었다. 경제호황으로 웬만한 가정이면 냉장고를 들여놓던 1983년 국내 냉장고 생산 대수는 102만4000대였다. 가정의 또 다른 필수품인 세탁기가 고작 44만5000대에 불과했다는 점에서 소비자들의 선호도를 알 수 있다. 지금은 둘 다 필수품으로 대우받지만 격이 달랐던 것이다.

냉장고는 1994년에 보급률 98퍼센트에 도달한다. 120리터로 출발한 용량은 2012년에 이르면 910리터급이 된다. 이 정도면 거의 모든 식재료를 냉장고에 보관한다고 해도 무방하다. 일부 장류와 기름만이 냉장고에 입주할 자격이 없다. 하지만 냉장고는 만능 창고가 아니다. 냉장고의 냉장실은 보통 5도씨 이하로 유지된다. 부패와 음식물의 변질을 일으키는 대부분의 세균이 7도씨 이하의 낮은 온도에서 증식력이 떨어지기 때문이다. 문제는 이 낮은 온도를 일부 청과물들도 싫어한다는 점이다. 대개 열대나 아열대가 원산지인 작물로 이 온도에서 생화학적 균형이

깨져 갈변이나 흑변, 성숙 불량, 영양소 손실 등의 문제가 발생한다.

애호박과 토란은 10도 이하, 가지와 오이, 강낭콩은 7도 이하에서 냉방병에 걸린다. 토마토는 10도 이하면 세포막이 파괴되고 항산화 물질인 리코펜이 40퍼센트나 감소한다. 바나나, 복숭아, 풋고추, 양파, 마늘, 파프리카 같은 청과류도 냉장고에서 쉽게 마르거나 영양소가 파괴된다. 이들은 대개 통풍이 잘 되는 실온에서 서늘하게 보관하는 것이 최선이다.

냉동실도 만능이 아니다. 꽁꽁 얼리면 무한정 보관할 수 있을 것 같지만 살균이 아니기에 일정 기한만 저장할 수 있다. 가정용 냉동고에서 돼지고기는 4개월, 소고기는 6~9개월, 흰 살 생선은 4~6개월, 기름이 많은 생선은 2개월, 닭은 6~12개월이 적정 기한이다. 영하 30도씨 이하로 얼리는 산업용 냉동고라면 이보다 보존 기간이 길어진다.

냉장고를 냉冷창고라고 할 정도로 거기에 너무 많은 것을 보관한다. 음식물 쓰레기의 10퍼센트는 냉장고에서 포장도 뜯기지 않은 채 바로 나온다. 너무 많이 사서 쟁여 넣고는 잊어버리고 또 산다. 우리가 냉장고에 무한한 신뢰를 보내는 순간에도 이런 문제점을 인식하는 사람들이 있다. '지식의 선반(냉장고에 넣을 필요 없는 식재료를 보관할 수 있도록 디자인된 선반)'을 만든 디자이너 류지현처럼 냉장고 없는 주방을 꿈꾸는 사람들과 온실가스를 배출하지 않는 친환경 냉장고°°를 개발하려는 공학자들

○○ 알코올, 부탄을 냉매로 사용하려 했던 아인슈타인과 실라드의 오래된 아이디어를 다시 꺼낸 공학자들이 대표적이다. 전기를 사용하지 않는 친환경 냉장고는 코카콜라사가 만든 바이오 쿨러와 인도의 도예가 만수크 프라자파티가 만든 미티쿨mitticool(미티는 힌두어로 땅이라는 뜻)이 있다. 모두 물의 기화열을 이용하는 것으로 계속 물을 갈아주면 섭씨 10도에서 8도 사이의 서늘한 온도를 유지할 수 있다. 특히 미티쿨은 진흙으로 만든 아담한 냉장고로 가격이 50달러에 불과하다.

이다.

꿈의 냉장고가 나오기 전 손쉽게 실천할 수 있는 해법이 있다면 냉장고 크기를 줄이는 방법일 것이다. 1인 가구, 핵가족의 보편화에도 불구하고 어디에 무엇이 들어 있는지 모를 만큼 냉장고의 덩치가 커졌다. 냉장 유통체계의 말단에서 환경과 윤리적인 소비를 고민한다면 냉장고의 미래는 작은 것에 있다. 작은 것을 들여놓고 더 자주 장을 보는 것이 지구환경에 더 좋다.

방 안으로 들어온 김치독, 김치냉장고

삼년 전 월부로 사들인 냉장고/ 아래층에

달걀 한 줄과/ 김치 한 단지,

(…)

이층에는 오십 원짜리/ 싸구려 아이스크림 세 개

학교에서 돌아올 우리 아이들을/ 조용히 기다리고 있음.

내가 마실 맥주 몇 병과/ 아내가 마실 오렌지 주스는

처음부터 부재중.

_강인한, 「냉장고를 노래함」에서

1980년대 그때도 냉장고를 살 수 있는 집안이 있었을 것이다. 하지만 대부분은 장만을 하거나 들여놓았다. 그러니 냉장고의 속사정은 집집이 비슷했다. 남편이 마실 맥주와 아내가 먹을 오렌지 주스는 처음부터 부재중이기 십상이었다. 그럼에도 시인과 아내가 '냉장고 곁에 쪼그리고 앉아 미소 지으며 사진 찍기를 좋아'한 것처럼 냉장고는 가정의 풍요로운 미래를 상징하기에 부족함이 없었다. 이제는 초대형 냉장고를 갖고서도 '먹을 것이 없네!'라고 푸념하는 시절이지만 그때는 하루 종일 여닫기를 반복해도 정말 먹을 것이 없었다. 시인의 말처럼 문짝을 열면 '짜고 매운 한국의 냄새'뿐이었다. 여름 한 철만 사용하던 시절에도, 사시사철 돌리게 된 1980년대 후반 이후에도 냉장고는 짜고 매운 것을 위해 존재했다. 우리 밥상 위에서 안 먹을 자유는 있어도 안 볼 자유는 없는 김치가 그 주인공이다.

전통적으로 김치는 큰 장독에 넣은 후 약 70센티미터 깊이로 땅을 파고 독을 묻어 보관했다. 이 깊이의 땅속 온도는 0~1도로 김치의 발효를 억제시켜 일 년 내내 알맞게 익은 김치를 먹을 수 있게 한다(곽효선: 2010). 또 장독은 미세한 숨구멍이 있어 안과 밖의 공기를 통하게 함으로써 김치의 발효를 돕는다. 마당 없는 아파트 생활을 하면서도 우리는 독을 포기하지 않았다. 김치를 발효시키려면 독이 있어야 하기 때문이다. 하지만 여름엔 너무 시어 문제였다. 도시화와 함께 주거문화가 바뀐 한국인은 김치독을 파묻을 땅을 대신할 것이 필요했다. 어쩌면 한국인은 냉장고를 보는 순간부터 김치냉장고를 꿈꾸었는지 모른다.

김치냉장고는 단순한 냉장고가 아니다. 전통 저장방법의 숙성 조건을 완벽하게 모방했다. 문을 일반냉장고처럼 당겨서 열지 않고 들어 올려 열게 함으로써 냉기가 흩어지지 않게끔 했다. 따뜻한 공기는 올라가고 냉기는 가라앉는 원리를 문 개폐 방식으로 통제한 것이다. 또 냉기를 순환시켜 습기를 제거하는 일반냉장고와 달리 김치냉장고는 습기를 보존하기 위해 냉각코일을 통한 직접냉각 방식을 택했다. 이러면 땅속에 파묻었을 때와 최대한 가까운 환경이 된다.

이 조건이 더해져 김치냉장고는 다른 야채와 과일을 보관하기에도 최적의 환경이다. 일반냉장고를 열면 맨 밑바닥에 야채칸이라는 별도의 공간이 있다. 이 공간은 냉기를 보관하려는 것이 아니라 습기를 보관하는 것이 목적이다. 습도가 부족하면 청과류가 마르거나 시든다. 지퍼백이나 밀폐용기 혹은 신문지에 감싸 보관하라는 냉장고 꿀팁은 이것 때문이다. 칸마다 별도로 온도조절이 가능한 김치냉장고는 항상 적절한 습도가 유지되기에 이럴 필요가 없다.

김치냉장고는 냉장고와 달리 친환경적이다. 냉각코일을 통한 직접 냉각방식을 택하고 있기에 냉매를 사용하지 않는다. 냉매가 필요 없는 이유는 '펠티어 효과'를 이용하기 때문이다. 펠티어 효과란 서로 다른 성질을 지닌 전도체를 결합하고 전류가 흐르도록 하면 한쪽 접점에선 발열해 온도가 상승하고 다른 접점에선 흡열해 온도가 내려가는 특성을 뜻한다. 김치냉장고에 이 기술이 적용되었다. 냉매 없이 냉각하기에 압축기가 필요 없어 소음이 적고 고장도 적다. 열효율이 떨어져 전력 소모가 많은 편이지만 냉매 압축기가 불필요하기에 소형화에 장점을 갖는다. 다른 나라에선 이동식 쿨러, 화장품냉장고, 와인냉장고 등에 이 기술을 적용하는데 우리는 김치냉장고를 만들었다. 순전히 김치에 대한 열망에서 비롯된 것이다.

김치냉장고에는 특별한 장치가 또 하나 있다. 김치는 발효 음식의 특성상 냄새가 강하다. 땅속에 묻어두던 시절에는 문제가 되지 않았지만 집 안이라면 유쾌한 상황이 아니다. 김치 냄새는 냉장고 전체에 특유의 냄새가 배게 할 만큼 강하다. 김치냉장고는 LED 조명으로 이 냄새를 잡았다. 이른바 광촉매 탈취 시스템이다. 촉매에 강한 빛을 쪼이면 촉매 내부의 전자들이 이동하면서 강력한 화학작용이 일어나는데 이때 오염물질이 산화되고 무해한 물질로 바뀌는 원리를 이용한 것이다. 광촉매 탈취 방식은 강한 산화력을 갖고 있으면서도 무해·무독하다. 알고 보면 김치냉장고는 첨단이다.

김치냉장고는 1984년 대우와 금성이 처음 만들었지만 성공하지 못했다. 이때만 해도 파묻을 수 있는 땅뙈기나 장독대가 있었고 대한민국은 아파트공화국이 아니었기 때문이다. 1995년 만도위니아에서 '딤채'를 출시하면서 성공시대가 열린다. 너무 소리 소문 없이 사라진 탓에 만도 경영진들은 1984년 김치냉장고의 쓸쓸한 퇴장을 몰랐다. "프랑스엔 와인냉장고가 있고 일본엔 생선냉장고가 있다면 우리에게 김치냉장고가 있으면 어떨까?" 회의 중에 나온 발상이 딤채의 시작이었다. 마침맞게 대한민국은 부엌에서 주방으로 바뀌고 있었고 주거 환경 또한 아파트 대세로 변모하는 과정이었다.

많이들 투정을 부려보았겠지만 김치 앞에선 결국엔 안 먹을 자유도 잃어버린다. 맛들이기 어려워 그렇지 한 번 맛들이면 벗어날 수가 없다. 김치볶음밥에 김치와 김칫국을 곁들여 먹어도 하나도 이상하지 않은 것이 우리의 김치다. 1931년 11월 10일, 김장철을 앞두고 『동아일보』는 김치를 이렇게 표현했다. "밑반찬이 많아도 김치가 없으면 얼굴에 코가 없는 것과 같다."○ 어렸을 적엔 우리는 물에 씻은 김치를 먹으면서 먹는 법을 배웠다. 김치는 학습이다. 이 가정교육을 포기할 한국인은 없을 것이다. 우리는 정말 삼시 세끼 매 끼니마다 김치를 먹는다.

○ 1960년 베트남으로 파병 간 한국 장병들은 미군이 제공하는 전투식량에 물려 끊임없이 김치를 요구했다. 한국군의 식사고충을 해결하기 위해 미군은 전투식량 C-ration에 김치통조림을 포함시킨다. 금방 조달이 가능했던 이유는 하와이 교민 덕이다. 1903년 121명으로 시작한 한인사회가 김치 없는 밥상의 고통에서 벗어나고자 일찌감치 김치공장을 만들어두었기 때문이다. 공장김치의 시작이다.(세계김치연구소: 2013).

8

식기로선 여전히 낯선 유리

모래와 불이 만든 보석, 유리

식사 후 숭늉이 후식의 전부였던 1960년대, 유리컵을 갖추고 있는 대한민국 가정은 드물었다. 밥 먹던 그릇에 물을 부어 후룩 마시면 그만이었다. 냉장고 대신 찬장이 있었고 장작불이나 연탄불로 밥을 하던 시절이었다. 그때는 요리하는 곳을 부엌이라고 불렀다. 1970년대 후반에 가면 유리컵이 집집이 등장한다. 용량 180밀리리터 정도의 무색투명한 텀블러, 상단에 칠성사이다 로고나 OB맥주 혹은 크라운맥주(현 하이트맥주) 로고가 박혀 있었다. 사은품이었지 구입품은 아니었던 것이다. 이것 외에 집안에 무언가를 담을 수 있는 유리가 있었다면 재떨이일 가능성이 매우 높았다. 유리 밀폐용기도 없었고 유리 접시도 없었다. 유리는 그렇게 슬그머니 우리의 일상으로 들어왔다.

반찬의 가짓수로 대접의 정도를 가늠하는 우리와 달리 서양은 테이블에 놓인 유리잔의 개수와 모양으로 대접받게 될 음식의 질을 짐작한다. 같은 물 잔이라도 언더락 잔이 아니라 다리가 달린 고블렛(기본적으로 와인 잔과 형태가 같지만 림rim 부분이 넓고 전체적으로 높이가 낮아 물, 소프트드링크, 칵테일 등을 담는다)이 놓여 있으면 식사의 품격이 높아진다.

그 자리에 일반 유리가 아니라 크리스털 유리가 놓이면 식탁의 격조는 더 높아진다. 유리 식기는 서양 식탁의 품위를 결정하는 기호다. 테이블은 아니지만 우리도 유리로 격을 가늠하기는 마찬가지다. 호텔과 모텔의 가장 큰 차이점이 유리다. 호텔의 유리창은 크고 많다. 모텔은 작고 적다. 같은 일을 하러 들어가더라도 큰 유리창으로 외장을 마감한 호텔이 뒤통수를 당당하게 만든다. 유리에게는 묘한 속성이 있다.

유리의 역사는 깊다. 모래와 소다, 불이 만나면 유리가 된다. 적절한 조건만 주어지면 자연도 유리를 만들 수 있다. 수백만 년 전 점성질 용암이 급속 냉각되어 만들어진 흑요석도 유리이고 모래에 번개가 쳐서 만들어진 섬전암도 유리다. 텍타이트Tektite는 운석의

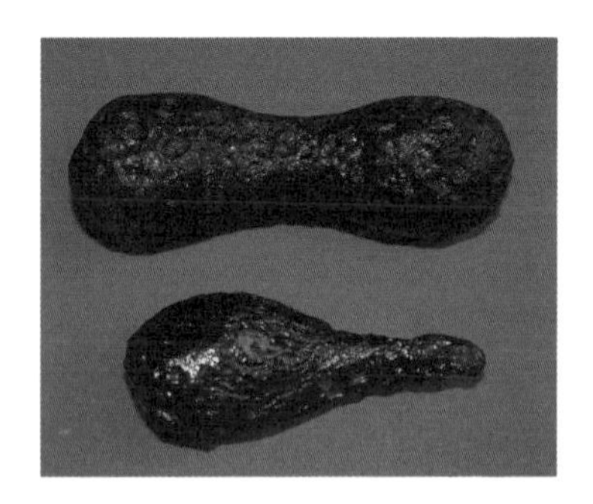

텍타이트

충돌로 만들어진다. 이중에 흑요석과 텍타이트는 지금도 준보석 대우를 받는다. 주방에서 볼 수 있는 수많은 식기와 도구들 중 태생부터 보석 취급을 받은 것은 유리뿐이다.○

인간이 만든 유리는 기원전 2300년 메소포타미아 텔 아즈마에서 발견된 유리막대, 기원전 2100년 우르 유적층에서 발견된 유리구슬, 유리 인장이 가장 오래 되었다. 모두 보석의 대용품으로 보석을 깎는 방식과 동일하게 제작된 것들이다(이인숙: 2001). 용기 형태로 만들어져 실생활에 유용하게 쓰이기 시작한 것은 기원전 1600년 메소포타미아로 가야 한다.

동양은 이보다 훨씬 뒤에 와서야 유리를 만들어낸다. 중국은 전국시대에 가야 비로소 유리구슬이 나온다. 우리는 부여 합송리 석관묘에서 7개의 푸른색 유리 관옥(통형 구슬)이 출토되었는데 중국과 비슷한 기원전 2세기 유물이다. 일본은 야요이 중기 요시노가리 유적에서 관옥 48점이 나왔다(이인숙: 1993). 메소포타미아에서와 마찬가지로 모두 보석의 대용품이었다.

신라 시대에 이르면 로마에서 만든 로만글라스 계열의 유리잔, 유리병이 수입된다. 신라는 특히나 유리를 좋아했다. 백제, 고구려보다 출토품이 많고 유리용기의 양과 질은 중국까지 압도한다. 게다가 기원전 2세기 시리아의 시돈과 바빌론 지역의

○ 유리는 지금도 반지와 목걸이, 각종 장신구로 가공된다. 70년대에는 진짜 귀금속과 구분하기 위해 '옥'을 가리키는 일본어 '다마たま'를 써 '다마반지, 다마목걸이'라고 했다. 중세 영어에서 glass가 유리, 거울, 컵, 안경, 심지어 모래시계까지 가리켰던 것처럼 '다마'는 유리로 만들어 빛을 내는 전구에서부터 둥글고 광택이 나며 단단한 당구공까지 함께 가리켰다.

장인들이 발명하고 기원전 1세기 로마 유리제품 제작에 혁신을 일으킨 대롱불기기법을 중국보다 300년 앞선 서기 4세기에 시작했다(편종필·김정석: 2010). 하지만 우리를 비롯해 동양의 유리는 독자적인 발전을 이룩하지 못한다. 『경국대전』에 옥장玉匠과 주장珠匠을 따로 두었던 것으로 보아 긴 세월 구슬과 장신구를 만드는 공예 수준에 머물러 있었다. 중국도 마찬가지다. 청나라에 가서야 서양의 자극을 받아 관립 유리제작소가 설립된다○(강명관: 2010).

왜 동양은 유리에 무관심했을까? 식기로서 너무 우수한 도자기의 발달이 유리의 발전을 가로막았다고 보는 견해가 있다. 하지만 절반의 책임은 종이가 져야 한다. 동양은 유리의 가치를 몰랐다. 아니 필요가 없었다. 종이 때문이다.

○ '건륭유리'라고 하며 항아리, 식기, 화병, 접시 등 다양한 유리 제품이 제작되었다. 우리의 경우 대한제국 시절 나라 살림을 책임졌던 이용익이 1902년 러시아 기술자를 초빙해 국립유리제작소를 설립한 것이 시초다. 하지만 아무것도 생산하지 못했다. 대한제국의 무능 탓이 아니다. 일본 탓이다. 잠시 귀국했던 기술자들이 1904년 러일전쟁의 발발로 다시 돌아오지 못했다(강명관: 2015). 황족 이재온이 1909년 서대문에, 역시 황족인 이재현이 1913년 경성에 유리공장을 설립하면서 비로소 병 유리, 램프 등이 만들어진다(이현식: 2009).

종이와 유리,
동양과 서양의 운명을 가르다

소설가 다니자키 준이치로(1886~1965)에게 있어 서양 문명은 빛이었다. 정신을 혼미하게 만드는 빛, 그는 최신식 설비가 구비된 치과에 가는 것이 끔찍이 싫어 작은 시골마을 일본 가옥에 진료실을 마련한 병원을 일부러 찾아다녔다고 한다. 번쩍번쩍 광택이 나는 의료기기가 싫었고 유리창으로 여과 없이 들어오는 빛도 싫었다. 집을 개축할 때 유리창을 다느냐 마느냐로 고민하던 그는 절충안을 택한다. 바깥 미닫이는 유리로, 안쪽 미닫이는 창호지를 바른 것이다. 합리적인 타협이었는데 의외의 곳에서 그는 곤혹감을 맛본다. 반짝반짝 윤이 나는 타일과 새하얀 수세식 변기로 마감된 화장실에서 그는 그만 배변의 쾌감을 잃어버린다. "내가 왜, 내가 싼 것을 확인해야 하는가?" 그에게 있어 화장실이란 뿌옇고 어슴푸레하여 청결과 불결의 경계를 알 수 없는 공간이어야 했다(다니자키 준이치로: 2017).

지독한 탐미주의자였던 그는 일본이 서구의 문명을 잘못 받아들였다고 생각했다. 그에게 있어 일본의 미는 '음예의 미陰翳の美'다. 응달과 반투명, 어스름이 만들어내는 고즈넉한 부드러움! 동양 주도하에 현대 문명이 발전했다면 틀림없이 이 고유의 전통 미감을 잃어버리지 않았을 것이라 주장하며 그는 두 가지를 예로 들었다. 같은 유리라도 청나라가 만든 건륭유리는 유리라기보다 석영의 하나인 마노처럼 반투명하고 동양의 종이는 서양의 것과 달리 첫눈처럼 부드럽게, 솜털처럼 은은하게 빛을 투과한다는 것이다. 그는 강렬한 빛이 아니라 반쯤 걸러진 빛을 사랑했다.

서양의 종이는 빛을 반사한다. 반면 한지, 수록지, 화지로 불리는 동양의 종이는 빛을 투과했다. 이 특성으로 인해 동양은 창호에 종이를 사용할 수 있었다. 후한시대(25~220) 채륜이 발명했다고 전하는 종이는 8세기 이후부터 창호지로 쓰인 것으로 추정한다(김동욱: 2015). 처음엔 창문에 비단이나 천을 댔을 것이다. 이는 서양에서도 방풍과 보온을 위해 흔히 쓰던 방식이다. 판유리가 개발되기 전까지 서양은 기름 먹인 아마포, 양피지, 나무덮개 등으로 창문을 가렸다. 하지만 동양은 종이 덕에 일찍부터 실내 환경이 비약적으로 발전한다. 동양의 종이는 가볍고 잘 찢어지지 않았으며 반투명에, 보온 기능과 습기를 머금었다 마르면서 습도를 조절하는 역할도 할 수 있었다.

"건축의 역사는 빛을 구하기 위한 고투의 역사이며 창에 대한 개조의 역사다." 현대 건축의 아버지 르코르뷔지에의 말이다. 그가 파리 근교에 수평으로 연속된 유리창을 지닌 '빌라 사부아'를 짓기 전까지 서양 건축에서 채광은 골칫거리였다. 751년 탈라스 전투에서 사로잡힌 당나라의 기술자에 의해 제지술이 전파되었지만 서양은 구조적으로 건물에 창을 낼 수가 없었다. 기본적으로 벽을 쌓아 건물을 올렸고 하중을 감당하기 위해 튼튼한 돌이나 벽돌을 사용했다. 때문에 건물이 무너질까 벽에 창을 낼 수가 없었다. 만들어도 작게 냈다. 그래서 전통적인 서양의 건물은 우중충하고 음습했다.

10세기 말 바바리라의 테게른제 수도원장 구츠베르트는 성당을 개수하면서 돈을 기부한 귀족에게 다음과 같이 감격을 토로했을 정도였다(키아라 프루고니: 2005).

> 지금까지 우리 성당은 낡아빠진 천으로 창을 덮었습니다. 그대 덕에 처음으로 황금갈기털 같은 햇빛이 형형색색의 유리창을 통해 우리 교회 바닥으로 비치는군요.

색유리를 이어 붙인 초기 형태의 작은 스테인드글라스였기에 완벽한 채광도 아니었지만 그 작은 창으로 쏟아져 들어오는 빛만으로도 감격한 것이다. 그들은 언제나 빛을 갈구했다.◦

○ 중세까지 건축에 쓰이던 유리는 미술재료였다. 고딕건축에서 스테인드글라스는 '가난한 자들의 성경'라 불리며 성경 교육과 하늘의 영광을 드러내는 예술적 장치에 가까웠다. 건축 자재가 된 것은 17세기 판유리의 발달과 함께 19세기 개발된 철골콘크리트 공법 덕이다. 유리 자체가 벽 역할을 하게 된 것은 1949년 필립 존슨이 철골과 유리만으로 이뤄진 '글라스하우스'를 설계하면서부터다. 이 '글라스하우스'는 20세기 아이콘이 되면서 상업적으로 많이 인용되었다. 제주도 섭지코지에 일본의 세계적인 건축가 안도 다다오가 설계한 '글라스하우스'가 있다.

반면 동양의 건축물은 기둥이 건물의 하중을 지탱했다. 벽이 무너져도 건물은 이상이 없었다. 동아시아는 자신의 기후에 맞게 마음껏 창의 크기와 수를 조절할 수 있었다. 예컨대 우리의 경우 여름에는 햇빛을 피하고 바람을 당기기 위해, 겨울에는 바람을 막고 햇빛을 끌어들이기 위해 창을 냈다. 길게 뻗은 처마가 여름 햇살을 가려주고 앞창과 뒤창을 동시에 열면 바람의 길목을 틀 수 있었다.

겨울철엔 바닥 난방인 온돌이 한몫을 했지만 한지의 효과도 극적이었다. 반투명 종이는 자외선은 차단하고 적외선만 통과시켰다. 고급 한옥의 경우 미닫이와 여닫이를 섞어서 이중창을 냈는데 창을 모두 닫으면 창틀 사이에 꺾임과 막힘이 생겨 밀폐가 되고 또 창 사이의 공기층으로 인해 유리보다 단열 효과가 좋았다. 두 창문의 개폐를 조절하면 빛의 농담도 달리할 수 있었다. 서양이 컴컴한 실내에서 작은 창을 바라보며 '어둠을 이기는 빛'에 감탄하는 동안○○ 동아시아 3국은 자연채광을 조절하며 살

황소 눈알 판유리로 만든 창

았다.

채광을 위한 유리가 되기 위해선 유리가 투명해야 한다. 장인들은 색유리를 더 잘 만들었다. 산화철, 산화알루미늄 등 불순물을 함유하면 색이 나왔기 때문이다. 하지만 채광 유리가 되기 위해선 평평하게 만드는 것이 더 중요했다. 투명도를 높인 유리는 1세기경에 나오지만 평평하게 만들기는 무척 어려웠다. 유리는 오랫동안 물건을 담는 용기와 보석의 대용품으로만 쓰였다. 14세기에 가서야 프랑스에서 '황소 눈알 판유리Bull's eye pane'가 등장한다.

만드는 과정은 의외로 단순하다. 대롱불기로 먼저 둥근 유리볼을 만들고 볼 끝을 절개해 나팔꽃처럼 벌어지게 하고는 한 방향으로 대롱을 고속 회전시켜 피자 반죽처럼 늘어나게 한 것이

○○ 16세기, 루이 13세의 어머니인 마리 드 메디치가 창문에 채색 유리 대신에 투명 유리를 끼게 했는데 당시 엄청난 사치로 여겼다. 재력이 되는 상인과 귀족들은 나무 사이에 작은 유리를 끼워 창문으로 사용했으며 이사할 때는 창문을 떼어갔고 장거리 여행을 할 때에도 창문을 떼어 따로 보관했을 만큼 귀중하게 다루었다. 일반 가정은 18세기 초까지 기름 먹인 종이가 창유리를 대신했다(사빈 멜쉬오르 보네: 2001, 이현식: 2009 참조).

다. 그러면 가운데 대롱의 흔적(황소 눈알)이 남지만 1미터 정도 크기의 동그란 평면 유리가 만들어진다. 채광을 위한 유리가 탄생한 것이다. 빛이 들어오자 빛을 이해하려는 사람들이 나타났다. 렌즈가 발명된 것이다. 17세기 서양은 서서히 동양을 넘어서고 있었다.

흐르지 않는 액체는 어떻게 마법을 부리나?

상온에서 고체는 안정된 분자 배열구조를 갖는다. 여기에 열을 가하면 분자와 분자를 연결하던 구조가 끊어지고 보다 넓은 공간을 자유롭게 돌아다니는 액체가 된다. 다시 액체에 열을 가하면 분자는 공기 중에 흩어지는 담배 연기처럼 방향성 없는 무질서 상태가 된다. 이 과정은 거꾸로 할 수 있다. 열을 빼앗으면 수증기는 물이 되고 물은 다시 얼음이 된다. 이런 현상이 일어나지 못하게 막는 것은 물리적으로 불가능하다.

하지만 유리는 다르게 움직인다. 유리는 이산화규소SiO_2의 안정된 결정구조인 석영을 가열해서 얻어진다. 석영을 가열해 어느 온도에 이르면 SiO_2 분자와 분자를 이어주던 연결이 끊어져 자유롭게 돌아다니게 된다. 액체가 되는 것이다. 여기서 다시 냉각을 하게 되면 석영으로 돌아가야 하는데 SiO_2는 옛 모습을 기억하지 못하고 분자들이 무질서한 상태 그대로 굳어져버린다. 상온에서 액체의 분자적 속성을 갖고 굳어졌기에 유리는 물리적으로 액체다.

그렇다면 유리는 흐르지 않을까? 눈에 보이지는 않지만 아주 천천히 흐르는 것은 아닐까? 결론부터 말하면 흐르지 않는다. 액체의 분자적 속성을 갖고 있을 뿐 유리는 고체다. 하지만 이로 인해 마법 같은 일이 벌어진다. 고체이면서 분자적 속성은 액체이기에 유리는 물처럼 빛을 투과할 수 있다.

대부분의 고체는 1마이크론 정도의 입자가 빽빽이 들어선 결정구조를 갖는다. 파장이 짧은 가시광선 중 일부는 이 결정구조를 통과하지 못하고 반사된다. 이 반사된 빛을 보고 우리는 사물의 색을 판별한다. 물이 빛을 투과하는 것은 물 분자가 빛의 파장보다 천분의 일 수준의 작은 크기이기 때문이다. SiO_2는 물 분자의 2배 정도 크기이고 여기에 분자들의 결정구조가 끊어져 있어 빛은 방해를 받지 않고 그대로 통과하고 만다(이현식: 2009). 그래서 우리는 유리를 보고 투명하다고 느낀다. 고대인들은 이런 유리의 광학적 속성을 정확히 몰랐지만 두께를 달리하면 빛의 굴절률이 달라져 마법을 부린다는 사실은 알았다.

예컨대 1세기 무렵 로마의 스토아 철학자였던 세네카는 투명한 유리구에 물을 채워 독서를 했다는 기록을 남겼다. 중세의 수도사들도 마찬가지 방식으로 글을 확대해 읽었다고 한다. 탄생

과정이 추측으로 가득하지만 학자들은 13세기 말엽 이탈리아에서 볼록렌즈가 만들어지면서 노안 안경이 처음 나왔을 것으로 짐작한다. 볼록렌즈보다 만들기 어려운 오목렌즈는 1450년경 역시 이탈리아에서 출현해 최초의 근시용 안경이 된다. 건강한 사람 수준의 시력을 확보하는 것이 목적이던 렌즈는 2세기가 더 지나면 가장 시력이 좋은 사람들보다 더 잘 보는 수준으로 발전한다.

망원경은 17세기 초 네덜란드의 안경업자 한스 리페르세이가 발명했다. 우연히 볼록렌즈와 오목렌즈를 나란히 놓았는데 먼 곳에 있는 물체가 확대되어 보인 것이 계기였다. 그는 즉각 가치를 깨달았다. 그는 당시 에스파냐와 80년 전쟁을 이어가던 네덜란드에게 전술적으로 중요한 장비 하나를 안겨준다. 1609년 발명품을 공개하고 30년 특허권을 주장했지만 받아들여지지 않았다. 렌즈만 있으면 누구나 손쉽게 만들 수 있다는 이유였다. 다른 이유도 있었다. 누구도 군사적 활용도를 이해할 수 없었다. 망원경은 낯선 방식이었다. "하루 종일 이것을 바라본다고 적들의 뭐가 달라지는가?" 현장 지휘관들은 망원경을 거부했다고 한다(이 낯선 방식에 대한 거부는 동양에서도 반복된다. 하지만 기저에 흐르는 이유는 달랐다).

먼저 가치를 알아본 사람들은 천문학자들이었다. 갈릴레이가 개량을 거듭해 30배율 망원경을 만들고는 목성을 관찰했다. 하늘의 길이 열린 것이다. 그다음으로 망원경의 가치를 알아본 것은 선원들이었다. 1498년 신대륙을 발견한 콜럼버스는 맨눈에 의지했지만 본격적으로 대항해시대를 열어젖힌 선원들의 손엔 망원경이 들려 있었다. 식민지 개척의 시대, 멀리 보는 망원경은 부를 불러오는 부적이었다. 그들은 망원경으로 바닷길을 새롭게 열었다.

현미경은 망원경보다 빠른 1590년 네덜란드의 Z. 얀센이라는 안경업자에 의해 만들어졌다. 원리는 동일했지만 망원경보다 더 오랫동안 인정받지 못하다 17세기 이탈리아의 생물학자 마르첼로 말피기에 의해 가치를 인정받는다. 그는 현미경으로 모세혈관과 적혈구를 관찰하고 조직학이라는 생물학의 한 분야를 거의 혼자서 개척해낸다. 그의 작업으로부터 혐오스러운 기생충까지 매혹의 대상이 된다. 유리가 미세구조를 들여다보면서 벌어진 일이다. 서양은 전혀 다른 방식으로 세상을 바라보고 있었다.

유리, 유교적 가치관과 충돌하다

중국에 망원경을 소개한 것은 예수회 선교사들이다. 선교사들은 1582년부터 마카오를 통해 꾸준히 중국과 접촉하고 있었다. 영혼 구원이 목적이었지만 서구 과학의 결과물이 자신들의 임무를 수월하게 만들 수 있다고 그들은 믿었다. 그들은 안경과 망원경을 중국의 지식인들에게 선물로 준다. 중국인은 늙어서도 책을 볼 수 있게 한 안경에는 열광했지만 망원경에는 시큰둥했다. 망원경은 역법을 고치는 신기한 도구로만 생각했다. 그도 그럴 것이 1664년 일식을 예견하는 대결에서 망원경을 든 선교사들이 중국의 흠천감 관원들보다 더 정확하게 예측했다. 아마추어들이 전문가들보다 실력이 더 뛰어났던 것이다(강명관: 2015).

이와 같은 사정은 조선의 귀에도 들어갔다. 역법을 정비하기 위해 조선은 관상감원들을 베이징으로 보냈다. 이때 선진 역법과 함께 첨단 상품도 수입되었다. 조선의 지식인들 역시 안경에 열광했다. 하지만 망원경은 달랐다.

영조 18년(1742) 5월 1일 임금이 직접 일식을 친견하는 자리였다. 전래의 방법대로 달이 태양을 가리는 장면을 물동이에 비치는 상으로 관찰하려는데 물이 일렁거려 제대로 볼 수 없었다. 관상감원이 망원경 사용을 요청했다. 규일경窺日鏡. 해를 관찰하기 위해 색을 입힌 망원경이다. 하지만 조선은 망원경의 가치를 몰랐다. 그해 5월 12일 신하들이 규일경과 천문서적들을 관상감으로 귀속시키고 역법 정비에 공을 들인 관상감원들을 포상할 것을 간청하자 영조는 이렇게 답한다.

> 비록 일식을 살펴보는 데 쓰임이 있으나 곧바로 해를 보는 것은 아름다운 일이 아니다. 채경(북송 말의 정치가)은 해를 보고도 눈을 깜빡거리지 않아 자신이 소인배임을 드러냈는데 이름까지 규일경이라고 하니 좋지 못한 무리가 위를 엿보는 기상이 되므로 내 명하여 깨버렸다. 책과 천문지도도 세초洗草(조선시대의 문서 파쇄. 질긴 한지의 특성상 물에 씻어 먹물을 빼고 다시 종이 원료로 사용할 수 있었던 것에서 유래)했다.

'규窺'는 '엿보다'라는 뜻이다. 태양을 엿본다는 것은 곧 임금을 엿본다는 의미였다. 영조는 역모라도 꾀하는 듯한 이름을 불쾌하게 여겼다. 망원경은 그렇게 역사에서 사라지고 역법을 정비한 조선은 더 이상 망원경에 관심을 보이지 않았다(강명관: 2015). 선진 역법으로 제사의 기일을 바로잡을 수 있으면 그만이었다.

서양에서 처음 망원경을 받아들이지 않았던 건 실용성을 깨닫지 못했기 때문이다. 실용성을 아는 순간 사회적 수요는 폭발했다. 동양이 거부했던 것은 기저에 흐르는 이데올로기 탓이 컸다. 바로 '완물상지玩物喪志'다. 『서경書經』「여오旅獒」에 나오는 이 말은 "신기한 것에 탐닉하면 큰 뜻을 잃는다"는 의미다. 여기서 '물物'은 '물질적, 정서적, 오락적'으로 사람을 홀릴 수 있는 모든 것을 가리킨다.

'엉뚱한 것에 정신이 팔려 큰 이상을 잃지 말라'는 수양의 뜻을 담은 이 문구는 동양 지식인의 사유와 행동 양식을 규제하는 내적 규범이었다. 개화기 자료를 보면 축음기나 전등, 전화기, 사진기 등 서양 문물 앞에서 몹시 놀라면서도 신기하리만치 물건에는 관심을 비추지 않는 사대부들에 대한 기록이 많다. '완물상지'의 사유가 행동을 규제한 것이다. 망원경, 거울, 유리처럼 서양에서 흘러들어오는 모든 물건이 여기에 해당되었다.°

무엄하다는 이유로 영조가 망원경을 박살내고 있을 때 유럽은 천문대를 국력의 바로미터로 간주했다. 파리와 런던에서는

○ 홍대용은 베이징의 거울 가게 앞에서 천 개의 분신을 만난 듯 황홀하다고 하면서도 백성의 생활에 무용하다고 경계했다. 이덕무는 서양 거울은 너무 맑아 눈이 어지럽다는 시를 남겼다.(강명관: 2015). 유성기에서 들려온 목소리에 크게 놀랐으면서 기계에 대해 일절 묻지 않는 사대부들에 대한 묘사가 있다. 음주가무의 민족답게 이중적인 태도를 취하지 않은 것은 술과 음악이 유일하다. 오페르트는 수시로 양주를 요구하는 행정 관료들을 기록했고 바이올린과 풍금 소리에 진심으로 감탄하는 모습을 두고는 중국, 일본과 매우 다르다고 했다.(E.J. 오페르트: 2000).

왕립천문대가 개설되고 있었고 목성과 토성의 위성을 관찰하고 금성 표면의 얼룩과 화성의 자전 주기를 헤아렸다. 220만 광년 떨어진 안드로메다 성운을 바라보며 빛의 속도를 계산하기 위한 아이디어를 쏟아내던 때였다. 누군가는 미래의 문을 열고 있었고 누군가는 그 문으로 과거(제사와 관련된 역법 정비)를 돌아보고는 닫아걸고 말았다. 보물을 손에 넣고도 동양은 그 사실을 몰랐던 것이다.

유리, 제국주의의 첨병이 되다

유리 용기는 처음엔 '용기속core 성형기법'으로 제작되었다. 진흙이나 짐승의 똥으로 일정한 틀을 만든 뒤 유리물을 부어 모양을 잡아 굳힌 후 용기 안의 내용물을 긁어내는 방식이다. 이 방법으로 고대인들은 음식, 물, 향료를 담는 용기를 제작했다. 이후 입으로 공기를 불어넣는 대롱불기법이 나오면서 대량 생산의 길에 들어서게 된다. 금속 불대를 이용하면 제작 시간을 단축할 수 있었고 장식을 덧붙이기도 용이했다. 용기의 형태나 색을 구현하는 데도 자유로웠으며 예술적 완성도까지 높아졌다. 이때부터 유리는 사치품에서 서민의 일용품으로 확대된다. 유리는 점점 돈이 되는 산업으로 커갔다.

로마 멸망 후 '이슬람 유리'는 14세기까지 최고급이었는데 유리 중개무역으로 부를 축적하던 베네치아는 1330년 시리아의 유리 생산지가 정치적인 혼란으로 궤멸하는 순간을 기회로 잡는다. 베네치아는 무라노섬으로 장인들을 강제 이주시키고 일조량이 적은 북유럽이 창유리 개발에 몰두하고 있는 동안 예술적 완성도를 높이는 방향으로 갔다. 기술 유출을 막기 위해 탈출을 시도하면 재산 몰수와 함께 사형을 시켰지만 동시에 높은 급료와 안정된 연금, 공이 높을 시 귀족의 작위를 부여하는 정책으로 산업 주도권을 잡는다.

거울의 발명은 결정적이었다. 유리의 투명도를 개선하고 뒷면에 은을 발라 반사율을 높인 거울에 16세기 모든 유럽이 매료되었다. 한번 베네치아 거울을 경험한 사람들은 다시는 예전의 거울로 돌아가려 하지 않았다. 베네치아의 거울은 당대 최고의 화가 라파엘로의 그림보다 비쌌다. 은테를 두른 거울은 8000리브르에 팔렸고 라파엘로의 그림은 3000리브르였다. 그럼에도 물건이 없어 팔 수 없었다(사빈 멜쉬오르 보네: 2001). 사후 유산 목록에 거울이 등장하고 깨진 거울도 상속의 대상이었다. 거울이 구비된 여관, 하숙집은 임대료가 두세 배로 뛰었다. 국부 유출을 막기 위해 각국이 유리 산업에 뛰어든 것이 이때부터다.

17세기에 오면 프랑스가 기술자들을 극비리에 빼오면서 주도권을 넘겨받는다. 13세기부터 스테인드글라스를 통해 독자적인 유리 예술을 완성하고 있던 프랑스는 루이 14세의 적극적인 후원 아래 판유리 제조공법을 발전시켰다. 평평한 금속판 위에 유리물을 붓고 롤러로 미는 혁신이었다. 크기와 아름다움에 있어 전례를 찾아볼 수 없는 거울과 창이 만들어졌다. 베르사유 궁전의 '거울의 방'은 이 기술이 적용되었다.○

○ 1684년에 완공된 '거울의 방'은 17개의 창문과 마주하여 모두 17군데에 각각 18개의 거울(총 306장)을 테두리 없이 이었다. 모든 거울이 하나로 연결된 것 같은 공간 속에서 보석과 장신구로 치장한 귀족들은 황홀함의 극치를 경험했다(사빈 멜쉬오르 보네: 2001).

그즈음 영국에서는 납을 섞어 유리의 투명도를 극단적으로 개선한 크리스털 유리가 나온다. 부딪혔을 때 청아한 소리가 나는 크리스털은 최고급 식기의 자리에 오르고 18세기가 되면 유리 제품 생산에 석탄을 사용하는 산업혁명의 시대가 도래한다. 하지만 이 모든 발전은 유럽 안에서의 일이다. 로만글라스 이후 동양은 유리에 관심을 두지 않았다. 채광은 종이가 해결했고 식기로는 고화도 도자기가 사용되었기에 유리 식기에 매혹을 느끼지 못했다.

기본적으로 유리의 물성은 차갑다. 용기로 손색이 없을지라도 유리는 음식에서 온기를 빼앗아갔다. 유리는 언제나 겨울이다. 식기로서 도자기를 따라갈 수 없었다. 당시 도자기는 서양의 기술이 구현할 수 없는 최첨단 상품이었다. 18세기 독일의 연금술사가 자신의 목숨을 저당 잡힌 채 제조법을 알아내기 전까지 서양은 끊임없이 도자기를 수입했다.○○ 막대한 부가 서양에서

○○ 중국처럼 매끈한 도자기를 만들 수 없었던 서양은 유리로 도자기 흉내를 냈다. 16세기 베네치아에서는 불투명한 유백색 유리 제품도 만들었다. 이는 당시 중국 백자에 대한 동경의 산물로 만들어진 모조 자기다. 전량을 수입하던 도자기는 무역수지 불균형을 가져오는 고가의 사치품이었다(경기도박물관: 2001).

동양으로 이동했지만 유리에는 도자기가 갖지 못한 엄청난 가치가 숨어 있었다.

18세기부터 유리의 잠재력은 폭발하기 시작한다. 이때부터 유리의 역사는 곧 발견과 탐험의 역사가 된다. 너무 멀어서 볼 수 없는 것은 존재하지 않았다. 너무 작아서 시야를 벗어나는 것도 존재하지 않았다. 현미경과 망원경은 유럽인들로 하여금 전혀 다른 세상을 상상할 수 있게끔 했다. 무력으로 통상 교섭을 요구해오던 서구 열강들의 손에 망원경이 있었다는 것을 우리는 흔히 간과한다. 동남아시아와 아프리카, 남아메리카의 정글을 먹어가던 제국주의의 확장 뒤에 현미경이 있었다는 사실도 깜빡한다. 파상풍, 콜레라, 이질, 말라리아, 황열병, 각기병, 선페스트, 수면병 등등 풍토병의 원인을 밝히고 치료제를 만들어낸 건 현미경과 각종 유리 실험도구로 가득 찬 실험실이었다(니얼 퍼거슨: 2011).

이제 난폭한 제국주의 시대는 지나갔다. 그러나 유리가 만들어내는 부가가치는 지금도 계속 확장 중이다.

끝없이 황금알을 만들어내는 거위

'글래스glass'는 투명하고 빛나는 물질을 뜻하는 라틴어 '글래숨glaesum'에서 왔다. 어원에서 보듯 인류는 처음부터 분명한 목적을 갖고 유리를 만들었다. 제조기술이 발달하면서 유리는 먼저 그릇으로 확장하고 거울과 창유리로 발전했다. 여기에 우연이 끼어들면서 유리는 렌즈가 된다. 하지만 이런 광학적 특성보다 먼저 알아낸 것은 유리의 열적 특성이었다. 열 충격에 강한 비커와 플라스크 등의 실험실용 이화학 용기는 모두 열적인 성질을 응용한 것이다. 13세기 이슬람 제국이 원리를 알고 있었다. 이뿐만이 아니다. 최근에는 유리의 전기적·자기적 특성이 밝혀지면서 응용범위가 넓어지고 있다. 유리의 확장성은 무궁무진하다.

일상 속에서 자주 만나는 유리는 모두 소다석회 유리다. 인류가 처음 만든 것도 소다석회 유리였다. 로마의 역사학자 플리니우스에 따르면 천연소다를 거래하는 페니키아 상인이 강가에서 식사를 준비하기 위해 솥을 받쳐놓을 돌을 찾았다고 한다. 마땅한 돌을 찾지 못한 상인은 소다 덩어리 위에 솥을 얹어놓고 불을 지폈다. 가열된 소다덩어리가 강가의 모래와 일부 섞여 투명한 액체가 되었는데 이 액체가 굳어 유리가 되었다고 한다.

소다석회 유리는 생산 원가가 저렴해 각종 용기로 많이 만들어진다. 하지만 열 충격에 약해 뜨거운 물에 있다 찬물에 들어가면 쉽게 균열이 일어난다. 이 단점을 보완한 것이 붕규산을 첨가한 내열유리다. 붕규산을 첨가하면 '가열되면 팽창하고 차가워지면 수축하는' 유리의 성질을 안정시킬 수 있다. 투명하면서 단단하고 성형가공이 쉬우면서 제조 단가도 비교적 낮으며 열적으로 안정된 유리가 만들어진다. 연금술에 사용되던 각종 실험기구들은 붕규산유리들이다.

붕규산유리가 우리 일상으로 들어오게 된 것은 1912년에 코닝사가 개발한 파이렉스Pyrex가 시작이다. 처음에는 철도 신호등과 기차 전조등에 사용할 목적이었다. 그때까지 알려진 모든 유리는 과열된 상태에서 눈이나 비를 맞으면 깨져 사고를 유발했다. 파이렉스는 내열강도를 300도까지 높였다. 파이렉스를 반긴 사람은 철도 관련자들만이 아니다. 전구를 발명한 에디슨도 반겼다. 탄소필라멘트로 인공광원을 해결했지만 백열등의 열을 견딜 수 있는 유리가 있어야 했다. 코닝의 유리와 에디슨의 전기가 그렇게 만난다.

파이렉스는 천문학자들에게도 희소식이었다. 열을 가했을 때 일반유리 3분의 1 수준밖에 팽창하지 않는 팽창률은 금속보다 낮은 값이라 반사망원경의 반사경으로 가장 적합한 재료였다. 1948년 팔로마산에 들어선 200인치 반사망원경의 거울이 바로 파이렉스다(이현식: 2009).

파이렉스가 발명되기 전 주방에서 볼 수 있는 유리는 전부 소다석회 유리였다. 지금은 당연하게 여기는 유리 오븐 도어 역시, 처음엔 금속으로 막혀 있어 내용물이 익어가는 것을 볼 수 없었다. 투명한 것이 당연한 계량컵 또한 불투명한 세라믹으로 만들어져 있었다. 코닝은 처음엔 파이렉스를 주방용으로 만들 생각은 없었다고 한다. 파이렉스가 주방용기로 거듭난 것은 주부의 발상 덕이다. 코닝의 과학자였던 제시 리틀턴의 아내 베시가 파이렉스 용기로 케이크를 구우면서 주방으로 들어왔다.○

가벼우면서 깨지지 않는 접시 코렐은 1957년 코닝의 사장이 연구원에게 던진 농담이 계기였다. "안 깨지게 할 수는 없을까?"

○ 파이렉스는 의외의 용도로도 쓰인다. 1930년대 '질 발육부전'에 관한 전문의 로버트 프랭크와 S. H 가이스트는 약 5000명 중 1명꼴로 질 없이 태어나는 여성에게 질을 제공할 목적으로 파이렉스를 사용했다. 이전에는 해당 여성의 창자나 직장의 일부를 떼어내 질을 만들었는데 불완전한 질막을 최대한 늘려주는 것이 보다 안전한 방법이었다. 이들은 빈약한 질막 안에 조금씩 큰 파이렉스관을 집어넣는 방법으로 정상적인 질을 만들었다. 이렇게 사용될 수 있었던 것은 강도가 높고 부서질 때 산산조각나지 않기 때문이다. 딜도나 항문 플러그(항문에 사용하는 성기구)도 모두 파이렉스로 만든다(메리 로취: 2008).

이론상 규소와 산소의 분자 결합이 끊어져야 유리가 깨진다. 이 분자 결합을 끊기 위해선 1제곱밀리미터에 1톤의 힘을 주어야 한다. 하지만 유리는 작은 충격으로도 깨졌다. 1920년부터 유리 표면의 미세한 흠으로 인해 파손이 일어난다는 사실이 알려져 있었다. 이 흠에 작은 힘이 걸리면 흠에 엄청난 인장압력이 생기고 순식간에 유리 전체에 크랙 전파crack propagation가 발생하면서 깨지게 된다.

처음엔 흠 발생을 막기 위한 아이디어가 실험되었으나 해결은 크랙 전파 방지에서 나왔다. 팽창계수가 다른 유리를 2장 이상 접합시켜 크랙 전파가 유리 전체에 일어나지 않게 한 것이다(이현식: 2009). 코닝은 3장의 유리를 열과 압력으로 압축 성형해 일반 유리 10배 이상의 강도를 갖는 코렐을 만들어냈다.◦ 팽창계수가 다른 유리를 접합시켜 강도를 높이는 이 아이디어는 자동차용 접합 강화유리창과 건축자재로 쓰이는 유리벽돌로 이어진다(Margaret B.W. & Alec T. Shuldiner: 2001).

유리는 현대 생활에 없어서는 안 되는 물질이다. 음료 용기,

◦ 코렐은 같은 크기 도자기의 2/3 무게로 손목에 부담이 덜하다. 때문에 요양원, 병원, 단체 급식 등에 많이 사용된다. 경쟁자는 역시 가벼운 멜라닌 수지로 만든 그릇이다. 하지만 멜라닌과 달리 코렐은 내열성이 좋아 냉장, 냉동, 전자레인지와 오븐 그리고 식기세척기에 두루 사용할 수 있다. 또 조직이 치밀해 음식물의 색깔이 식기에 염색되지 않는다. 우리나라 도매상가에서는 코렐 전문매장이 아니면 소비자에게 코렐을 팔려고 하지 않는다. 여러 이유를 대는데 그 중에 하나가 성형 가공 시 플라스틱을 사용해 잘 깨지지는 않지만 환경호르몬이 검출될 수 있다는 것이다. 코렐은 유리로만 만들어진다. 진짜 이유는 마진이다. 도매 마진이 5퍼센트밖에 안 된다.

컵, 유리창, 거울, 터치스크린, 카메라, 전구, 복사기 등으로 일상 가까이 존재한다. 하지만 식탁에서 자리가 확실한 서양과 달리 유리는 아직 우리 식탁에서 낯설다. 음료용 컵, 작은 밀폐용기, 믹싱볼, 각종 소스를 더는 종지 등 아주 작은 영역에서 존재감을 드러낸다. 그것도 수많은 대체재의 틈바구니에서 말이다.

우리는 식탁이 아닌 곳에서 유리를 더 자주 만난다. 유리는 도처에 있다. 인공뼈를 이식하는 재료와 테라 속도의 인터넷을 가능하게 한 것도 유리다. 우주 궤도 진입 시 엄청난 고열을 이겨내기 위해 우주선에 코팅되는 물질도 유리에서 왔다. 스마트폰, LED, OLED와 같은 평판 디스플레이가 가능한 것은 전기가 흐르지 않는 유리 내부에 전도성 채널을 만들어 투과도가 높은 장점을 유지하면서 동시에 전류가 흐를 수 있도록 했기 때문이다. 그뿐만이 아니다. 누출되면 심각한 피해를 입히는 고준위 방사능 핵폐기물을 밀봉하는 것도 유리다.[○○] 유리의 확장성은 끝이

○○ 원자로 내에서 사용하고 폐기한 물품과 원자력발전소에서 사용한 장갑, 방호복 등은 중·저준위 방사성 폐기물이다. 이들은 방출하는 방사선 양이 적어 소각하여 압축한 뒤 시멘트와 섞어 철제 드럼통에 넣고 밀봉한다. 고준위 핵폐기물은 사용 후 핵연료를 말한다. 고준위폐기물은 유리 산화물과 혼합해 고온에 녹여 유리화시킨 후 큰 스테인리스통(캐니스터)에 넣어 밀봉한다. 이론적으로 방사능이 유리질 밖으로 나오기까지 백만 년 이상 걸린다(한원택: 2019). 고준위폐기물 처리시설은 핀란드에 건설된, 지하 450미터 아래 총 길이 42킬로미터의 온칼로ONKALO가 최초이다. 2023년부터 핵연료를 유리화시킨 후 캐니스터에 넣어 10만 년 간 보관할 예정이다. 10만 년 전 호모사피엔스는 아직 아프리카를 탈출하지 못했고 유럽엔 네안데르탈인이 있었다. 10만 년 후면 무슨 일이 일어날까?

없다. 과학자들은 아직도 유리에게서 잠재력을 다 끌어내지 못했다고 한다. 유리는 여전히 미래다.

와인의 맛, 유리의 맛

노동에 지친 한 사내의 목구멍 속으로
떨어져 내릴 때면 내 기쁨 한량없기에
그의 뜨거운 가슴 속은 정다운 무덤이 되어
내 싸늘한 지하실보다 한결 아늑하기에.

_샤를 보들레르, 「포도주의 혼」 일부

투명한 파이렉스° 냄비에 찌개가 끓고 있는 것을 보면 신기하긴 해도 식욕이 당기지는 않는다. 투명하다는 유리의 본질은 차갑고 신선하다는 이미지를 환기시킨다. 유리는 아이스크림, 빙수, 얼음을 띄운 화채나 아이스티, 청량음료, 맥주, 오미자차, 신선한 야채를 돋보이게 하지만 찌개나 전골의 맛매(음식의 고상

○ 파이렉스 Pyrex는 pyro-(불)과 rex(왕)가 결합된 상표명이다. 불에 강하다는 의미이지만 이보다 강한 유리가 있다. 순수 SiO_2로만 구성된 석영유리로 불에 벌겋게 달군 상태로 물에 넣어도 깨지지 않는다. 파이렉스는 열팽창계수가 소다석회유리의 3분의 1이지만 석영유리는 20분의 1이다. 내열강도는 1600도 이상으로 광섬유의 주재료다. 파이렉스와 코렐로 유명하지만 코닝의 매출에서 주방용품이 차지하는 비중은 16퍼센트에 불과하다. 코닝의 주방용품은 모두 특수유리 제작과정에서 응용된 것들이다(Margaret B.W. & Alec T. Shuldiner: 2001).

한 맛)를 배가시키지는 못한다. 유리에 담아서 예쁜 건 도자기에 담아도 품위를 잃지 않는다. 하지만 그 역은 잘 성립하지 않는다. 식기로서의 매력이 도자기만큼 확고하지 않다. 식기로서 유리는 조금 애매한 구석이 있다. 눈 호강은 떨어지지만 청량음료, 맥주, 아이스티는 종이컵에 따라 먹어도 상관이 없기 때문이다.

이런 유리와 세상에서 뗄 수 없는 음식이 있다면 와인이다. 와인은 입으로(촉각, 미각), 눈으로(시각), 나아가서는 후각과 청각까지 동원해 마시는 유일한 음료다.

입과 눈이 동시에 즐거워야 한다는 것은 와인 잔의 탄생에 얽힌 설화에도 스며 있다. 최초의 와인 잔은 트로이 전쟁의 원인이 된 헬레나의 가슴을 본떴다고 한다. 루이 16세의 왕비 마리 앙투아네트도 자신의 유방을 본떠 새로운 와인 잔을 만들었다고 전한다(김준철: 1994). 와인 잔을 쥘 때 볼을 잡지 말고 다리를 잡으라는 규칙은 어쩌면 와인을 마시며 왕비의 가슴을 상상하는 불경을 막기 위해서였을지도 모른다. 하지만 프랑스인들은 이

규칙에 구애받지 않고 스스럼없이 관능을 택한다. 1998년 김대중 전 대통령과 정상회담을 한 자크 시라크 전 대통령은 만찬자리에서 볼을 쥐고 축배를 들었다.

어떻게 쥐고 먹든 크게 구애받을 필요는 없지만 와인이 온도 변화에 민감한 것은 사실이다. 전문가들은 와인 잔의 크기와 상관없이 한 번에 따르는 양은 30밀리리터가 적당하다고 한다. 너무 많이 따르면 마시는 도중 온도 변화가 생기고 너무 적게 따르면 자주 따라야 하기 때문이다.

온도는 잔의 디자인에 영향을 미쳤다. 일반적으로 레드와인 잔은 볼을 넓게 만들어 와인과 공기의 접촉을 늘려 향을 즐길 수 있게 한다. 또 레드와인 특유의 향이 쉽게 날아가지 않도록 위 테두리가 오목하게 모이도록 만들기도 한다. 코로도 먹기 위함이다. 화이트와인 잔은 이보다 볼이 좁다. 차게 마셔야 하는 특성상 공기 접촉을 줄여 와인의 온도 상승을 막기 위해서다. 더 차게 마시는 샴페인은 탄산이 빨리 날아가지 않고 기포가 올라오는 것을 즐길 수 있도록 잔을 좁고 길게 뺀다. 원샷 용으로 아예 볼을 넓고 낮게 만든 것도 있다.

1973년은 오스트리아의 글래스 사업가이자 디자이너 클라우스 리델(1925~2004)이 '소믈리에 부르고뉴 크랑크리' 시리즈를 발표한 해다. 그는 포도의 품종마다 풍미가 다른 와인을 제대로 맛보게끔 와인의 특성에 따라 잔의 디자인을 달리했다. 예컨대 단맛이 강한 와인은 혀의 앞쪽에, 쓴맛을 향유해야 하는 와인은 혀 뒤쪽에 떨어지도록 한 것이다. '바디가 묵직하고 드라이하며 부케가 풍부하다'는 와인 특유의 표현°들을 소비자들이 쉽게 경험할 수 있도록 시리즈마다 디자인을 달리 구현하려 했지만 헛수고가 되고 말았다. 참고한 '혀의 맛 지도' 자체가 오류였기 때문이다.

'혀의 맛 지도'는 1901년 독일 과학자 다비트 파울리 헤니히의 실험에서 나왔다. 헤니히는 단맛, 짠맛, 쓴맛, 신맛이 나는 용액을 붓으로 찍어 자원자들의 혀에 묻히고는 위치에 따른 맛의 강도를 평가했다. 여기까지는 문제가 없었다. 미국의 심리학자 에드윈 G. 보링이 데이터를 그래프로 그리면서 단위를 생략하고 전체적인 인상을 보여주면서 오해가 비롯되었다. 여기에 오역도 한몫을 한다. 보링은 "혀의 각기 다른 부분이 단맛, 쓴맛, 짠맛 신맛을 감지한다"라고 번역했는데 원문은 그것이 아니었다. 헤니히는 "혀의 모든 부분이 네 가지 맛을 감지하나 맛을 인식하는데 시간차가 있다"고 했다. 원문을 확인하지 않은 교과서 편집자들이 아프리카 국경선만큼 선명한 경계선을 혀에다 그으면서 '혀의 맛 지도'라는 거짓 신화가 탄생한 것이다(이안 크로프톤: 2015, 존 메퀘이드: 2015).

리델이 헛품을 판 것만은 아니다. 1958년 그가 디자인한, 다리가 가늘고 길며 두께가 아주 얇은 형태의 크리스털 와인 잔은 이

○ 바디(body): 입 안에서 느끼는 와인의 무게감(라이트, 미디엄, 풀 바디), 크리스프(crisp): 적당한 산도, 드라이(dry): 달지 않음, 얼디(earthy): 유기물 같은 맛과 향, 펌(firm): 탄닌 맛, 아로마(aroma): 포도에 의해 발현된 향, 부케(bouquet): 숙성과정에서 생기는 복합 향.

전에 없던 혁명이었다. 과거의 와인 잔은 테이블 장식 기능을 함께 했다. 색과 조각을 입혔고 두께도 두꺼웠다(최현태: 2016). 오감으로 먹지 않고 오로지 입으로 먹었다. 부딪쳤을 때 맑은 소리가 나는 리델의 크리스털로 인해 와인은 비로소 귀로도 즐기는 음료가 되었다. 소믈리에처럼 혀가 예민하지 않은 사람들도 잔의 두께에 따라 와인에 대한 인상이 달라진다. 같은 와인이라도 두께가 얇은 글라스가 풍미를 돋운다.

하지만 특별한 와인을 즐기기 위해 특별히 디자인된 잔은 없다. 독일 노이슈타트대학 포도주학과 연구진들이 잔의 형태가 포도주 맛에 미치는 영향 관계를 파악한 연구결과는 기존의 와인 상식을 깨뜨렸다. 포도주 제조업체의 주장과 달리 화이트와인을 마시기에 가장 유리한 잔은 레드와인을 마시기에도 적합했다(에르베 디스:2005).

향이 좋은 샴페인이라면 레드와인 잔에 마셔도 무방하다. 잔의 볼륨을 느끼고 싶다면 볼을 쥐어도 된다. 와인에 익숙하지 않은 우리는 포도주 하면 등이 깊게 파인 이브닝드레스와 턱시도, 재즈음악을 연상하지만 보들레르가 '노동에 지친 한 사내의 목구멍'으로 떨어져 내리는 포도주를 향해 우정이 넘치는 헌사를 바쳤을 만큼 본고장에선 서민적인 술이기도 하다. 즐기자고 마시는 술이다. 세상의 모든 술은 지치고 상처받은 자들을 위무할 의무가 있다. 필요하다면 병나발을 불어도 포도주의 혼은 싸늘한 지하실보다 한결 아늑해 할 것이다. 매너니 규칙이니 까다로

워지는 것은 상술이거나 거짓말이다.°

° 실내온도 수준으로 나오는 레드와인은 향을 맡기 위해 손으로 볼을 잡고 잔을 덥혀도 된다. 향이 중요한 브랜디도 볼을 잡아 손의 열기가 전해지도록 마신다. 차게 마시는 화이트와인과 샴페인은 다리를 잡는 것이 좋다. 테이블 매너 책에 따르면 주인이 화이트와인을 다리가 없는 잔에 내왔을 땐 따뜻해지기 전에 빨리 마시라고 한다(애슐리 브롬: 2017). 술이 먼저지 잔이 먼저가 아니다.

9

동양 연금술의 결정, 도자기와 그 밖의 그릇들

어떻게 해야 깨뜨리지 않고 옮길 수 있을까?

1323년 여름 어느 날이었다. 전라남도 신안군 지도읍 서남쪽 바닷길에 대형 무역선 하나가 지나가고 있었다. 푸젠성 취안저우에서 출항한 이 배의 도착지는 후쿠오카 하카타항, 배에는 고가의 물건들이 잔뜩 실려 있었다. 음력 7월 15일 백중절에 치러지는 불교 최대 행사 우란분재에 맞춰 교토와 후쿠오카의 사찰에서 주문한 것들이었다. 하지만 배는 목적지에 도착하지 못했다. 갑작스레 날씨가 나빠졌다. 거센 강풍에 돛이 부러지면서 배는 통제 불능이 되었다. 쉴 새 없이 일렁이는 풍랑에 선적된 화물들이 움직이면서 배의 균형이 위태로워졌다. 갑판 위의 물건들이 바다 위로 떨어졌고 선원들은 갑판 위를 나뒹굴었다. 뱃머리 우현에 균열이 생기면서 바닷물이 밀려들었다. 겨우 균형을 유지하던 배는 오른쪽으로 크게 기울었고 어느 순간 물구나무를 서는가 싶더니 순식간에 가라앉고 말았다.

그로부터 650년이 지난 1976년 8월 20일, 섬사람들 사이에 큰 배가 가라앉았다는 전설이 내려오던 곳에서 한 어부의 그물에 여섯 점의 도자기가 걸려나온다. 신안 앞바다에서 보물선이 발견된 것이다. 1977년부터 8년 동안 이어진 해저유물 발굴 작업을 통해 다음과 같은 사실이 밝혀졌다. 길이 28미터, 폭 8미터의 선박. 최대 선적 260톤이지만 침몰 당시는 140여 톤의 물품을 적재했었다. 800만 개의 동전, 빈랑·산수유·여지·도인과 같은 약재, 300점 이상의 주석 덩어리, 동남아시아산 자단목, 7점의 고려청자 등 수많은 물품이 나왔지만 압도적인 것은 2만661점의 원나라 도자기였다. 깨진 것은 제외한 숫자다(서동인·김병근: 2014). 어떻게 이 많은 도자기가 침몰 순간의 충격을 이겨내고 살아남았을까? 깨지지 않도록 옛날엔 어떻게 포장했을까? 의문을 풀기 전에 남대문 그릇도매 상가를 먼저 다녀오자.

구름다리로 연결된 중앙상가와 대도상가 3층엔 각기 다른 개성을 가진 80여 개의 그릇 전문점이 들어서 있다. 혼수품에서부터 영업용 및 호텔용, 주방에서 사용되는 모든 기물을 취급하는 이곳은 온갖 주방용품으로 가득하다. 압도적인 품목은 역시 도자기다. 대형 브랜드의 것도 있지만 이곳을 특색 있게 만드는 것은 수많은 중소 브랜드와 수입품들이다. 백화점에서 느낄 수 없는 색다른 눈 맛은 모두 여기서 나온다. 그릇들은 세트 단위로 혹은 개별 단위로도 구매할 수 있다. 그날 구매한 것이 들고 가기에 무겁다 싶으면 택배도 가능하다. 만약 13온스 머그컵 다섯 개, 커피 잔 세트 네 개, 15온스 유리컵 세 개, 6인치 사각 접시 세 장을 각기 다른 브랜드 상품으로 낱개씩 구매하고 택배를 부탁했다면 도매상들은 어떻게 이들을 깨지지 않도록 포장할까?

포장의 원칙 1: 내용물끼리 직접 닿지 않게 하라.

유리와 도자기는 자기들끼리 직접 맞닿아 있을 때 충격이 전해지면 쉽게 파손되거나 이가 나간다. 이를 방지하기 위해선 완충재로 그릇들을 감싸야 한다. 터뜨리고 있으면 심신이 안정되는 뽁뽁이는 가장 잘 알려진 완충재다. 두 개의 폴리에틸렌 필름 사이에 공기를 밀폐시킨 뽁뽁이는 충격 흡수에 더할 나위 없지만 단점이 있다. 공기방울을 가두었기 때문에 그릇을 감싸면 부피가 커진다. 접시는 몰라도 컵, 주전자처럼 입체감 있는 물건을 싸면 뚱뚱해져 효율적인 적재가 쉽지 않다. 그리고 배송 도중 스트레스를 받아 공기가 빠지면 완충효과가 사라진다.

이 단점을 보완한 것이 PE폼이다. 역시 폴리에틸렌으로 만드는데 용융시켜 압출·발포했기에 충격흡수율과 강도가 높다. 컴퓨터나 가전제품을 사면 충격을 흡수하도록 가장자리에 끼워져 있는 말랑말랑한 합성수지가 PE폼이다. 수요자의 요구에 맞게 가공이 용이하며 도자기 업체에서 사용하는 PE폼은 1밀리미터 안팎으로 도화지처럼 얇다. 단점은 하나다. 단가가 세다.

포장의 원칙 2: 상자 안에서 움직이지 않도록 하라.

온라인 쇼핑몰에서 신문지를 치면 윤전기에서 바로 나온 신문지들이 킬로그램당 500원에 팔린다. 남대문 그릇도매상가에서 포장재, 완충재로 가장 많이 사용하는 것이 바로 신문지다. 신문지만으로 위에 구입한 목록을 깨지지 않게 배송할 수 있다. 1의 원칙을 지키도록 신문지로 그릇을 감싸고 박스 안에서 움직이지 않도록 공간을 메워주면 된다. 웬만한 해외 배송도 무리가 없다. 조금 못 믿겠다 싶으면 신문지를 구겨 탄성이 생기도록 볼륨을 만든 후 그릇 사이사이에 끼워주면 된다. 작정하고 던지지 않는 이상 내용물이 파손되는 일은 거의 없다.○ 종이의 힘은 생각보다 강하다. 신안 앞바다 보물선도 비슷한 방법을 썼을 것이다.

○ 최근 연구는 종이의 용도를 처음부터 포장지로 본다. 후한 시대 채윤이 종이를 발명했다고 전해지는 것은 그가 종이의 질을 개선했기 때문이다. 출토된 유물에 따르면 채윤을 기점으로 종이의 용도가 달라진다. 채윤 이전에는 귀중품을 싸는 포장지로 쓰였고 채윤 이후에야 글과 그림을 기록하는 매체로 쓰였다(신동원: 2015). 종이가 개선되기 이전엔 목간木簡, 죽간竹簡, 비단이 기록매체였다.

도자기, 비단길을 열다

실제 보물선엔 여러 상품을 넣어 포장한 나무상자들이 발견되었다. 원통형 나무상자 한 개에는 백자를 비롯해 무려 58점의 도자기가 들어 있었다. 침몰하기까지 여러 차례 충격을 받았을 텐데 깨진 것은 없었다(서동인·김병근: 2014). 포장의 원칙 1에 의해 내용물끼리 직접 맞닿아 있지 않았을 것이다. 포장의 원칙 2에 따라 모양과 크기가 다른 접시들이 상자 안에서 움직이지 않도록 공간을 메웠을 것이다. 짚, 나무, 헝겊 등 완충재로 무엇을 사용했는지 구체적으로 알 수 없지만 굴곡이 있는 그릇을 부드럽게 감싸고 차곡차곡 쌓는 데 종이만한 것은 없다.

이를 증명하는 것이 우키요에의 유럽 진출이다. 우키요에는 당대의 풍속이나 미인도, 동물화, 가부키 홍보용 이미지 등을 목판이라는 복제수단으로 찍어 대량으로 유통하던 일본의 채색판화를 말한다. 에도시대(1603~1868)에 상당히 유행했지만 에도 말엽부터 사진과 인쇄술의 보급으로 밀려난 양식이다. 하지만 1850년대 서양 화단에 소개되면서 인상파에게 큰 영향을 주었다. 그림이 알려진 계기는 다름이 아니다. 일본은 수출용 도자기를 싸는 포장재, 완충재로 우키요에가 찍힌 중고 종이를 사용했었다.○

하지만 도자기가 값비싼 제품일 당시 종이 역시 쉽게 구할 수 있는 공산품이 아니었다. 근거리를 이동하기 위해 종이로 사기 그릇을 감싸진 않았다. 기록에 남은 가장 싼 방법은 기발하다. 명나라 문헌 『만력야획편萬曆野獲編』에 따르면 그릇과 그릇 사이에 약간의 흙을 뿌리고 녹두나 콩을 심어 물을 준 후 습한 곳에 며칠 두었다 싹이 돋아 흙이 단단해지면 그때 수레에 실어 옮겼다(성기인: 2013).

원거리 무역에서는 훨씬 무지막지한 방법이 동원됐다. 난파의 위험을 감수하기 싫어 육로로 이동했던 상인들은 파손의 위험을 원천에 차단하려고 도자기를 진흙으로 감싸 벽돌처럼 굳혀서 옮겼다. 사막을 건너고 산맥을 오르고 초원을 이동할 때 발생하는 스트레스를 견디려면 이 방법이 최선이었다. 판매지에

○ 마네와 모네 그리고 고흐와 고갱 등이 대범한 구도와 강렬한 색상 대비로 유명한 우키요에에 큰 영향을 받았다. 특히 고흐는 우키요에를 적극적으로 수집하고 자신의 그림에 그려 넣음으로써 예술적 영감의 원천임을 표명했다. 고흐의 〈붕대로 귀를 감은 자화상〉, 〈탕기아저씨의 초상〉과 마네의 〈에밀 졸라의 초상〉에 우키요에가 삽입되어 있다. 걸작의 대부분은 서구 미술관에 소장되어 있다.

도착하면 강물에 던져 진흙이 풀어지면 그때 도자기를 꺼냈다. 무게만큼 금으로 환산되었으니 그만한 수고로움을 감당했던 것이다.

실크로드를 통해 수많은 상품이 오고갔지만 중국에 막대한 부를 안겨준 상품은 사실 비단이 아니라 도자기다. 기원전 2700년부터 비단을 생산했다고 하지만 중국이 독점한 기간은 오래지 않는다. 비단길이 처음 열린 기원전 200년경 이미 우리나라가 양잠기술을 알고 있었고 기원후 50년경에는 중앙아시아 타클라마칸 일대가, 140년경이면 인도가 생산을 했다. 6세기에 가면 페르시아가 수나라 문제에게 선물을 할 정도가 되고 12세기엔 이탈리아에서도 생산하게 된다. 유럽은 비단을 굳이 먼 중국으로부터 수입할 이유가 없었다.[○○]

하지만 도자기는 달랐다. 제대로 된 백자의 출현을 6세기로 잡을 때 10세기까지 중국 독점이었다. 시간이 지나 과점의 형태가 되지만 17세기까지 한국, 베트남, 일본을 제외하고 자기를 만들 수 있는 나라는 없었다.[○○○] 게다가 비단과 달리 생산국이 모두 동아시아에 위치했다는 지리적 이점까지 있었다. 실크로드

○○ 길이 처음 열렸을 당시 주요 거래품목은 말과 모피였고 오랜 기간 후추가 주요 거래품목이었다(리웨이: 2018). 게다가 실크로드 시대가 시작되던 시기 한나라는 공식적으로 비단을 수출하지 않았다. 북방 유목민들과 우호적 관계를 유지하고자 조공한 비단이 조금씩 퍼져나갔으며 로마인이 비단을 처음 접한 때는 기원전 1세기이다. 그들은 중국에서 비단이 나온다는 것은 알았지만 제대로 된 지식은 그것이 전부였다. 그들은 중국인을 '파란 눈에 밤색 머리, 듣기 거북한 목소리'를 가졌으며 비단은 '얼레빗으로 나뭇잎을 가지런히 빗어 기르는 털'이라고 생각했다(김양미: 2003).

○ 우리는 10세기에 중국 월주요의 영향을 받아 자기를 생산하고 베트남은 12세기에 시작해 14세기에 가면 독자적인 풍으로 발전한다. 특히 베트남 자기는 15~16세기에 아시아, 이란, 이집트, 유럽 전역으로 수출되었다. 임진왜란 때 한국에서 도공들을 대거 납치한 일본은 17세기에 가서야 자기를 생산했다. 『하멜표류기』에서 하멜은 조선을 자기 생산국이라고 하며 중국, 일본에서의 수입을 대체할 수 있다고 했다.

가 1000년이 넘는 기간 면면히 이어질 수 있었던 것은 모두 자기가 가진 매력 덕이었다.

보석을 향한 열망,
청자를 만들다

보통 도자기라고 뭉뚱그리지만 도자기는 도기와 자기로 나뉜다. 사람이 사는 곳이라면 어느 곳에서나 독자적으로 만들어진 도기와 달리 자기는 중국에서 먼저 출현했고 다른 나라는 오랫동안 중국 자기를 열망했다. 왜 중국이 먼저 만들 수 있었을까? 섭씨 1250도로 온도를 올릴 수 있는 가마와 그 온도에서도 형태가 무너지지 않는 흙, 고령토의 유무가 흔히 언급되는 요인이지만 정답은 아니다. 피렌체의 유리공들은 1400도에서 유리 가공을 하고 있었고 자기의 비밀 중의 하나인 고령토 역시 모를 때는 지나치기 십상이겠지만 알고 나면 그렇게 희귀한 자원이 아니기 때문이다. 비밀은 보석에 대한 열망에 있었다.

금을 만들려고 했던 유럽의 연금술사처럼 중국인들은 흙으로 옥을 만들려고 했다. 옥은 중국인에게 금보다 더 높은 가치를 지닌 보석이다. 유리가 처음 소개되었을 때에도 중국은 옥의 대용품으로 받아들였다(리웨이: 2018). 그만큼 진짜 옥은 구하기 어려웠고 고상한 녹색으로 가장 많이 사랑받는 비취는 대부분 중앙아시아 호탄과 미얀마에서 수입했다.

현대인에게 보석은 값진 장신구에 불과하지만 고대인에게 보석은 그 이상의 의미였다. 그들은 보석엔 신비로운 힘이 있다고 믿었다. 그리스인들은 자수정은 숙취 해소에 효력을 발휘하고 마노석은 독을 탐지한다고 생각했다. 수정은 영혼을 정화시키고 오팔은 시력을 강화하며 터키석은 임신에 도움을 준다고 믿었다. 이 믿음은 중세까지 이어져 귀족들은 질병에 따라 에메랄드, 진주, 사파이어, 토파즈, 가네트, 루비 등의 각기 다른 성분을 처방받았다. 예컨대 불면증이나 두통엔 토파즈를 가루 내어 포도주와 함께 마시는 식이다.

유럽인은 옥을 배앓이, 신장병에 특효라고 생각했다. 하지만 중국에서 옥의 위상은 상상을 뛰어넘는다. 옥은 만병의 근원을 치료할 뿐만 아니라 외견상의 아름다움은 물론 이념적, 이상적, 도덕적 완결성까지 두루 갖춘 완벽한 보석이었다.° 어떤 가치를 부여했는지 『예기』「빙의聘義」편을 보자.

○ 완벽完璧이라는 글자에서도 옥에 대한 고대인의 경외심을 엿볼 수 있다. 璧은 '둥근 옥벽'이다.

(옥의) 온윤하며 윤택함은 인仁이다. 치밀

하면서 단단함은 지知다. 서슬이 있으면서 날카롭지 않음은 의義다. 드리울 때 낮추는 것은 예禮다. 두드리면 소리가 맑고 길게 넘어가다 마칠 때는 바로 뚝 그치니 악樂이다. 하자가 있어도 그 사이 아름다움을 가리지 않으니 이는 충忠이다. 광택을 숨김없이 드러냄은 신信이다.

금과 은, 기타 보석은 물질적 가치에서 그치지만 중국인은 옥을 그런 가치까지 초월한 무엇으로 바라보았다. 자연계의 정화이면서 신령과 상통하며 세상의 모든 존재와 연관된 총체였다. 심지어 광물이지만 식물처럼 생장한다고 여겼다(신대현: 2007).

지금으로부터 5500년에서 4200년 전 사이 신석기시대에 이미 예술품으로 손색이 없는 옥기가 출현한다. 하지만 아무나 가질 수 없었다. 소유하고 싶다는 욕망은 옥과 유사한 것을 만들도록 부추겼다. 청자의 시작이다. 약 3000년 전 상나라 때부터 중국은 청자 제조를 시도했다. 현대 기준에선 표면이 유리질로 덮이지 않아 자기라고 부르기엔 부족하지만 유약을 입혀 구워 청색이나 녹색을 띤 도자였다(황현: 2020). 그리고 1000년 후 후한 시대에 오면 청자라고 부를 만한 것이 등장한다. 비취색에 가까울수록 값이 나갔다. 송나라에 오면 청자는 절정을 이룬다.○

○ 중국 청자는 올리브 그린 계열의 어두운 녹색 혹은 불투명한 담청색을 띤다. 반면 고려청자는 투명한 녹색 빛이 돈다. 남송 때 간행된 태평노인의 『수중금袖中錦』에서 백자는 중국 정요 자기를, 청자는 중국이 아닌 고려의 것을 천하제일로 꼽았다. 고려 역시 자신의 푸른색을 비취를 가리키는 '비색翡色'이라 하고 중국의 푸른색은 '비색秘色'라고 칭해 명확히 구분했다. 13, 14세기까지 고려청자는 중국에 수출되었다(김윤정: 2010).

빨가면 더 비싸다

옥이라고 하면 아름다운 녹색을 먼저 연상하지만 빨간색, 검은색, 노란색, 보라색 등 색의 종류가 다양하다. 중국인은 비취색으로 대변되는 녹색을 특히 사랑했다. 이러한 편애는 공교롭게 자기의 발전에 긍정적인 영향을 미쳤다. 청자를 만드는 흙이 백자를 만드는 흙보다 다루기가 쉽고 점성이 좋아 성형하기 수월하기 때문이다. 백자토보다 흔할 뿐만 아니라 백자보다 낮은 온도에서 소성된다는 것도 자기의 발전 측면에선 다행이었다. 당나라, 오대에 걸치면서 아름답고 형태도 다양한 청자가 생산되는데 9세기가 되면 중앙아시아, 이집트까지 수출된다. 청자의 신비로움에 빠진 술탄들은 청자에 독이 든 음식을 담으면 색이 변한다고 믿었다. 이들은 적극적으로 청자를 수입했고 그보다 더 적극적으로 자기를 만들고 싶어했다.

그럴 만도 한 것이 중국보다 먼저 그릇을 굽는 방법을 찾아낸 곳이 이집트와 터키를 중심으로 하는 이슬람 권역이다. 게다가 진흙과 소금, 재를 섞은 유약으로 다채로운 색깔의 유리 식기와 공예품을 만든 것은 이집트가 먼저였다(데니얼 로즈, 2014). 하지만 이들은 1000~1100도가 한계였다. 그 이상 온도를 높이면 흙이 주저앉았다. 11세기에 가면 유럽 귀족들도 중국 자기를 만난다. 이탈리아 무역상으로부터 구매한 귀족들은 자기를 포셀린porcelain이라고 불렀다. 무늬개오지조개라는 뜻의 이탈리아어 '포르첼라나porcellana'에서 유래한 것으로 예쁜 조개껍질을 가루로 빻아 자기를 만든다고 믿었기 때문이다.

이는 일반인들의 오해였다면 전문가 집단인 도공들은 자기를 다르게 이해했다. 그들은 중국이 그릇에 유리를 입혔다고 보았다. 얇은 자기에서 유리와 같은 광택이 난다는 것에 주목한 것인데 반쯤 헛다리짚은 것이다. 유약도 유리질이라는 측면에서 제대로 된 생각이었지만 유약과 유리는 조금 다르다. 유리는 점착성이 떨어진다. 녹았을 때 흐르기 쉬워 달라붙지 않는다. 도자기 표면을 광택으로 덮기 위해선 녹아도 위치가 변하지 않고 구워지는 동안 흘러내리지 않아야 한다. 그러려면 녹았을 때 좀 끈끈해야 한다.

알루미나(산화알루미늄) 성분이 많이 함유된 유약은 유리보다 끈끈했다. 이를 알 리 없는 유럽의 도공들은 그릇에 유리막을 입히기 위해 유리가루와 소다 등을 섞어 어찌어찌 성과를 내려고 했다. 하지만 강도가 턱없이 약했고 광택도 형편없었다.

해법은 18세기에 가서야 나온다. 작센의 군주가 요한 프리드리히 뵈트거라는 사내를 잡아가두고는 살고 싶으면 만드는 법을 찾으라고 한 것이 시작이다. 연금술사였던 그는 도자기 만드는 법을 몰랐는데 이 점이 긍정적으로 작용했다. 그는 유리와 도자기의 외형적 유사성을 무시하고 광석과 광물, 점토 등을 다양한 비율로 실험했는데 때마침 고령토와 유사한 흙을 발견하면서 1709년 자기를 만들어낸다. 그리고 2년 만에 대량생산에 돌입한다. 고령토 50퍼센트, 장석 18~30퍼센트, 규석 12~35퍼센트의 비율로 1300도에서 굽는 완전히 새로운 방법이었다.° 중국에서 유리질로 덮인 백자의 출현을 6세기로 잡는다면 무려 1300년만의 쾌거였다.

자기의 재료인 고령토는 1700도에서도 주저앉지 않는다. 흙이라고 하지만 채굴될 때는 단단한 돌이다. 조개가 아니라 이 돌

○ 뵈트거가 작센의 군주에게 잡힌 것은 금을 만들었다고 거짓말했기 때문이다. 도자기 구입과 무분별한 엽색 행위로 파산직전에 몰려 있던 왕은 소문을 듣고 뵈트거를 잡아다 금을 만들든지 교수대로 가든지 선택하라고 했다. 궁에 갇혀 3년을 보냈지만 당연히 금을 만들 수 없었다. 교수대가 가까워지자 이를 막은 사람이 자연과학자 발터 폰 치른하우스이다. 그는 뵈트거의 실험 능력을 높이 사 누런 황금 대신 백금, 즉 도자기 제작에 투입했다. 뵈트거가 어떤 방식으로 도자기의 비밀을 밝혔는지는 알려져 있지 않다. 자기를 만들고도 비밀 유지를 위해 갇혀 있던 그는 1719년에 풀려난다. 그리고 5년 뒤 서른일곱의 나이로 사망했다. 하지만 도자기의 비밀은 1717년 이미 비엔나로 건너갔고 곧이어 베를린, 프랑스, 영국 등지로 알려졌다(마르틴 슈나이더: 2005).

고령토의 원석인 고령석

을 빻아야 자기의 재료인 자토가 만들어진다. 고령토를 물에 섞어 휘저어놓으면 거친 것이 가라앉으며 위쪽에 미립자 층이 생기는데 도자기를 빚을 때는 이 위쪽 흙을 사용한다. 반죽하면 약간 보라색이 가미된 다갈색이지만 1300도에서 완전히 녹아 투명한 흰색 자기가 된다.

이에 반해 청자를 만드는 흙은 백자 흙에 비해 더 곱고 철분이 많다. 청자토는 철분 때문에 흙 상태일 때는 누렇다. 구웠을 때 푸른빛이 도는 것은 유약에 함유된 철 때문이다. 유약은 도자기의 강도를 높이면서 광택과 색깔을 나타나게 하는 요인이다. 어떻게 색이 발현되는지 청자를 예로 알아보자.

청자 유약에는 산화제이철 Fe_2O_3이 포함되어 있다. 청자를 구울 때 가마 안에 공기가 유입되지 않게 밀폐시키는데 이렇게 되면 산소가 부족해지면서 일산화탄소 CO가 발생한다. 일산화탄소는 반응성이 강해 다른 물질에 있는 산소와 쉽게 결합하는 성질이 있다. 그래서 산화제이철에 있는 산소 둘을 빼앗아 이산화탄소 CO_2가 되어 사라지고 산소를 뺏긴 '산화제이철'은 산화제일철 FeO이 된다. 산소 하나와 철 하나가 결합한 산화제일철은 이온값 +2를 갖는데 이 이온이 청자에 푸른빛이 감돌게 한다(데

니엘 로즈: 2014).

물질에서 산소가 분리되는 위와 같은 작용을 화학에서 환원이라고 한다. 때문에 위처럼 구우면 환원소성이라 하고 반대로 가마에 계속 공기를 공급하면서 굽게 되면 산화소성이라고 한다. 같은 유약을 쓰더라도 환원하느냐 산화하느냐에 따라 색이 다르게 발현된다. 대체로 환원소성했을 때 색감이 더 포근하고 더 매끄럽다. 철뿐만 아니라 크롬, 아연, 구리, 망간, 주석 등의 금속들도 유약의 다양한 색 발현에 쓰이는 소재다.

청자는 15세기에 가면 인기를 잃는다. 백자의 완성도가 높아지고 유약에 대한 지식이 축적되면서 자기가 전혀 다른 미감으로 발전하기 때문이다. 도자기의 바탕이 하얗게 되면서 다양한 시문과 그림을 자기에 그려 넣을 수 있게 된 것이다. 이를 미술사적인 관점에서 표현하면 조형물(청자)에서 회화(백자)가 되었다고 말한다. 그러나 유심히 살피면 백자 회화에서 한 가지 색만큼은 좀처럼 찾기 어렵다는 것을 알 수 있다. 바로 과일이나 꽃을 표현할 때 쓰일 법한 빨간색이다. 붉은 진사백자가 있었지만 어둡고 칙칙한 녹물에 가깝지 아름다운 빨강이 아니다. 빨간색은 발현하기가 무척 어려웠다.

빨간색은 산화구리로부터 나온다. 문제는 휘발성이 강하다는 점이다. 잘못 구우면 유약으로부터 대부분 휘발되어버린다. 열에 민감해 정확한 색상을 복제하기가 무척 까다롭다. 감으로 불조절을 하던 옛날 도자기에서 예쁜 빨강을 보기 힘든 이유다. 현대는 가마 안에 일산화탄소 양을 측정하는 계량기와 기타 장비를 갖추고 있다. 오늘날 주방에서 아름답고 다양한 빨간색 자기를 만날 수 있는 것은 과학기술 덕이다. 그렇다고 마냥 쉬워진 것은 아니다. 산화구리의 까다로움은 가격에 반영된다. 같은 머그컵이라도 빨간색이면 더 비싸다. 마진폭이 좁은 도매시장에선 빨간색이 들어간 도자는 100원이라도 더 비싸게 움직인다.

그릇으로 차별하다

김용철의 『삼성을 생각한다』(2010)에는 음식과 관련해 재미난 일화가 나온다. 고 이건희 회장의 생일잔치가 거행되었을 때 초대된 손님들에게 식전 와인, 식간 와인, 식후 와인으로 상당한 수준의 것이 제공되고 에피타이저로는 푸아그라가, 메인으로는 와규 등심에 트뤼프 버섯으로 만든 소스가 나왔다고 한다. 문제는 이건희 가족의 테이블에는 프랑스에서 직접 공수한 냉장 푸아그라가, 손님상에는 냉동 푸아그라가 나왔다는 것이다. 변호사 김용철은 이해가 가지 않았다고 한다. 손님상에 더 좋은 것을 올리는 것이 상식이라고 생각했기 때문이다.

하지만 상궤에서 벗어난 것은 아니다. 고래로부터 권력자들은 사회적 힘과 개인의 신분에 엄격한 관심을 기울였고 공식 만찬이나 대규모 연회를 주최할 때 다른 식탁, 다른 음식으로 그 차이를 부각시켜 왔다. 차별하고 구별 짓는 것은 인간의 본성이다. 기독교 공동체 내에서의 음식 차별을 두고 볼 수 없었던 사도 바울이 즐기더라도 제발 은밀히 하시라고 부자들에게 현실적인(?) 조언을 내렸다는 것을 보아도 그렇다(로이 스트롱: 2005). 분명한 것은 삼성가의 차별이 한국적이지는 않다는 점이다. 대궁밥상○의 전통이 있는 한국은 음식으로 차별하지는 않았다. 그렇다면 신분제 사회였던 조선은 구별하고 싶은 욕망을 어떻게 해결했을까? 『세조실록』 권29, 8년 11월 30일의 기록을 엿보자.

> 임금이 예조판사 이극배에게 이르기를 "명분을 엄하게 하지 아니할 수 없거늘, 어제 사옹원에서 진선하는 데 세자의 기명을 섞어 썼으니 심히 불가하다. 만약 이렇게 하면 아비와 아들이 그릇을 같이 하고 임금과 신하가 그릇을 같이 하며 주인과 종이 그릇을 같이 하는 것이니 명분

○ 수라상은 전국에서 올라오는 진상품으로 마련되는데 왕은 이를 바탕으로 각 지방의 작황과 경제 상황을 파악했다. 왕이 상을 물리면 정1품부터 종9품까지 품계 순서대로 상을 물려가며 식사를 했다. 이 상물림을 마치기까지 네 시간 이상 걸렸다(함규진: 2010). 대궁상은 왕과 신하가 전국의 경제 사정을 공유하고 적절한 조치를 취하는 통치행위의 출발점이다. 이 풍습은 반가로 전해진다. 아동문학가 조풍연(1914~1991)은 개화기 서울 풍속을 기록한 『서울잡학사전(1989)』에서 대궁상을 이렇게 말했다. "반찬을 놓는 상을 '반상'이라 하고 그릇을 '반상기'라고 한다. (중략) 장가를 가도 어른을 모시고 있는 사람은 (자기 몫의) 반상을 쓰지 않고 어른이 잡숫고 난 대궁상을 물려받았다. 반상을 받는다는 것은 한 집안의 가장이 되었다는 증거다."

이 어디 있으며 오랑캐와 무엇이 다른가? (…) 사옹원 별좌의 죄가 중하니 타일러 경계하라."

사옹원은 궁궐에서 음식에 관한 일을 맡아보는 관아다. 왕에게 바치는 음식에 왕세자의 그릇을 섞어 사용한 것이다. 기록에 따르면 왕은 백자와 청화백자를 사용하고 왕세자에게는 청자만 허락되었다. 신하들은 질이 낮은 백자가 허락되었고 일반 백성은 도기나 옹기를 사용하도록 했다. 이를 위반하면 제재가 따랐다. 세자에게 청자만 허락된 것은 세자의 처소가 동쪽에 위치해 있기 때문이다. 동쪽은 사신도의 좌청룡에 해당해 청색이 맞춤이다. 구별도 하고 논리로도 뒷받침한 것이다.○

조선의 이 전통은 지금까지 내려온다. 무슨 소리인가 하겠지만 우리는 거의 매일 경험한다. 바로 일반 식당에서 흔히 쓰는 멜라민그릇과 스테인리스 식기들이다. 다른 나라에서는 프랜차이즈나 병원이 아니면 멜라민식기를 만나기 어렵다. 대중식당에서도 식기로는 도자기를 쓴다. 우리보다 소득이 낮은 나라도 스테인리스에 음식을 담지는 않는다. 식당에서 도자기를 만나려면 우리는 상당한 지출을 감행해야 한다. 우리는 스스로를 금액으로 구별하고 있다.

먼저 멜라민그릇을 보자. 멜라민수지로 만드는 멜라민그릇은

○ 하지만 실제로는 신하도 백자와 청화백자를 사용하고 백성들도 질이 낮았지만 백자를 사용한 것으로 사료에 나온다(방병선: 2016). 영화 〈광해: 왕이 된 남자〉에서 왕과 나인의 식기가 다르다는 걸 볼 수 있다. 찬이나 밥이 부족하면 안소줏방(궁중 부엌)에서 가져다 먹었으니 영화에서처럼 굶지는 않는다.

멜라민을 단위체로 화학반응을 일으킨 합성수지다. 1936년 독일에서 발명되어 1950년대 맥도널드가 프랜차이즈로 성공하면서 대중화되었다. 347도에서 녹는데 열경화성수지라 한 번 가열하여 성형하면 재가열해도 다시 녹는 일은 없다. 가끔 고깃집에서 불에 그슬린 그릇을 볼 수 있는 것은 이 때문이다. 열전도율이 낮아 뜨거운 음식을 담기에 좋다. 견고하고 저렴하며 가볍고 잘 깨지지 않는다.

멜라민수지 단독으로 그릇을 만들진 않는다. 분말펌프, 무기충전제, 펄프 등이 다량으로 들어간다. 펄프가 많이 들어가면 가벼워지고 광택이 죽으면서 흔히 플라스틱그릇이라고 부르는 싼티 나는 외양을 갖는다. 멜라민수지가 많이 들어갈수록 그릇이 무거워지고 광택이 좋다. 이러면 거꾸로 도자기로 오인한다. 제법 묵직하고 빛이 나기 때문이다. 하지만 유리질에 의한 광택이 아니라 빛깔이 오래가지 않는다. 아무리 도자기처럼 보일지라도 1년이 지나면 때깔이 날아간다. 전자레인지에 돌리면 발암물질 포름알데히드가 발생하는 단점도 있다.

대중음식점이 멜라민그릇을 선호하는 데는 이유가 있다. 밥과 국을 기본으로 하고 여러 가지 반찬을 진열하는 한식의 특성상 도자기를 사용해 하루 종일 서빙을 하고 설거지를 하면 손목에 무리가 간다. 서빙 노동자의 대부분은 여성이고 서빙은 가사노동에 비할 바가 아니다. 전국 백반 식당에서 밥을 제외한 반찬의 가짓수가 평균 6~9개 사이다(김석근 외: 2015). 우리가 대중식당에서 한 번에 여러 반찬을 담을 수 있게 칸을 나눈, 가벼운 멜라민식기를 만나는 것은 다 그런 이유에서다.

그릇이 무거우면 맛있다,
그리고 비싸다

멜라민그릇만큼 대중식당에서 자주 만날 수 있는 것이 스테인리스 식기류다. 외국에도 스테인리스 식기가 있지만 포크와 나이프, 스푼 수준에서 그친다. 우리처럼 음식을 담는 용도로 쓰는 곳은 없다고 봐도 무방하다. 스테인리스 사용이 흥미로운지 우리나라를 방문하는 외국인들이 기념품으로 구입하기도 한다. 남대문 그릇도매상가나 인사동에서 이런 모습을 목격할 수 있는데 특히 쌀 문화권에서 온 여행객들은 밥공기에서 깊은 인상을 받는다. 왜일까? 한국에서의 첫 끼니가 김치찌개였다면 아마도 그들의 식탁은 십중팔구 다음처럼 구성되었을 것이다.

보글보글 끓는 뚝배기에 담긴 김치찌개, 칸을 나눈 멜라민그릇에 담긴 4종류의 반찬(콩나물, 시금치, 콩자반, 무생채), 그리고 따로 나온 배추김치, 마지막으로 스테인리스 밥공기에 소복한 하얀 쌀밥. 한국의 평범한 직장인들은 하루 한 끼는 이렇게 식사를 한다. 관광객들도 특별한 음식점을 찾지 않는 한 이 범주에서 벗어나지 못한다. 동일한 쌀 문화권이지만 체류 기간 내내 유독 자기네 나라에선 볼 수 없는 것이 스테인리스 밥공기이니 기념품이 될 만도 하다.

하지만 이런 실상이 불편한 사람이 한둘이 아니다. 도예가 이윤신은 깨지지 않는 그릇을 선호하는 현실을, 거칠고 급한 생활의 반증이라 토로했고 음식칼럼니스트 황교익은 '스뎅공기'가 문화 상징으로 굳어지기 전에 우리 고유의 밥그릇을 먼저 찾자고 했다. 여기서 한 가지 생각해야 할 것이 있다. 스테인리스 식기류에 대한 전문가들의 거부감은 재질이나 디자인 때문이기도 하지만 많은 부분 식기류의 가벼움에서 기인한다는 점이다.

음식 맛에 영향을 미치는 것은 대개 식재료나 조리방법, 조리사의 실력이라고 믿는다. 어떻게 플레이팅하고 어떻게 서빙하느냐도 맛에 영향을 미친다고 생각한다. 하지만 이것뿐만이 아니다. 우리가 무엇을 먹고 어떤 쾌감을 갖기까지는 상당히 많은 감각기관이 관여한다. 그 때문에 우리는 같은 음식을 먹고도 속을 수 있다. 예컨대 같은 생강 비스킷이라도 매끈한 접시보다 투박한 접시에 담겼을 때 더 맵다고 느낀다. 가장자리가 넓은 볼보다 가장자리가 없는 볼에 음식을 담으면 더 많다고 생각한다. 무거운 볼에 음식을 담으면 포만감을 더 일찍 느낀다. 같은 용량이라도 길고 좁은 컵보다 짧고 넓은 컵을 주면 음료를 약 32퍼센트 더 많이 따른다. 사람들이 컵의 넓이는 보지 않고 높이만 보기 때문이다(찰스 스펜스: 2018).

옥스퍼드대학의 심리학자 찰스 스펜스(2018)가 한 실험을 보자. 그는 참가자들 앞으로 연어 한 조각을 메인 요리로 내왔다. 차이가 있다면 전체 식탁에서 절반은 가벼운 간이 식기를 놓고 나머지 절반은 무겁고 비싼 식기를 놓았다는 점이다. 참가자에게는 식기에 대해 묻지 않고 음식에 대해서만 물었다. 결과는 명백했다. 무거운 식기를 사용한 경우 음식이 더 예술적으로 플레이팅되었다고 말했고 훨씬 비싼 값을 지불할 의사가 있다고 했다. 찰스 스펜스는 이 실험의 문제점을 이렇게 꼽았다. "무거우면서 질이 나쁜 식기를 구하기는 정말 어렵다."

제법 품격이 있는 양식당에서 나오는 나이프와 포크는 분식집에서 돈가스를 시켰을 때 따라 나오는 것들과 확연히 다르다. 무슨 이유에서인지 모르지만 우리는 그 무게감을 손에 쥐기 전에 눈으로도 가늠할 수 있다. 첫 데이트를 김밥천국에서 해도 되는 나이는 고등학생이 마지노선이다. 격식을 차려야 할 때가 되면 우리는 격조가 있는 장소를 찾아가며 그곳에선 뭐든지 좀 더 무거운 식기류가 제공된다. 비싸지만 우리는 그 값을 치를 자세가 되어 있다.

대중식당에서 만나는 스테인리스 그릇이 미적 쾌감을 주지 못하는 이유는 다름이 아니다. 가벼움이다. 젓가락으로 툭 치면

쟁강거리며 움직일 만큼 가볍다. 식기에 있어 가벼움은 싸구려와 등치다. 3중 혹은 5중으로 제작되어 묵직한 무게감을 가진 스테인리스 냄비들이 고가에 팔리는 것을 생각하면 된다. 뚜껑이 납작해 온장고에 쌓기 좋게 만들어진 '스뎅공기'가 문화상품으로 팔리는 것이 당혹스럽다면 방법은 한 가지다. 무겁게 만들도록 하면 된다. 무겁게 만들면 미려한 디자인은 따라온다. 물론 서빙하는 분들의 손목은 고려하지 않아야 하고 식대에 더 비싼 값을 지불할 의사도 있어야 한다.

한식은 기본적으로 임금이 먹는 음식이나 반가가 먹는 것이나 차이가 없었다. 일반인들이 구하기 힘든 진귀한 식재료를 어떻게 해서라도 먹으려 했던 임금은 조선 500년 동안 한 사람뿐이었다. 사슴 꼬리 요리를 무척이나 좋아했고 중국에서 수박을 수입하려던 연산군이다. 한국인은 밥상 앞에서 평등하다. 격을 높이려면 음식을 높이 쌓아올리는 고임상을 차렸고 품위를 살리기 위해선 좋은 그릇을 사용했다. 다행히 우리는 식기가 무거울수록 더 맛있다고 느낀다. 기꺼이 더 많은 돈을 지불할 의사도 생긴다. 이미 고급 한식당에서 사용할 수 있도록 매끈하고 세련되면서 동시에 무게감이 있는 스테인리스 식기류들이 나와 있다. 더 무겁고 관리가 까다로운 놋그릇과 잘 깨지는 도자기를 대체하면서 격을 유지하기 위해서다. 다만 자주 만나지 못할 따름이다.

스테인리스 식기는 첨단상품이었다

제법 격식이 있는 식기 한 벌을 칠첩반상이라고 한다. 밥, 국, 장류를 담는 그릇, 접시 이외에 반찬을 담는, 뚜껑 있는 그릇이 7벌이면 칠첩반상이 된다. 전통적인 구성은 이렇다. 밥그릇, 국그릇, 숭늉대접, 쟁반, 조치, 보시기, 종지, 접시로 한 벌을 이룬다.○ 오늘날에는 뚜껑 있는 찬그릇 5벌과 접시 두 개로 칠첩을 만들기도 하는데 크게 밥그릇, 국그릇, 찬그릇, 종지와 접시로 구성하는 것에는 변함이 없다.

그릇에서 입으로 음식을 이동시키는 데 쓰이는 날붙이류cutlery를 제외하고 금속 식기류를 보기 힘든 외국과 달리 우리는 위의 반상기 전부를 금속으로 구성할 수 있다. 유기반상기가 그

○ 조치는 찜이나 찌개를 담는 그릇, 보시기는 김치류를 담는 찬그릇으로 쟁첩보다 크다. 쟁첩은 뚜껑이 있는 찬그릇을 말하며 이것의 개수에 따라 5첩, 7첩, 9첩, 12첩이라고 한다.

것이다. 아동문학가 어효선(1925~2004)은 집집마다 우물이 있었지만 수돗물을 먹던 시절, 그렇지만 집에 수도가 들어온 집은 없어 동네 어귀 공동 수도에서 물을 길어다 먹던 인구 40만의 서울을 이렇게 회상했다.

> 그때 식기는 사기와 유기였다. 사기는 봄과 여름에 쓰고 놋그릇은 가을과 겨울에 썼다. 사기로 된 밥그릇, 국그릇을 사발이라고 하고 놋으로 된 것은 주발이라고 했다 국그릇만 사기든 놋이든 대접이라고 불렀다. 숟가락과 젓가락은 합쳐 수저라고 하는데 놋으로 만들었다. 이건 사철 썼다.

놋그릇은 보온성이 좋아 뜨거운 음식을 담으면 잘 식지 않고 살균과 항균 기능이 있어 밥이 잘 쉬지 않는다. 78퍼센트의 구리와 22퍼센트의 주석으로 만들어지는데 고려 시대엔 누런 황금빛에 반해 중국에서 비단과 맞바꾸어 갈 만큼 인기가 있었지만 생활에 보편적인 식기는 아니었다. 18세기 함경도에서 구리 광산이 발견되면서 비로소 유행을 시작해 사대부집에서 제기로 먼저 구비하고 차츰 일상 식기로 확장이 되었다(주영하: 2012). 그리고 19~20세기를 지나며 어효선의 회상처럼 서민들에게도 흔한 식기가 된다.

유기가 우리 곁에서 사라진 것은 1960년대 취사나 난방에 쓰던 땔감이 나무에서 연탄으로 바뀌면서부터다. 놋그릇은 원래 관리가 까다롭다. 처음엔 황금빛으로 광이 나지만 가을에 꺼내어 두고 쓰다보면 겨울이 되기 전에 닦아야 했다. 닦지 않으면 광이 죽는 것을 넘어 흉하게 얼룩이 진다. 소설가 이태준은 잡지 『별건곤』에서 1929년 종로에 즐비한 음식점의 그릇 상태를 이렇게 개탄했다. "여름이라도 놋그릇이 그을리거든 자주 닦아야 한단 말이지. 그릇과 숟가락이 몇 십 년 닦지 않은 이빨처럼 싯누런 너리가 앉은 것을 외면도 안 하고 아무렇지 않게 내어놓는다." 이 단점이 연탄가스와 만나 도드라졌다. 연탄가스와 접촉하면 금방 변색이 되었던 것이다. 전쟁 물자를 대기 위한 일제의 공출 명령에도 꼭꼭 숨겨가며 사용했던 유기는 그렇게 취사·난방 연료의 변화와 만나 우리 곁에서 일순 사라지고 만다.

그 자리를 대신해 주방으로 들어온 식기가 스테인리스다. 당시 주부들은 좋은 것을 물리고 싸구려를 들인다고 생각지 않았다. 고된 가사노동을 벗어나게 하는 신문물을 구비한다고 여겼다. 색이 변한 유기를 닦으려면 이만저만한 수고를 감내해야 했기 때문이다. 기와를 빻아서 가루를 내고 볏짚을 물에 적신 다음 기왓가루를 묻혀서는 빡빡 힘들게 닦아야 했다. 닦지 않고 쓰다가 손님이라도 오면 게으른 주부라고 흉이 잡혔다. 스테인리스가 아주 비쌌다는 점도 소유욕을 자극했다. 주부들은 월부로 들이거나 계를 만들어 장만했다(함한희: 2005). 심지어 놋그릇 제기를 버리고 스테인리스 제기로 옮겨갔다. 언제나 질 좋은 것으로 예를 올리는 제사의 법도를 돌이켜볼 때 지금처럼 싸구려 이미지가 아니었던 것이다. 이름 그대로 녹이 슬지 않는다는 것은 당시 기준으론 첨단상품이었다.

한국인은 청동기인이다

스테인리스가 녹슬지 않는 것은 철과 크롬, 니켈, 알루미늄, 규소의 합금이기 때문이다. 강철에 크롬을 넣으면 내부구조가 균일해지면서 표면에 치밀한 크롬 산화막이 생기는데 이 산화막이 산소와의 접촉을 차단하기 때문에 녹이 잘 슬지 않는다. 1914년 영국에서 스테인리스강으로 된 제품이 처음 나왔을 때 사람들은 녹슬지 않는다는 사실을 믿지 않았다고 한다. '깨지지 않는 유리' '썩지 않는 나무' '죽지 않는 사람'처럼 형용모순이라고 생각했다.

스테인리스는 합금 방법과 열처리 공정 여하에 따라 부식성에서 차이가 있다. 크롬이 18퍼센트 이상 들어가면 내식성이 좋아진다. 시장에서 흔히 27종이라고 통칭하는 제품으로, 식기류를 만드는 스테인리스는 대부분이 이것이다. 제품 성분표를 보면 '18-10', '18-8'이라는 두 가지 숫자를 만날 수 있는데 앞의 18은 크롬 함량이고 뒤의 숫자는 니켈 함량이다. 니켈 함량이 많을수록 내식성이 좋아진다. 니켈을 함유하지 않고 철과 크롬으로만 합금하면 자석이 달라붙는 합금을 만들 수 있다. 이는 인덕션용 용기를 만들 수 있다는 뜻이면서 동시에 녹이 슬 수 있다는 이야기이기도 하다. 물과 상시적으로 접촉할 일이 없는 가위, 밸브, 가스배관 등을 만들 때 주로 쓴다.

스테인리스강을 처음 발명한 사람은 해리 브리얼리다. 특이한 것은 그가 이것을 만들기 이전에 적어도 열 명 이상이 비슷한 금속을 만들었고 특허 출원과 상품화를 먼저 한 사람도 있었다는 점이다. 그럼에도 해리가 발명가로 남았다. 이유는 그가 이것으로 식기를 만들었기 때문이다. 어린 시절 집안 허드렛일을 돕던 그에게 청소나 빨래보다 훨씬 더 어렵고 성가셨던 일이 포크와 칼, 수저를 닦고 말리는 일이었다고 한다. 새로 산 칼은 쉽게 녹슬었고 한 번 색이 변한 스푼과 포크는 아무리 닦아도 원래 광택을 찾지 못했다. 이 고생을 기억하고 있던 그는 스테인리스에서 '식탁용 날붙이류'의 미래를 보았다(조너선 월드먼: 2015).°

해리는 날붙이류 외에 스테인리스로 다른 식기를 만들지는 않았다. 하지만 우리는 만들었고 지금도 사용한다. 금속기물 사용의 측면에서 한국은 예외적이다. 인류는 모두 청동기 시절을 지나왔다. 당시 최고급 재료는 청동기였다. 신에게 바치는 제사엔 당연히 청동기를 썼다. 철기가 나타나고도 청동은 한동안 고급 그릇의 지위를 유지했었다. 도자기가 보편화되면서 인류는 비로소 청동과 멀어졌다. 여전히 방짜유기를 사용한다는 측면에서, 그리고 다양한 스테인리스 식기○○에 거부감이 없다는 점에서 한국인은 지금도 청동기인이다.

○ 당시 포크와 스푼은 은을 사용했으며 나이프는 탄소강으로 만들었다. 은은 유황과 만나면 검은색 황화은을 생성한다. 불행히도 공기 중에 황 성분이 많다. 이 때문에 은식기는 색이 변했고 변색된 은식기는 암모니아수로 닦았다. 칼 역시 부식에 약해 녹이 생겼고 녹이 생기면 연마용 돌로 제거한 후에 사용했다. 스테인리스는 처음 제품화되었을 때는 'Rustless steel 녹이 없는 강철'이라 불렀다. 부식을 막는 산화피막은 외부로부터 오는 영향에 의해 파괴될 수 있다. 예를 들면 우리가 젓가락을 씹었을 때다. 하지만 산소와 물을 만나면 다시 생성된다. 이 특징 덕에 특별한 코팅 없이도 녹슬지 않는 금속으로 남을 수 있다(이진희 외: 2016).

○○ 스테인리스는 반짝반짝 빛나는 상품으로 나오기 위해 반드시 연마처리를 한다. 연마제는 경도가 다이아몬드 수준인 탄화규소SiC이다. 이 연마 과정에서 미세한 탄화규소 입자가 스테인리스 표면 사이에 끼는데 물로는 절대 닦이지 않는다. 식용유나 베이킹소다로 닦으면 시커멓게 묻어나온다. 탄화규소는 국제암연구기관에서 발암예측 추정 물질인 2A등급을 받았다(강상욱·이준영: 2017). 식약처는 식용유로 연마제를 닦아낸 후 식초 희석한 물을 10분 정도 끓여 세척한 뒤에 사용할 것은 권한다.

우리 집 제기는
옻칠일까? 캐슈칠일까?

조선의 사대부들이 놋그릇을 고집한 것은 『예기』에서 공자가 청동 식기를 으뜸으로 쳤기 때문이다. 하지만 사대부들은 한 가지를 소홀히 했다. 공자가 살다간 춘추 시대가 청동기 말엽이라는 점이다. 이 시대의 일상 그릇은 토기와 600~1000도에서 산화소성해 품질이 조악한 연질도기였다. 청동 그릇은 아무나 갖는 것이 아니었다. 권력의 상징이었고 종교적 제식과 관련이 있는 기물이었다. 그러니까 공자는 고가품을 보고 귀중품이라고 했을 뿐이다. 당연해서 당연할 수밖에 없는 말을 금과옥조로 여긴 것이다.

성리학적 이상향을 바라보며 살려 했던 사대부와 그 사대부를 모방하려고 했던 서민들은 제사를 지낼 때 무거운 놋그릇을 사용했다. 연탄가스와 함께 유기가 사라지자 그 중요한 의례에 사용되기 시작한 것은 스테인리스 제기다. 은빛 반짝거림에 익숙해질 즈음 사람들은 스테인리스 제기가 가진 단점을 인식하게 된다. 지나치게 가벼워 격이 살지 않고 격이 살지 않으니 속되다 못해 경망스러웠다. 여기에 녹까지 스는 스테인리스도 있었다. 한마디로 스테인리스 제기에 차려진 제물은 정화된 음식으로 보이질 않았다. 가정의 식탁에 도자기가 돌아오기 시작하던 1980년대에 사람들은 성과 속을 구분하기 위해 다른 제기를 찾기 시작한다. 칠기다.

칠기는 옻나무에서 나온 수액을 도료로 사용해 만든다. 언제부터 사용했는지 정확한 역사는 알 수 없으나 명나라 후기에 간행된 가장 오래된 옻 공예서 『휴식록髹飾錄』에 "죽간에 옻을 사용해 글을 썼으며 순임금 때 식기에 옻이 칠해졌고 우임금 때에는 흑칠과 주칠이 사용되었다"고 기록되어 있다. 기록이 맞다면 신석기 말이나 청동기 초기로 거슬러 올라간다(박치호: 2017).

물건에다 옻칠을 하면 표면에 얇은 막이 생긴다. 이 막은 특유의 은은한 광택과 윤기를 내어 물건을 고급스럽게 만든다. 또 물건의 부식이나 부패, 물과 열로부터 보호하는 성질도 있다. 아름다운 데다 기능적인 효과까지 있으니 옻은 천연에서 구할 수 있는 최상의 도료다. 오늘날에도 동일한 목적으로 금속이나 나무에 페인트나 래커 칠을 하지만 시간이 지나면 다시 칠해야 한다. 하지만 옻칠을 하면 수명이 천 년 이상이다. 원형 그대로 발견된 신라 목관과 지금까지 견고한 해인사 팔만대장경에서 옻칠의 수명을 짐작할 수 있다.

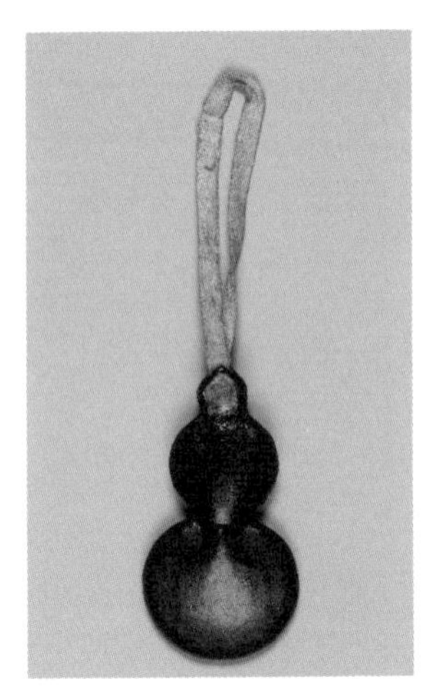

옻칠한 조선시대 바늘집, 국립중앙박물관 소장

옻나무는 심은 뒤 4년부터 수액을 추출한다. 수액은 나무의 지름이 클수록 양이 많아지지만 보통 한 그루에서 채취하는 양이 150~200그램 정도로 우유 한 병 수준이다. 우리나라는 옻을 추출하면 나무를 벌채하고 다시 심는다. 뽑아낼 수 있는 양을 몽땅 뽑아버리기에 나무가 말라죽기 때문이다. 기후가 온화한 베트남과 타이완의 경우 2~3년에 1회씩, 적당량을 채취하는 방식으로 10~25년가량 채취한다. 원재료가 이런 식으로 추출되니 칠기는 정말 비싸다. 우리나라에서 옻칠한 나무젓가락 한 짝은 대략 1만8000원에 거래된다. 하지만 외관상 동일하게 보이면서 가격대를 3000원으로 낮출 수 있는 도료가 있다. 바로 캐슈칠이다.

캐슈칠은 1939년 일본에서 개발되었고 우리나라에는 1970년대에 들어왔다. 옻나무의 일종인 캐슈나무에서 수액을 추출해서 석탄사, 멜라민, 요소, 알키드 등을 혼합해 유기화학 반응을 일으켜 만든다. 옻나무의 일종이라는 점에서 알 수 있듯 캐슈칠은 옻칠과 흡사하고 또 비슷한 성능을 낸다. 다른 점이 있다면 대량생산이 가능하다는 것과 숙련이 필요한 옻칠과 달리 도장 마감이 쉽다는 점이다. 옻칠처럼 붓을 사용할 수도 있지만 스프레이 방식으로도 도포가 가능하다. 옻칠은 일정한 습도가 유지되는 곳에서 하루 이틀에 걸쳐 자연 건조하지만 캐슈칠은 가열건조를 한다. 공기 중의 산소를 흡수해 산화 건조되는 방식이라 공기 순환이 중요하기 때문이다.

문제는 캐슈칠을 하면 포름알데히드나 납과 같은 유해성분이 포함될 수 있다는 점이다. 이 때문에 일본에서는 식기에 사용하지 못하지만 우리나라는 아직 금지조항이 없다. 그래서 포름알데히드(포르말린) 냄새를 날려버리면 외관상 구별하기가 어렵기에 옻칠로 쉽게 둔갑해 팔린다. 일반인이 화학약품 냄새가 나지 않는 캐슈칠을 옻칠과 구분하는 방법은 딱 하나다. 공기 순환이 중요한 건조방식이기에 캐슈칠을 한 목기는 기포가 터진 자국이 한두 개씩 있다.○

○ 옻칠로 둔갑하지 않는다면 캐슈칠은 도료로서 손색이 없다. 특히 금속에 달라붙는 성질이 옻보다 뛰어나 기계, 전기 등 공업용 도료로 유용하다. 캐슈와 옻은 모두 잘못 접촉하면 피부발진이 일으킬 만큼 독성이 강하다. 흥미롭게도 캐슈의 과실은 독성이 없다. 우리가 즐겨 먹는 견과류 캐슈넛이 캐슈나무에서 나온다. 인도에서는 캐슈로 보존식품을 만들고 탄자니아 모잠비크 등에서는 발효시켜 술을 빚는다(게리 앨런: 2017). 화학반응을 일으켜 추출하는 캐슈칠과 달리 옻칠은 두 가지 방법으로 채취한다. 하나는 고무나무처럼 옻나무 껍질에 상처를 내어 받는 생칠이고 다른 하나는 가지를 베어다가 불 가까이에 대어 얻는 숙칠이다. 생칠은 상급이고 숙칠은 저급이다. 나무가 타지 않도록 물에 불렸다 얻기에 수분 함량이 많은 탓이다. 독성을 제어하기 쉬어 약용으로 쓴다. 류마티스 관절염, 아토피 등에 좋다.

가짜로 폭리를 취하고자 하는 유혹은 비단 자본주의에서만 만연하는 병폐는 아니다. 옻칠은 원재료를 구하기 어렵고 제작이 까다로워 예로부터 가짜가 많았다. 서유구는 『임원경제지』에서 들기름 등 가짜 약재를 섞지 않은 진짜 칠을 구분하는 세 가지 방법을 중국 문헌을 빌어 소개하고 있다. 또 메주콩즙과 황갈목荒架木 껍질을 달인 즙으로 사람의 머리카락을 비출 만큼 광택이 나는 가짜 칠기를 만드는 방법도 이야기한다. 바르고 마르면 다시 바르기를 대여섯 번을 하고 중간 중간 새끼줄로 수십 번 문지르는 식이라 만드는 과정이 진짜만큼 번거롭다.

가볍게 만들 수 있는 목기의 특성에 옻칠이 더해지면 가벼우면서도 열에 강한 식기가 만들어진다. 예닐곱 번을 칠해도 두께는 1밀리미터를 넘지 않는데 이 정도의 두께로 90도의 열을 견디고 음식물의 뜨거움이 바로 전달되지 않도록 완화시켜준다. 그릇을 들고 먹는 일본인에게 칠기만큼 좋은 소재는 없다. 일본인에게 칠기는 생활 식기다. 그들은 칠기를 작고 가볍게 만든다. 그릇을 들고 먹지 않는 우리는 일본의 것보다 크고 두껍다. 생활 식기로 쓰는 전통은 스님의 발우로 남았지만 가정에서의 칠기는 대부분 제례용이다.

옻은 지금도 합성이 어려운 천연재료다. 옻나무가 없는 유럽은 동양의 칠기처럼 고급 목공 도장이 19세기까지 존재하지 않았다. 그들이 칠기의 존재를 알게 된 것은 17세기 일본산 칠기를 만나면서부터다. 18세기에 들면 일본은 조직적인 규모로 수출을 하게 되는데 이때면 이미 동아시아 최고 수준이었다. 서유구는 왜인들은 칠기를 만들 때 티끌만큼의 먼지도 내려앉지 못하도록 배를 타고 바다로 나가 칠을 하고 비바람을 막는 배 구조물 안에서 말린다고 적었다. 소문자로 japan이라고 쓰면 '칠기, 옻칠을 하다'의 뜻이다. 일본의 칠기는 이렇게 영어에 족적을 남겼다.

이 땅 위의 마지막 집이었던 그릇

언 발, 이불 속으로 밀어 넣으면

봉분 같은 아버지 밥그릇이 쓰러졌다

(…)

아버지가 아랫목에 앉고서야 이불은 걷히고

사각종이 약을 펴듯 담요의 귀를 폈다

계란부침 한 종지 환한 밥상에서

아버지는 언제나 밥을 남겼고

우리들이 나눠먹은 그 쌀밥은 달았다

이제 아랫목이 없는 보일러방

홑이불 밑으로 발 밀어 넣으면

아버지, 그때 쓰러진 밥그릇으로

말없이 누워 계신다

_안효희「아버지의 밥그릇」중에서

초기 구석기 시대 인류는 뿔, 대나무, 큰 박, 동물 가죽, 잎 등 자연에서 바로 구할 수 있는 물질에다 음식을 담았다. 흥미로운 것은 농경이 시작되기 전에도 이미 점토를 이용해 그릇을 구웠다는 점이다. 하지만 실용적인 목적으로는 사용하지 않았다. 몇몇 고고학적 증거에 따르면 인류는 그릇에다 조상의 유해를 담았다(게리 S. 크로스 외: 2016). 이른바 독무덤, 옹관이다. 선사시대에 유행하고 말았을 것 같지만 우리의 경우 삼국 시대에 귀족을 안장할 만큼 보편적인 양식이었다. 어린아이가 죽으면 항아리에 묻는 풍습은 1970년대까지 있었다고 하니 고려, 조선에서도 옹관묘 풍습은 면면히 이어져 왔을 것이다. 그런데 왜 그릇이었을까?

왜 이 땅 위의 끝집으로 그릇을 선택했는지 고고학이 밝혀낸 바는 없다. 초기 옹관은 크기가 작은 그릇 모양이지만 후기로 가면 목이 사라지고 몸통에서 아가리까지 부드럽게 연결되는, 큰 항아리 모양의 U자형으로 진화한다. 제례용으로 쓰던 그릇이 장례용으로 옮겨간 것이 아닌가 추측할 따름이다. 어쩌면 만들기 쉽고 단단하니 주검을 묻는 데에서 적당한 쓰임새를 찾았을 가능성도 있다. 처음엔 기술 부족으로 식기의 용도로 사용하기엔 부적당한 흙내가 났을 수도 있으니 말이다.

본래 장례 풍습에는 한 집단의 영혼관, 사생관과 더불어 의례 형식을 통해 개인의 심리와 세계관이 드러나게 된다. 그런데 옹관은 세계 곳곳에 보편적으로 존재한 매장 풍습이었다. 어쩌면 안효희의 시에서처럼 삶이 죽음을 응시하는 순간 필연적으로 도달하는 하나의 양식인지도 모른다.

무덤은 삶이 죽음과 마주하는 공간이다. 세상을 향해 고개를 돌리면 분주한 삶이 있지만 등 뒤엔 적막과 허무, 고요와 평화가 숨을 쉬는 또 다른 세상이 존재한다. 무덤은 그 사실을 우리에게 끊임없이 각인시키는 장소다. 그곳이 어떤 세상인지 아는 사람은 없다. 누구도 피해갈 수 없다는 것만은 분명하다. 죽음과 단절되어 있지 않기에 우리는 죽음 앞에서 삶의 시원을 생각하고 우리가 어떻게 조건화되어 있는지를 되뇔 수밖에 없다.

사별한 자의 무덤 앞에서 이별의 고통에 쓸쓸해지는 여기는 최초의 식음을 안겨준 그것을 '젖무덤'이라고 부르는 곳이다. 하지만 '계란부침 하나에 환하고 달달해지는 그런 곳'이기도 하다. 그렇게 우리 앞에 놓이는 한 그릇엔 방금까지 살아있던 생명의 육신이 담긴다. 이곳은 그 생명이 주고 간 것을 먹어야 살 수 있는 곳이다. 어쩌면 죽음이 삶을 모방했을 것이다. 생이 다하는 그날, 고단하게 살아온 영혼을 인류는 그래서 그릇에 담았을지 모른다.

시인이 쓰러뜨린 밥그릇은 스테인리스일 것이다. 보온밥솥이 귀하던 1970년대, 어머니들은 늦게 귀가하는 가장에게 조금이라도 따뜻한 밥을 먹이기 위해 스테인리스 식기에 밥을 담아 절절 끓는 아랫목에 이불로 덮어두었었다. 아이들이 언 발을 집어넣고 까불거리면 쓰러지기도 했지만 그것보다 가벼운 스테인리스 뚜껑이 열려 발가락에 밥알이 묻는 일이 많았다. 늦은 저녁, 뜨뜻미지근한 밥을 먹는 아버지가 그 사정을 알 리는 없었다. 아이들 역시 아버지가 얼마나 고단한 하루를 보내고 왔을지 짐작하지 못했다. 시인 김종길이 「성탄제」에서 '그때의 아버지만큼 나이를 먹은 서러운 서른 살'이 되어서야 아버지의 서늘한 옷자락을 느낀 것처럼 안효희 또한 그때의 아버지만큼 나이를 먹고서야 아버지의 밥그릇에서 봉분을 떠올렸을 것이다. 누군가가 짊어진 밥그릇의 무게를 이해한다는 것은 늘 그렇다. 밥그릇이 곧 삶이다.

부록

1

—

주방가위,
수원갈비,
부루스타

KITCHEN ODYSSEY

가위는 지렛대의 원리가 적용된 절단도구다. 받침점(고정못)이 힘점(손잡이)과 작용점(날) 사이에 위치하고 이 고정축을 중심으로 서로 같은 방향으로 운동할 수 있도록 날이 반대 위치로 엇갈려 있어 손잡이 부분에 가해지는 힘이 날 부위에서 증폭된다. 따라서 아주 적은 힘으로 큰 작업 효율을 낼 수 있다(정동찬 외: 1996).

무척 유용한 절단도구이지만 이미지가 좋은 편은 아니다. 예컨대 그리스 신화에서 운명의 세 여신 모이라는 각자 물레로 실을 짓고 수명의 길이만큼 실을 감고 때가 되면 가위로 실을 잘랐다. 삶과 죽음을 실과 가위에 빗댄 것이다. 시선이 곱지 않기는 우리도 마찬가지였다. 옛날엔 여자가 태어날 경우 소독한 낫이나 식칼로 탯줄을 잘랐다. 가위가 거세와 단절을 의미했기에 다음엔 남동생을 바란다는 뜻이었다. 남아가 태어날 경우 산모는 치아로 탯줄을 끊었다. 무병장수와 자손의 번성을 바라는 뜻에서다. 자손이 귀한 집은 바느질하다 실을 끊어야 할 때 가위 대신 이를 사용할 정도로 가위는 금기였다(박영수: 2007)○.

가위는 기원전 1500년경 이집트에서 발명되었다. 두 개의 날을 용수철로 이어붙인 C자형이었다. 사라졌을 것 같지만 쪽가위라는 이름으로 지금도 쓴다. 1970년대 태생이라면 직접 써봤고 모양도 기억이 날 것이다. 손잡이에 손가락을 끼우는 번거로움이 없어 재봉질에서 보풀이나 실을 재빨리 정리할 때 좋다. 지렛대의 원리가 적용된 오늘날의 X자형 가위는 기원후 100년경 로마인들이 양털을 깎기 위해 처음 만들었다고 하며 동양은 기원전 200년경에 출토된 (C자형에서 손잡이 부분을 넉넉하고 안정적으로 만들기 위해 쇠붙이를 두 번 꼰 형태인) 8자형의 전한시대 가위가 가장 오래된 유물이다.

가위는 귀했다. 우리의 경우 10세기까지 거의 지도자급의 무덤에서만 간간히 출토된다(정의도: 2014). X자형의 가위는 고려시대인 12세기경에 처음 등장하고 생활용품이 된 것은 조선 중엽으로 추정한다. 유럽 역시 16세기 말에서야 유럽 전역으로 보급되는데, 최종 진화 형태인 X자형이 대세가 된 것도 이 시기

○ 지금도 부정적인 이미지는 남아 있다. 우리말에서 '가위질하다'라고 하면 언론 기사나 영화 작품 따위에서 민감한 부분을 삭제하는 검열 행위를 일컫는다. 서양에서 '가위질하다'는 표절하다를 뜻했다. 18세기 인쇄물이 급증했는데 글을 오려서 자기 작품으로 도용했다는 의미로 썼다(박영수: 2001).

다. 따라서 기원전 삼손의 머리칼을 잘랐던 데릴라는 가위를 쓰지 않았다.[○○]

미용가위가 되기 위해선 X자형이어야 한다. C형이나 8자형은 쇠붙이의 탄성을 아귀힘으로 눌러 절단하는 방식이다. 쪽가위를 사용해본 사람은 알지만 날물림에 신경을 쓰지 않으면 헛가위질이 되기가 쉽다. 종이를 똑바로 자르는 데에도 상당한 주의가 필요하다. 정교하고 빠르게 자르기 위해선 X자형이어야 한다. 주방가위로 쓰기 위해서도 마찬가지다. 손아귀 힘이 필요한 C자형이나 8자형을 사용할 바엔 그냥 칼로 하는 것이 편하다.

그렇다면 주방가위는 언제부터 쓰였을까? 미용가위, 재단가위, 가지치기나 분재에 쓰는 전지가위 등은 일찍부터 국내외 문헌에 여럿 기록되어 있는데 주방가위 사용례는 드물다.[○○○] 서유구의 음식요리백과사전 『정조지鼎俎志』「엿 만들기」 항목에 "생강가루를 넣고 잡아당겨서 가늘고 긴 가락을 만든 다음 가위로 밤만 하게 자른 것을 '율당'이라고 한다"는 구절이 있다. 식재료

○○ 데릴라는 칼로 삼손의 머리를 잘랐다. 칼을 뜻하는 히브리어 מוֹרָה를 영어에서는 razor(면도칼)로, 우리말에서는 삭도(승려가 머리 깎는 칼)로 번역했다.

○○○ 가위 사용 용례는 대부분 이렇다. 조선 중기 차천로의 시문집 『오산집五山集』에는 "시험 삼아 가위 들고 고운 비단 자르니"라고 읊었고 서거정의 『동문선』에선 "가위로 잎을 오려내니 더욱 곱구나"라고 했다. 이 밖에 『고려사』의 "금은으로 장식한 수염 자르는 가위를 하사했다"는 언급과 중국 문헌 『안씨가훈』의 "여자아이의 돌잔치에 가위와 자, 바늘과 실을 준비한다" 등의 기록이 있다(이민규: 2022).

와 요리를 자르고 나눌 때 서유구는 '자를 절切'과 '칼 도刀'를 썼는데 이 부분만큼은 가위를 뜻하는 '전도剪刀'로 표기했다.○ 또 이용기의 『조선무쌍신식요리제법』「떡 만드는 법」에선 전병의 한 종류인 '밀쌈'을 소개하며 '소를 박아 부치고 가위로 모양 있게 돌려 베어서(소를 박어붓치고 기위로 모양잇게 돌려버혀서)'라고 한 구절이 나온다. 둘 다 어떤 가위인지 정확히 알 수 없지만 엿이나 밀전병을 잘랐던 것으로 보아 날이 예리하지는 않았던 듯하다.

언제부터 쓰였는지 모르지만 '떡가위'도 유념할 필요가 있다. 떡은 원래 갓 만들었을 때 물성이 물러 '편칼'이라는 나무로 만든 도구로 쉽게 자를 수 있고 또 그렇게 한다. 그럼에도 떡가위도 사용하는데 주로 인절미를 자를 때 쓴다. 인절미는 찰기가 많아 편칼로는 숭덩숭덩 잘리지 않아 꾹욱꾹 눌러야 하기 때문이다. 이땐 힘을 효율적으로 전달하는 가위가 더 편하다. 보편적인 도구는 아니라 특수도구로 분류된다.

몇몇 기록과 떡가위의 존재로 보아 선조들은 일찍부터 가위의 효용성을 간파하고 있었다. 반찬 만들 때 쓰는 가위라고 하여 '찬가위'라는 어휘가 있는 것으로 볼 때 X자형 가위가 보급되던 시기에 부엌으로 들어왔을 가능성이 높다. 큰 힘 들이지 않고 도마 없이 허공에서 연한 재료를 숭덩숭덩 자르거나 식재료에 모

○ 흔히 떠올리는 넙데데한 엿가위는 자르는 용도가 아니다. 손님을 부르는 타악기이면서 망치다. 엿가위로 찰칵찰칵 리듬을 타며 손님을 부르고 딱딱하게 굳은 엿을 자를 때는 엿에다 정을 대고 엿가위로 내리쳤다. 『정조지』에서 말랑말랑한 엿가락을 자른 것은 떡가위와 비슷한 가위였을 것이다.

양을 낼 때 쓰였겠지만 어디까지나 특수집단(요리사)이 제한적으로 사용한 특수도구였을 것이다. 물과 상시 접촉해야 하는 부엌의 특성상 녹에 강해야 하기 때문이다. 주방가위가 보편화되기 위해선 스테인리스가 발명되는 20세기를 기다려야 한다.

고기구이 문화가 퍼뜨린 주방가위

오늘날 우리는 주방가위를 요긴하게 사용한다. 도마 없이 포기김치를 자를 때 좋고 호두나 은행과 같은 견과류를 깔 때 편리하며 칼로는 자르기 힘든 마른 김이나 뱅어포 같은 건어물을 썰고 꿈쩍 않는 병마개를 돌릴 때도 좋다. 특히 고기를 구워먹을 때 불판이나 숯불 위에서 직접 알맞은 크기로 자르는 한국식 바비큐를 위해서는 반드시 가위가 있어야 한다.

화로나 숯불에 고기를 구워먹는 방식은 고구려 때부터 내려온 전통 조리법이지만 가위를 사용하지는 않았다. 지금껏 전해오는 너비아니나 설야멱적 등은 모두 굽기 전에 칼로 맞춤한 크기로 재단한 음식이기 때문이다. 주방가위는 현재 우리 주방에 상비되어 있을 만큼 흔하지만 근현대에 이르기까지 보편적인

도구는 아니었다. 가위가 부엌으로 들어오는 데 큰 역할을 한 것은 갈비구이의 출현 덕이다.

갈비는 일찍부터 먹어왔다. 기록에 따르면 고려 23대 왕 고종이 돼지갈비를 먹었다. 구워먹은 것이 아니라 새우젓과 채소를 넣고 끓인 탕의 형태였다(편지수: 2018). 조선으로 오면서 소갈비가 등장한다. 찜과 구이의 형태로 제사상과 수라상에 올랐다고 여러 문헌에 기록되어 있는데 오늘날처럼 가위질이 필요할 만큼 옆으로 길게 포를 뜬 형태는 아니었다. 기껏해야 뼈 옆에 2~3센티미터 정도의 살이 붙어 있었을 것으로 짐작한다. 두 가지 이유에서다.

우선은 조선시대 도축된 소들은 오늘날 요리용으로 사육되는 비육우가 아니었다. 모두 사람의 노동력을 대신하던 일소였다. 먹을 수 있는 살이 많지 않아 지금처럼 갈비구이를 위해 뼈에 살이 많이 붙은 형태로 발골하지는 않았을 것이다. 그럴 수밖에 없는 것이 노동을 많이 하면 근육이 발달한다. 근섬유가 많은 고기는 질겨서 구이에 적합하지 않다. 탕이나 찜, 국거리, 불고기용으로 쓰기 위해 뼈에서 살을 많이 발라내는 방식으로 해체했을 것이다.

일제강점기 당시 갈비구이가 고급 음식이 아니었다는 점도 근거가 된다. 1930년대 인구가 2000만 명을 넘어설 때 소 사육두수는 150만 마리를 넘겼다고 한다. 국밥, 떡국, 비빔밥이 15전이던 시기 갈비 한 대의 가격은 5전이었다. 갈비는 선술집에서

술안주로나 먹던 것이었다(편지수: 2018). 저렴했던 이유는 간단하다. 살을 알뜰하게 발라내는 조선의 정육 방식이 그대로 이어져왔기 때문이다. 당시 갈비구이는 『조선무쌍신식요리제법』에서 "뜨거운 뼈조각을 좌우 손에다가 움켜쥐고 먹는 것은 사람 먹는 것 같지 않다"라며 고쳐야 할 습관으로 일갈할 만큼 품위 없는 음식이었다. 부유층은 구이보다 찜을 선호했고 찜은 요정과 같은 고급음식점에서나 판매했다.

오늘날 우리가 보는 갈비의 형태는 수원왕갈비에서 유래했다. 수원왕갈비는 1940년대 영동시장 싸전거리 화춘옥이 시작이다. 처음엔 해장국에 넣는 식이었다고 한다. 그러다 1946년 갈비에 양념을 무쳐 숯불에 구워내면서 소문이 났다. 6·25가 터지면서 부산으로 피난 가 개업을 하게 되는데 부산 해운대갈비의 역사가 여기서 시작된다. 수원왕갈비는 1954년 다시 수원으로 복귀하게 되고 수원지방법원을 중심으로 갈비집성촌이 완성되면서 1960~1970년대에 전성기를 이뤄낸다(이재규: 2003). 이재규에 따르면 수원왕갈비는 도끼로 토막을 내어 지금보다 갈빗대가 컸고 포를 뜨는 형태가 양갈비에서 외갈비로 넘어가는 추세였다고 한다. 고객층은 어느덧 부유층과 중산층으로 바뀌어 있었다. 이즈음 불판 위에서 직접 자르는 주방가위가 등장했을 것이다.

하지만 이때의 가위는 업소에서나 쓰는 특수도구였지 우리 주방의 익숙한 얼굴은 아니었다. 주방가위의 보편화는 1980년대로 가야 한다. 이 시기로 가면서 대한민국에는 몇 가지 중요한 변화가 생긴다. 먼저 소득이 늘면서 외식산업이 발전했다. 경기도 포천군 이동면에 독자적인 갈비집성촌이 생긴 때가 이즈음이다. 근처에 군부대가 있어 주말마다 장병과 면회 온 식구들이 이동갈비를 먹었다고 한다(김용호: 2015). 물레방아와 인공폭포 따위의 장식물을 갖춘 호화 갈빗집 '○○가든'이 지방 곳곳에 생긴 것도 이 시점이다(편지수: 2018). 구이집이 많아지면서 주방가위는 일반인에게 본격적으로 노출되기 시작했다.

마침맞게 식사도구로서의 주방가위를 지원하게끔 산업구조도 달라져 있었다. 연 3만 톤 규모의 스테인리스 냉연강판 공장, 삼미공업사가 출발한 해가 1966년이다. 중화학공업 육성에 사활을 건 정부의 지속적인 투자와 기술 도입으로 특수강 산업은 지속적으로 몸집을 불려갔는데 1976년에 이르면 스테인리스강판을 중심으로 수요가 폭발한다. 특수강 산업 측면에서는 아직 기술력이 후진적이었지만 스테인리스 식기를 중심으로 성장하던 단순생활 소비재 산업을 지원할 만큼은 품질이 되었다(산업통상자원부·한국공학한림원: 2020). 물에 닿아도 녹슬지 않는 가위가 소비자 곁에 바짝 다가설 조건이 완성되어 있었던 것이다.

부루스타가 발명된 것도 주방가위의 확산을 부추겼다. 부루스타는 1980년 한국후지카공업이 개발한 것으로 액화부탄가스를 사용해 폭발의 위험성을 낮추고 휴대성을 높인 휴대용 가스레인지다. 당시 업소에서 LPG를 사용할 경우 설치신고, 완성검사, 안전관리 등의 시설검사를 받아야 했지만 부루스타를 쓰면 그럴 필요가 없었다(김태경·연승우: 2019). 언제 어디서나 불판 위에서 고기구이를 손쉽게 할 수 있게 되면서 주방가위는 자신의 효용성을 알렸다.

종종 한국 고깃집을 찾은 외국인들이 가위의 쓰임새를 보고 놀라는 장면을 여러 미디어에서 볼 수 있다. 그들에겐 주방가위가 없는 걸까? 그렇지 않다. 당장 아마존에서 'kitchen shears'라고 검색하면 상당히 많은 품목이 나온다. 놀라는 건 다름 아니라 그들에게 아직 주방가위는 특수집단의 특수도구로 받아들여지기 때문이다. 업장에서의 쓰임새가 만만치 않음에도 거품건지개를 일반 가정이 굳이 갖추고 있어야 할 필요가 없는 것처럼 말이다. 한국 식탁에서 가위의 위치는 이제 굳건하다. 자르지 않은 김치와 가위가 함께 나오면 '우리 업소는 반찬을 재활용하지 않는다'라는 긍정적 의미까지 덧대어진다. 가위가 요긴할 수 있다는 사실을 외국도 언젠가는 알게 될 것이다.

부록

2

스탕달의 연애론과 식기세척기

19세기 프랑스 작가 스탕달은 이성에게 인기가 없었다. 동시대에 활동한 발자크와 견준다면 불가사의할 정도였다. 발자크는 금붕어처럼 툭 튀어나온 통방울눈에 거무죽죽한 피부, 머리와 몸통이 바로 이어져 목이 실종된 뚱뚱한 추남이었음에도 인기가 좋았다. 이에 반해 외관상 비교우위에 있던 스탕달은 번번이 연애에 실패했다. 많은 여성과 염문을 뿌리고 자손까지 남긴 발자크와 달리 스탕달은 이루지 못한 사랑과 실연의 상처 속에 쓸쓸히 혼자 살다갔다.

이 고통을 체화한 것이 그의 책 『연애론』이다. 실패만 했다면서 연애에 대해 뭘 알겠나 하겠지만 그렇지 않다. 지독한 실연의 고통이 오히려 연애감정과 사랑의 본질을 꿰뚫어 보게 했다고 할까? 『연애론』에는 남녀관계에 대한 통찰이 담겨 있다. 연애 좀 해봤다는 요즘 우리나라 20~30대 작가들이 쓰는 각종 연애 타령과는 격이 다르다. 달달한 이야기로 현혹하려 들지 않고 날것 그대로를 보여준다. 그가 남긴 독한 표현 하나를 보자. 어쩌면 실패만 했던 이유가 있을지도 모른다. 남녀 각자의 내면에 복잡한 반향이 일어날 것이다.

"여자는 잘 차려진 음식과 같다. 먹기 전과 먹고 난 후의 감정이 다르다."

누군가를 위해 요리할 때의 즐거움, 접시에 담겨 나온 그 요리를 보는 즐거움, 그리고 함께 나눠 먹는 즐거움. 즐거움은 딱 여기까지다. 잔여물이 남은 식기는 전혀 다른 감정을 불러일으킨다. 이 느닷없는 추락에 견줄 수 있는 것은 목적 달성 후 남성이 여성에게 갖는 심적 부담감뿐일지 모른다.[°] 스탕달은 이 둘을 연결시켜 정곡을 찔렀다.[°°] 설거지를 한 번도 안 해보았을 사람조차 직감할 정도로 말이다.

다음을 위해 해야만 하고 늘 그렇게 해왔기에 익숙해져 있지만 할 수만 있다면 놓여나고 싶은 그것, 텔레비전 앞에 삼삼오오 둘러앉은 집안 식구들이 활짝 웃고 떠들고 있을 때 홀로 해야 했던 그것, 대개 요리한 자에게 다시 떠맡겨지던 그것, 엄마를 도와드리라고 하지만 이상하게 딸들에게만 무언의 강요였던 그것, 딸이 없으면 할 사람은 엄마뿐이었던 그것, 식기세척기가 집에 있어야 하는 당위다.

○ 진화심리학에선 '부모투자'로 암수의 짝짓기 전략을 설명한다. 부모투자란 자식의 생존율을 높이는 데 드는 모든 형태의 비용을 뜻한다. 생식세포에 든 영양분, 출산, 음식 공급 등이 투자비용이다. 투자가 많으면 신중하게 짝을 고르는 방향으로, 투자량이 적으면 많은 상대와 짝짓는 방향으로 자신의 DNA를 전달한다. 예컨대 코끼리물범 서열 1위는 신생아 100마리의 아버지다. 암컷은 해마다 낳는 전략으로 평균 8마리의 자식을 갖는다. 수컷에게 유리한 구조는 아니다. 120여 마리 수컷 중 자식을 보는 수컷은 1위에서 5위까지다. 나머지는 기회가 없다. 또 서열이 높을수록 위험과 도전에 노출되어 사망할 확률도 높다. 이런 이유로 포유류의 95퍼센트는 양육을 암컷 혼자 책임진다. 인간은 어떨까? 여성은 출산까지 8만 칼로리가 필요하다. 남성은 5밀리미터의 액체를 밀어내는데 100칼로리만 소모하면 된다. 단 한 번의 관계로 임신을 시키고 바로 헤어졌는데 그 자식이 성인으로 자랐다면 최소비용으로 투자에 성공한 셈이다. 하지만 남성은 양육에 참여한다. 왜일까? 페미니스트들은 '아버지'의 발명을 꼽는다. "얘가 니 자식이야!"라는 구속으로서의 '아버지'를 말한다. 그리고 장기투자로 유도하는 여성의 복잡한 전략 구사도 한몫했다고 본다. 그럼에도 본능은 남는다. 스탕달은 이 불편한 진실을 보았다. 실제 모로코의 통치자 이스마엘은 504명의 처첩을 사이에서 1171명의 자식을 두었다. 서열 1위 남자는 코끼리물범 이상을 꿈꿨다.

○○ 스탕달이 남녀관계를 또 어떻게 통찰했는지를 보며 쓴맛을 털어내도록 하자. "사랑은 아! 하는 감탄사와 함께 시작한다." 그는 상대가 가진 장점에 탄복하는 순간을 연애감정의 시작으로 보았다. 아마도 이 장점엔 외모, 능력, 배려심, 성실함, 유머감각 등이 포함될 것이다. 그렇다면 외모는 연애에 유리할까? 그렇게 생각하지 않았다. "남자는 자신을 사랑해주는 여자를 사랑한다." 예쁜 여자보다 자신에게 관심을 주는 이성에게 더 끌린다는 뜻이다. 이 말이 옳다면 다윈의 성선택은 인간에게도 적용된다. 여성이 선택하고 남자는 행동(구애)에 돌입한다. 진지한 연애를 하려는 남자들은 기본적으로 거절에 대한 두려움이 있다. 그는 망설임이 없다면 사랑이 아니라고 보았고 남자의 망설임을 무화시키는 것이 여성의 관심이라고 생각했다.

최초의 식기세척기는 1850년 조엘 호튼이 특허등록을 했다. 손으로 바퀴를 돌리면 나무 배관 속에서 나온 물이 접시에 뿌려지는 방식이었는데 거의 세척이 되지 않았다. 1860년으로 가면 L. A. 알렉산더라는 발명가가 기어장치를 이용해 물통 속에서 접시받침대가 회전하는 방식을 창안하지만 이 역시 성능이 별로였다. 이외에도 남성 발명가들의 작품은 신통치 않았다. 아마도 설거지의 의무를 질 필요가 없었기 때문인지 모른다. 실용적인 식기세척기는 조세핀 코크런이라는 가정주부의 등장으로 비로소 가능해진다.

조세핀 역시 설거지를 해야 되는 사람은 아니었다. 그녀에게는 설거지를 도맡을 하인들이 있었다. 사교적이었던 코크런 내외는 집으로 손님들을 초대하는 일이 잦았는데 연회가 끝나고 하인들에게 설거지를 맡기면 고급 도자기들이 개수대에서 이가 나가는 일이 많았다. 조심하라는 당부에도 상황이 개선이 되지 않자 그녀가 직접 설거지에 나서게 된다. 그리고 알게 된다. 설거지가 무척 귀찮고 재미없고 지루하다는 사실을 말이다. 더 나은 방법이 없을까 고민을 하던 그녀는 자동기계를 직접 발명하기로 마음을 먹고 1886년 특허를 따낸다.

그녀가 만든 식기세척기는 기술적으로 획기적이었다. 솔로 세척하는 방식이 아니라 물의 분사압력으로 잔여물을 제거했다. 세척기 내부에 평평하게 놓인 지지대에 그릇을 고정시키고 손이나 도르래로 구리 모터를 돌리면 나무 바퀴가 회전하면서

1896년 맥클루어의
'완벽한 진동식 식기 세척기' 광고

비눗물이 세차게 뿜어져 나왔고 그 압력으로 세척했다. 코크런은 상업적 성공을 예감했지만 처음엔 호텔과 대형 레스토랑만 관심을 보였다. 접시에 세제가 남는 경우가 많았고 세척이 잘 되기 위해선 따뜻한 물이 공급되어야 했는데 세척기에 뜨거운 물을 충분히 공급할 만큼 별도의 보일러를 갖춘 가정이 드물었다. 성공은 1950년대에 가서야 이뤄진다. 전후 경제 호황과 기술 발전, 여성 노동력이 사회에 진출하면서 가사를 대하는 주부들의 태도가 바뀌었고 전용세제도 이때 나왔다.○ 사치품 취급을 당하다 필수품이 된 것은 1970년

○ 일반세제를 세척기에 사용하면 거품이 너무 많이 나와 세척력이 떨어지고 감전, 화재, 고장의 원인이 된다. 식기세척기 전용세제는 일반세제보다 거품이 적은 대신 염기성이 강하다(모든 비누와 세제가 염기다). 따라서 금, 은, 주석, 알루미늄으로 만든 일부 식기는 변색될 수 있고 프라이팬의 코팅을 벗겨낼 수 있으며 고온 세척이기에 내열성 없는 플라스틱은 변형될 수 있다. 또 헹굼보조제(린스)도 필요한데 린스는 물의 표면장력을 약화시켜 물방울이 쉽게 흘러내리게 만들어 건조 과정에서 발생되는 물 자국(물때)을 방지한다.

대이며 2021년 기준 미국 가정 보급률은 70퍼센트 정도다.

반면 우리나라의 식기세척기 보급률은 2022년 기준 15퍼센트에 불과하다. 명절과 제사 때마다 설거지 지옥을 경험하면서도 보급률이 이렇게 낮은 데엔 몇 가지 이유가 있다. 1990년대 모습을 드러낸 식기세척기는 서구식 모델을 그대로 가져왔었다. 접시가 주류인 서구와 달리 우리는 단 한 번의 식사에도 국그릇, 밥공기, 접시, 종지 등 크기와 모양 면에서 훨씬 다양한 식기류를 사용하기에 세척, 헹굼, 건조 방식이 달랐어야 했는데 이를 반영하지 않아 성능이 좋지 않았다. 한국형 세척기가 나왔지만 여전히 "잘 씻기지 않는다"는 초기 불신이 소비자들에게 남아 있다.

두 번째 원인은 긴 세척 시간이다. 제품에 따라 조금씩 다른데 기본적으로 1시간 30분에서 2시간이 소요된다. 불림 옵션을 선택하면 3시간을 훌쩍 넘기기도 하는데 손으로 20~40분이면 끝낼 일을, 두세 시간 웅웅거리는 것을 보고 있자면 자연스럽게 의문이 든다. "물을 얼마나 갖다 쓰고 전기는 얼마나 잡아먹는 건가?" 이 심리적 저항감이 상당하다.

세 번째는 손으로 가볍게 애벌 세척을 해야 한다는 점이다. 오염물이 하수시설로 바로 빠지는 세탁기와 달리 식기세척기의 이물질은 어디 가지 않는다. 내부 거름망에 걸러지게 되어 있다. 애벌 세척을 하지 않으면 매번 거름망을 청소해야 한다. 심할 경우 이물질이 다른 그릇에 옮겨 붙는다. 배수 필터를 막는 큰 덩어리들만 치우면 된다고 홍보하지만 "손에 묻은 김에?"라는 생각을 하지 않을 한국인은 없을 것이다.

네 번째는 아무래도 세척시간이 긴 만큼 설거지거리를 쌓아놓았다 한 번에 세척하는 편이 낫다. 그러자면 심미적으로 불쾌한 것들을 하루 종일 두고 봐야 하는데 여기에서도 저항감이 만만치 않다.

이런 이유들에도 불구하고 식기세척기는 편리하다. 무엇보다 설거지는 하기 싫은 일이다. 그 일을 대신해준다. 한국소비자원에 따르면 선입견과 달리 손으로 할 때보다 물을 훨씬 적게 사용하며 전기료도 합당한 수준이다.[○] 70도 이상의 고온수에서 세척하기에 대부분의 세균을 죽일 수 있으며 자외선 살균기능도 갖춰져 있다. "아니, 손으로 설거지할 땐 다들 어떻게 살았대?"라고 딴지를 걸어올 사람이 있을 것이다. 아무래도 식기세척기가 필수품이 되기 위해선 한국 소비자를 만족시킬 또 다른 유인, 즉 이전에 없는 혁신이 추가되어야 할지 모른다.

손으로 하는 설거지가 즐거우려면 오직 두 가지 길밖에 없다. 첫째는 나 아닌 다른 사람이 대신 해주는 것이다. 두 번째는 잔반이 적어야 한다. 첫째 이유는 누구나 직관적으로 이해하겠지만

○ 수돗물을 틀어놓고 20분간 손으로 설거지를 하면 평균 100리터의 물을 사용하고 물을 받아놓고 하면 20리터의 물이 든다. 반면 식기세척기는 평균 물 사용량은 16.6리터이고 물 절약형 모델일 경우 10.8리터를 쓴다. 전기사용량은 6인용 세척기 기준 1회 세척에 평균 600와트다. 전기다리미 한 번 정도 쓰는 수준이다. 작동시간을 1시간으로 낮춘 초고속형, 초절전, 저소음, AI 맞춤 세척 등 제품 사양이 다양하다. 알맞은 식기세척기 용량은 가족수×3이다. 예컨대 4인 가족이면 12인용을 써야 한다.

두 번째는 오직 설거지를 해본 사람만이 안다. 그러므로 자율배식이 있을 경우 잘 살펴보자. 식판에 잔반을 잔뜩 남기는 사람은 음식량을 조절하지 못하는 것도 문제지만 엄마를 도와 설거지를 해본 적이 없는 사람이며 기초적인 가정교육을 받지 못했음을 뜻한다.○ 하나를 보면 열을 안다는 속담, 틀린 말이 아니다.

○ 식판에 잔반을 남기는 것도 두 가지 유형이 있다. 하나는 잔반을 국그릇에 모아 퇴식구에 놓는 사람이고 다른 하나는 먹다 남은 그대로 가져다 놓는 사람이다. 첫째 유형은 그래도 배려를 아는 사람으로 설거지를 해 봤을 수 있으며 개선의 여지가 있다. 둘째 유형은 어리다면 모를까 나이가 있다면 남의 집 귀한 자식으로 자란 분이다.

참고문헌

1. 젓가락은 어떻게 우리 곁에 왔을까

간자키 노리다케, 김석희 옮김, 『습관으로 보는 일본인 일본 문화』, 청년사, 2000

금장태, 『귀신과 제사』, 제이앤씨, 2009

김광언, 『동아시아의 부엌: 민속학이 드러낸 옛 부엌의 자취』, 눌와, 2015

김성철, 『붓다의 과학이야기』, 참글세상, 2014

김용표, 『황홀한 중국요리 아름다운 인간관계』, 한신대학교출판부, 2015

김용환, 『인류 진화의 오디세이』, 가람기획, 2003

남기현 해역, 『춘추곡량전: 역사를 꿰뚫어 보는 지혜』, 자유문고, 2005

노성환, 『젓가락 사이로 본 일본 문화』, 교보문고, 1997

로빈 던바, 김학영 옮김, 『멸종하거나 진화하거나』, 반니, 2015

마중가, 『쫑궈렌과 한궈렌』, 삼성출판사, 1992

메리 로취, 권루시안 옮김, 『스티프: 죽음 이후의 새로운 삶』, 파라북스, 2004

메리 로취, 권루시안 옮김, 『스푸크: 과학으로 돌아보는 영혼』, 파라북스, 2005

배영동, 『한국문화의 원형을 찾아서: 우리의 수저, 『한국논단』, 1991

배영동, 「한국 수저의 음식문화적 특성과 의의」, 『문화재』 29호, 문화재관리국, 1996

사를 바 라·샤이에 롱, 성귀수 옮김, 『조선기행』, 눈빛, 2001
샘 킨, 이충호 옮김, 『바이올리니스트의 엄지: 사랑과 전쟁과 천재성에 관한 DNA 이야기』, 해나무, 2014
쓰지하라 야스오, 이정환 옮김, 『음식 그 상식을 뒤엎는 역사』, 창해, 2002
앨리스 로버츠, 유나영 옮김, 『뇌를 비롯한 신체기관의 숨겨진 진화의 비밀』, 소와당, 2017
어효선, 『내가 자란 서울』, 대원사, 2003
엄정삼, 『설문해자: 부수자 역해』, 서울대학교출판부, 2007
유신, 『인공지능은 뇌를 닮아가는가』, 컬처룩, 2014
윤국형, 권덕주 옮김, 『갑진만록: 대동야승 14』, 민족문화추진위원회, 1982
윤석준, 『식탐 많은 윤 교수의 역사 오디세이』, 북랩, 2017
이숭녕, 「손으로 먹지 않는 긍지」, 女像』, 신태양사, 1967
이승원, 「식사도구의 역사적 발전」, 『청주대 학술논집』 14집, 청주대학교, 2009
이욱정, 『누들로드』, 예담, 2009
이언 모리스, 김필규 옮김, 『전쟁의 역설』, 지식의날개, 2015
임재해, 「한국문화의 원형을 찾아서(1): 음식문화의 특질」, 『한국논단』, 1989
장징, 박혜순 옮김, 『공자의 식탁: 중화요리 4000년의 문화사』, 뿌리와이파리, 2002
정미선, 『동아시아 3국의 공통 식사도구의 전파 수용 및 변화에 대해』, 국민대 동양문화디자인연구소, 2009
정의도, 『한국 고대 숟가락 연구』, 경인문화사, 2014
정의도, 「고고자료로 본 조선시대의 젓가락연구」, 『문물연구』 29호, 2016
조우지후아, 김성철 역, 「중·일 젓가락 습속 비교연구」, 『국제아세아민속학』, 1998
존 네이피어, 『손의 신비』, 지호, 1999
주영하, 『음식인문학』, 휴머니스트, 2011
주영하, 「숟가락과 젓가락의 동아시아」, 『문화와 나』, vol.94, 2012
지재희 해역, 『예기(상)』, 자유문고, 2000
프란스 드발, 박성규 옮김, 『원숭이와 초밥 요리사』, 수희재, 2005
피에르 부르디외, 최종철 옮김, 『구별짓기』, 새물결, 2005
하영삼, 『한자어원사전』, 도서출판 3, 2015
한비, 김현주 외 옮김, 『한비자: 제왕학의 창시자』, 한국외국어대지식출판원, 2016

헨리 페트로스키, 백이호 옮김, 『포크는 왜 네 갈퀴를 달게 되었나』, 김영사, 2014
황교익, 『한국음식문화박물지』, 따비, 2011
히라마츠 요코, 이은정 옮김, 『산다는 건 잘 먹는 것』, 글담출판, 2015
Jang Sung Ho 외, "Difference of cortical Activation pattern during the use of Fork, Wooden chopsticks and Metalic chopsticks: A Functional NIRS study," *Journal of Near Infrared*, Crossref, 2016

2. 요리의 최전선, 칼과 도마

국립대구박물관, 『사람과 돌』, 2005
김순옥, 「우리 집의 부엌칼」, 『여원 7권 1호 통권 제65호』, 여원사, 1976
김태성·이은주, 『칼질법과 NCS 조리 실무』, 엔플북스, 2015
김원일, 『일본요리 명인 김원일의 칼의 테크닉』, 원일, 2010
김용환, 『인류 진화의 오디세이』, 가람기획, 2003
곽낙현, 『조선의 칼과 무예』, 학고재, 2014
나영선, 『NCS 기반 양식조리 기초』, 백산출판사, 2017
나흐 왁스만, 맷 사르트웰 엮음, 전혜영·최제니 옮김, 『셰프의 본심』, 허밍버드, 2016
대니얼 리버만, 「뇌 더하기 근육」, 존 부록만 엮음, 이한음 옮김, 『궁극의 생명 Life』, 와이즈베리, 2017
리차드 포츠·프리스토퍼 슬론, 배기동 옮김, 『인간이 된다는 것의 의미』, 주류성, 2013
마리안 럼브, 민혜련 옮김, 『주방 칼 다루기』, skbooks, 2012
문순태, 「화순 장터의 큰 대장과 작은 대장」, 『숨어사는 외톨박이 2』, 뿌리깊은나무, 1980
박계영 외, 『NCS 자격검정을 위한 일본 요리』, 백산출판사, 2017
박점규, 「호텔 뷔페 뒤 고단한 칼질」, 『한겨레21』 제1075호, 2009
봉하원, 『(봉주방장의 실무) 한국요리해법』, 효일, 2000
비 윌슨, 김명남 옮김, 『포크를 생각하다: 식탁의 역사』, 까치, 2013
서유구, 정명현·김정기 옮김, 『임원경제지: 본리지 3』, 소와당, 2008
서유구, 임원경제연구소 옮김, 『임원경제지: 섬용지 1』, 씨앗을뿌리는사람, 2016

성춘택, 『석기고고학』, 사회평론, 2017
신건휘, 「의료용 사파이어 칼날 연삭 가공시 지그의 탄성변형이 칼날에 미치는 영향」, 경남과학기술대학교 석사학위 논문, 2017
오시환, 『마흔여덟에 식칼을 든 남자』, 새로운사람들, 2004
에드워드 윌슨, 이한음 옮김, 『지구의 정복자』, 사이언스북스, 2013
이광희, 「사람 치열의 진화」, 『대한소아치과학회지』 34(3), 2007
이덕혜 외, 『치아형태학』, 고문사, 2004
이병관·강태립, 『한눈에 보이는 한자 창: 갑골문에서 설문해자까지(상·하)』, 고륜, 2011
이상균, 『흙속에 묻힌 선조들의 삶』, 흐름, 2017
이선복, 『인류의 기원과 진화』, 사회평론, 2016
이시카와 신이치, 홍주영 옮김, 『식탁 위의 과학 분자 요리』, 끌레마, 2016
이언 모리슨, 김필규 옮김, 『전쟁의 역설』, 지식의날개, 2015
이종호, 『로봇은 인간을 지배할 수 있을까?』, 북카라반, 2016
임효재, 『두더지 고고학』, 집문당, 2006
장규태, 『영장류: 인류의 가족 인류의 동반자』, 한국생명공학연구원, 2015
전호용, 『알고나 먹자』, 글항아리, 2015
정동찬 외, 『전통과학기술 조사연구: 대장간, 옹기, 기와』, 국립중앙과학관, 1994
정연학, 「한국의 대장간 문화」, 『생활문화연구』 제22호, 국립민속박물관, 2008
주경미, 『대장장』, 충청남도 무형문화재 제41호, 민속원, 2011
재레드 다이아몬드, 김진준 옮김, 『총 균 쇠』(증보판), 문학사상, 2006
제프 포터, 김정희 옮김, 『괴짜 과학자 주방에 가다』, 이마고, 2011
찰스 바우텔 편역, 박광순 옮김, 『무기의 역사』, 가람기획, 2002
채영철, 『중국의 음식문화와 중국요리』, 지구문화사, 2003
타임라이프북스 편집부, 『조리기구 가이드』, 한국일보타임라이프북스, 1984
하인수, 『신석기시대 도구론』, 진인진, 2017
홍하상, 『어떻게 지속성장할 것인가: 교토 천년 상인과 강소기업의 생존비법』, 클라우드나인, 2016
히노 아키코, 윤은혜 옮김, 『오래 오래 길들여 쓰는 부엌살림 관리의 기술』, 컴인, 2017

히라마츠 요코, 이은정 옮김, 『산다는 건 잘 먹는 것』, 글담출판, 2015

DK『무기』편집위원회·영국왕립무기박물관, 정병선·이민아 옮김, 『무기』, 사이언스북스, 2009

J. 켄지 로페즈-알트, 임현수 옮김, 『더 푸드 랩』, 영진닷컴, 2017

Alan Snow, *Snow's Kitchenalia*, Pavilion company, 2017

E.N. Anderson, *The food of china*, Yale University press, 1988

3. 주방 그리고 남자와 여자

가쓰미 요이치, 임정은 옮김, 『혁명의 맛: 음식으로 탐사하는 중국 혁명의 풍경들』, 교양인, 2015

강영환, 『집으로 보는 우리 문화 이야기』, 웅진닷컴, 2000

고홍홍, 도중만·박영종 옮김, 『중국의 전족 이야기』, 신아사, 2002

김광연, 「한국문화의 원형을 찾아서(18): 여인의 애환 어린 다목적 공간 부엌」, 『한국논단』, 1993

김동욱, 『종묘와 사직』, 대원사, 1993

김상보, 『화폭에 담긴 한식』, 한림출판사, 2015

김정희, 『음식패설』, 앤길, 2017

김종성, 『왕의 여자』, 역사의아침, 2011

김용표, 『황홀한 중국요리 아름다운 인간관계』, 한신대학교출판부, 2015

남호현, 『조선 궁궐의 주거 공간』, 민속원, 2017

레이철 로던, 조윤정 옮김, 『탐식의 시대: 요리는 인류의 운명을 어떻게 바꾸었는가』, 다른세상, 2015

리처드 랭엄, 조현욱 옮김, 『요리본능』, 사이언스북스, 2011

마이클 폴란, 김현정 옮김, 『요리를 욕망하다』, 에코리브르, 2014

미셸 퓌에슈 글·안느 주르드랑 그림, 심영아 옮김, 『먹다』, 문학동네, 2013

박영규, 『환관과 궁녀』, 웅진지식하우스, 2009

박영봉, 『요리의 길을 묻다: 로산진』, 진명출판사, 2010

박종천, 『서울의 제사: 감사와 기원의 몸짓』, 서울시사사편찬위원회, 2013

송양민 · 우재룡, 『100세 시대 은퇴대사전』, 21세기북스, 2014
신명호, 『궁궐의 꽃 궁녀』, 시공사, 2004
아니 에르노, 김계영 · 고과익 옮김, 『얼어붙은 여자』, 레모, 2021
알리 러셀 혹실드, 백영미 옮김, 『돈 잘 버는 여자 밥 잘 하는 남자』, 아침이슬, 2001
오희문, 이민수 옮김, 『쇄미록 1』, 올재, 2014
웨인 다이어, 장원철 옮김, 『모두에게 사랑받을 필요는 없다』, 스몰빅라이프, 2020
이규태, 『암탉이 울어야 집안이 잘 된다 1』, 신원문화사, 2000
이한, 『요리하는 조선 남자』, 청아출판사, 2016.
유교문화연구소 옮김, 『맹자』, 성균관대학교출판부, 2006
전영수, 『은퇴대국의 빈곤 보고서』, 맛있는책, 2011
주영하, 『한국인은 왜 이렇게 먹을까?』, 휴머니스트, 2018
주영하, 『서울의 전통음식』, 서울시 시사편찬위원회, 이른아침, 2014
최석영, 「세상사에 서툰 맛의 달인: 기타오지 로산진」, 『인물과 사상』 161호, 인물과사상사, 2011
클라우스 E. 뮐러, 조경수 옮김, 『넥타르와 암브로시아: 먹고 마시는 것에 관한 인류학적 기원』, 안티쿠스, 2007
폴 프리드만, 주민아 옮김, 『미각의 역사』, 21세기북스, 2009
프란체스카 리고티, 권세훈 옮김, 『부엌의 철학』, 향연, 2003
한국국학진흥원 교육연수실, 『제사와 제례문화』, 한국국학진흥원, 2005
후쿠모토 요코, 김윤희 옮김, 『요리하는 남자는 무적이다』, 오브제, 2016
헤더 안트 앤더슨, 이상원 옮김, 『아침식사의 문화사』, 니케북스, 2016
황광해, 『고전에서 길어 올린 한식 이야기 食史』, 하빌리스, 2017

4. 따뜻한 한 그릇의 밥이 되기까지, 냄비

가자마 린페, 정지영 옮김, 『서바이벌&모험수첩』, 삼호미디어, 2016
노순배, 『분자미식학의 이해』, 현학사, 2009
다이애나 수하미, 조숙경 · 윤선아 옮김, 『셀커크의 섬』, 동아일보사, 2004
데이브 드윗, 김지선 옮김, 『다빈치의 부엌』, 빅하우스, 2012

라파엘 오몽, 김성희 옮김, 『부엌의 화학자』, 더숲, 2016
로버트 켈리, 성춘택 옮김, 『수렵채집 사회: 고고학과 인류학』, 사회평론, 2014
루스 디프리스, 정서진 옮김, 『문명과 식량』, 눌와, 2018
레오나르도 다빈치, 김현철 옮김, 『세 마리 개구리 깃발 식당』, 책이있는마을, 2011
레이 태너힐, 손경희 옮김, 『음식의 역사』, 우물이있는집, 2006
리 골드먼, 김희정 옮김, 『진화의 배신』, 부키, 2019
리처드 러글리, 윤소영 옮김, 『잃어버린 문명: 석기시대의 비밀』, 마루, 2000
박정석, 『카스트를 넘어서』, 민속원, 2007
복천박물관, 『선사·고대의 요리』, 복천박물관, 2005
서유구, 임원경제연구소 옮김, 『임원경제지: 섬용지1』, 씨앗뿌리는사람, 2017
손경석, 『서바이벌: 조난에서의 생존법』, 서문당, 1987
윤서석, 『한국음식』, 수학사, 2002
윤석준, 『식탐 많은 윤 교수의 역사 오디세이』, 북랩, 2017
이강민, 『나는 부엌에서 과학의 모든 것을 배웠다』. 더숲, 2017
이상균, 『흙 속에 묻힌 선조들의 삶』, 디자인흐름, 2017
이시카와 신이치, 홍주영 옮김, 『식탁 위의 과학 분자요리』, 끌레마, 2016
이철호, 『동북아시아 원시토기문화시대의 특징과 식품사적 중요성』, 고려대민족문화연구원, 1999
이철호, 『한국음식의 역사』, 자유아카데미, 2018
에르베 디스, 권수경 옮김, 『냄비와 시험관』, 한승, 2005
음식고고연구회, 『취사실험의 고고학』, 서경문화사, 2011
이규태, 『개화백경 1』, 신태양사, 1969
장앙텔므 브리야 사바랭, 홍서연 옮김, 『미식 예찬』, 르네상스, 2004
전지현, 『블링블링 스텐 이야기』, 빠른거북이, 2013
정주영, 『과학으로 먹는 3대 영양소』, 전파과학사, 2017
제레드 다이아몬드, 김정흠 옮김, 『제3의 침팬지』, 문학사상, 2015
조너선 실버타운, 노승영 옮김, 『먹고 마시는 것들의 자연사』, 서해문집, 2019
줄리아 로스먼, 김선아 옮김, 『음식해부도감』, 더숲, 2017
질 들뤽, 브리지트 들뤽, 『마르틴 로크, 선사시대의 식탁』, 사회평론, 2016
찰스 스펜스, 윤신영 옮김, 『왜 맛있을까』, 어크로스, 2018

채현석, 『분자요리』, 백산출판사, 2022
최광수, 『최신 인디아 요리』, 백산출판사, 2010
펠리페 페르란데스 아르메스토, 유나영 옮김, 『음식의 세계사 여덟 번의 혁명』, 소와당, 2018
피터 바햄, 이충호 옮김, 『요리의 과학』, 한승, 2002
피터 왓슨, 남경태 옮김, 『생각의 역사』, 들녘, 2009
클로드 셰르키-니클레스 · 미셸 뒤벡, 유영 옮김, 『패륜의 심리학』, 기린원, 2008
호밀밭콘텐츠기획팀, 『多문화 탐味』, 2014, 호밀밭

5. 우리에게 없었던 프라이팬, 사라지는 밥상

강상욱 · 이준영, 『케미컬 라이프』, 미래의창, 2017
과학나눔연구회, 『코팅기술의 현재와 미래』, 일진사, 2017
국립민속박물관, 『밥상지교』, 국립민속박물관, 2016
김동환 · 배석, 『금속의 세계사』, 다산에듀, 2015
김주한 · 양호석, 『우리나라 알루미늄 산업의 현황과 과제』, 한국산업경제기술연구원, 1984
김용표, 『황홀한 중국요리 아름다운 인간관계』, 한신대학교출판부, 2015
게리 웬크, 김윤경 옮김, 『감정의 식탁』, 알에치코리아, 2016
나선화, 『소반』, 대원사, 1994
노봉수, 『맛의 비밀』, 예문당, 2014
로이 스토롱, 김주헌 옮김, 『권력자들의 만찬』, 넥서스, 2005
루이트가르트 마샬, 최성욱 옮김, 『알루미늄의 역사』, 자연과생태, 2011
릭 베이어, 오공훈 옮김, 『과학 편집광의 비밀서재』, 알에이치코리아, 2017
릭 스미스 · 부루스 루이에, 임지원 옮김, 『슬로우 데스』, 동아일보사, 2011
마르틴 슈나이터, 조원규 옮김, 『테플론 포스트잇 비아그라』, 작가정신, 2004
미르시니 라브라키, 오건석 · 오문석 옮김, 『불로장수 생약 올리브 오일』, 미술공론사, 2002
산업통상자원부 · 한국공학한림원, 『한국산업기술발전사: 전기전자』, 진한엠앤비,

2020
샘 킨, 이충호 옮김, 『사라진 스푼』, 해나무, 2011
서유구, 임원경제연구소 옮김, 『임원경제지: 섬용지 편』, 씨앗뿌리는사람들, 2017
송기호, 『말 타고 종 부리고』, 서울대학교출판부, 2015
송영애, 『식기장 이야기』, 채륜서, 2015
식품의약품안정청, 『식품 중에서 알루미늄이란?』, 식품의약품안정청 유해물질관리단, 2007
아라후네 요시타카 외, 김나나 외 옮김, 『맛있는 요리엔 과학이 있다』, 홍익출판사, 2013
안효주, 『일식 명인 안효주의 특별한 요리: 튀김요리 냄비요리 구이요리』, 여백미디어, 2008
어효선, 『내가 자란 서울』, 대원사, 2003
이강민, 『나는 부엌에서 과학의 모든 것을 배웠다』, 더숲, 2017
이성범, 『음식과 언어: 식문화에 대한 대조언어학적 연구』, 서강대학교출판부, 2013
이용기, 옛음식연구회 편역, 『조선무쌍신식요리제법』, 궁중음식연구원, 2001
이규태, 『개화백경 1』, 신태양사, 1969
이다영, 「조목조목 들여다보는 프라이팬 코팅의 세계」, 『작은 것이 아름답다』, 2015년 9월호
이진희 외, 『스테인리스강의 이해』, 명진출판사, 2016
우나리야, 「근대 한식의 공로자들」, 한식재단, 『근대 한식의 풍경』, 한림출판사, 2014
정광호, 『음식천국 중국을 맛보다』, 매일경제신문사, 2008
정혜경, 『밥의 인문학』, 따비, 2015
제프 포터, 김정희 옮김, 『괴짜과학자 주방에 가다』, 이마고, 2011
조나단 월드먼, 박병철 옮김, 『녹: 소리 없이 인류의 문명을 위협하는 붉은 재앙』, 반니, 2015
조선총독부, 장두식·김영순 옮김, 『조선의 습속』, 민속원, 2014
주선태·정은영, 『인간과 고기문화』, 경상대학교출판부, 2013
주영하, 『음식인문학』, 휴머니스트, 2011
주영하, 『한국인 왜 이렇게 먹을까?』, 휴머니스트, 2018
잭 구디, 김지혜 옮김, 『잭 구디의 역사인류학 강의』, 웅진씽크빅, 2010
채영철 외, 『중국의 음식문화와 중국 요리』, 지구문화사, 2003

타임라이프북스 편집부, 『조리기구 가이드』, 한국일보-라이프북스 편집부, 1984
파트릭 랑부르, 김옥진·박유형 옮김, 『프랑스 미식과 요리의 역사』, 경북대학교출판부, 2017
한복진, 『조선시대 궁중의 식생활 문화』, 서울대출판부, 2005
한복진 외, 『한국음식문화와 콘텐츠』, 글누림, 2009
함규진, 『왕의 밥상』, 21세기북스, 2010
히노 아키코, 윤은혜 옮김, 『오래 오래 길들여 쓰는 부엌살림 관리의 기술』, 컴인, 2017
Tim Hayward, *The Modern Kitchen*, Quadrille, 2017

6. 불의 진화, 부엌에서 주방으로

가스통 바슐라르, 김병욱 옮김, 『불의 정신분석』, 이학사, 2007
김광언, 『동아시아의 부엌』, 눌와, 2015
강영환, 『집으로 보는 우리 문화 이야기』, 웅진닷컴, 2000
김경은, 『집: 인간이 만든 자연』, 책보세, 2014
김상수, 『생활 속의 물리 이야기』, 간디서원, 2005
김성원, 남궁철 그림, 『화덕의 귀환』, 소나무, 2011
김영갑·강동원, 『주방관리론』, 교문사, 2018
권석영, 『온돌의 근대사』, 일조각, 2010
노버트 쉐나우어, 김연홍 옮김, 『집: 6000년 인류주거의 역사』, 다우, 2004
로버트 L. 월크, 이창희 옮김, 『아인슈타인이 요리사에게 들려준 이야기』, 해냄, 2013
로빈 던바, 김학영 옮김, 『멸종하거나 진화하거나』, 반니, 2015
레이철 로던, 조윤정 옮김, 『탐식의 시대』, 다른세상, 2015
릭 베이어, 오공훈 옮김, 『과학 편집광의 비밀 서재』, 알에이치코리아, 2012
린다 시비텔로, 최정희 외 옮김, 『음식에 담긴 문화 요리에 담긴 역사』, 대가, 2011
마리 노엘 사를, 김성희 옮김, 『세상을 바꾼 작은 우연들』, 웰컴퍼니, 2014
마이클 폴란, 김현정 옮김, 『요리를 욕망하다』, 에코리브르, 2014
문갑순, 『사피엔스의 식탁』, 21세기북스, 2018

미셸 리발, 강주원 옮김, 『역사상 가장 위대한 발명 150』, 예담, 2013
베탄 패트릭·존 톰슨, 이루리 옮김, 『1%를 위한 상식백과』, 씨네스트, 2014
사를 바 라·샤이에 롱, 성귀수 옮김, 『조선기행』, 눈빛, 2001
산업통상자원부·한국공학한림원, 『한국산업기술발전사: 전기전자』, 진한엠앤비, 2021
손동원 외, 『주요 실내 사용 목재의 연소 특성』, 국립산림과학원, 2015
아라후네 요시타카 외, 김나나 외 옮김, 『맛있는 요리에는 과학이 있다』. 홍익출판, 2013
알리샤 포시, 박철현 외 옮김, 『프랭크 로이드 라이트』, 태림문화사, 1998
오쿠다 도루, 용동희 옮김, 『굽기의 기술』, 그린쿡, 2017
요모타 이누히코, 양경미 옮김, 『라블레의 아이들』, 빨간머리, 2009
이강민, 『나는 부엌에서 과학의 모든 것을 배웠다』, 더숲, 2017
이상진, 『세라믹을 알면 미래가 보인다』, 목포대 세라믹산업기술연구소, 2015
이시카와 신이치, 홍주영 옮김, 『식탁 위의 과학 분자요리』, 끌레마, 2016
에너지경제연구원, 『도시가스 안전관리체계의 사회적 비용 편익분석』, 1999
장민수, 『생활 속 물리 이야기』, 자유아카데미, 2017
전남일 외, 『한국 주거의 미시사』, 돌베개, 2009
전봉희·권용찬, 『한옥과 한국 주택의 역사』, 동녘, 2012
편집부, 『전자레인지 전기오븐 요리』, 주부생활사, 1991
잭 첼로너, 이사빈 외 옮김, 『죽기 전에 알아야 할 세상을 바꾼 발명품들 1001』, 마로니에북스, 2010
최낙언, 『맛 이야기』, 행성B잎새, 2016
최준곤, 『행복한 물리여행』, 이다미디어, 2011
최진민, 『(알기 쉬운) 난방』, 技多利, 1991
카르네프 외, 김정화 옮김, 『내가 본 조선 조선인: 러시아 장교 조선여행기』, 가야넷, 2003
카를로 로제티, 서울학연구소 옮김, 『꼬레아 꼬레아니』, 숲과나무, 1996
하비 그린, 『나무의 역사와 문화』, 미강사, 2016
한림출판사 편, 『프라이팬 압력솥 전자레인지』, 한림출판사, 1983
함한희, 『부엌의 문화사』, 살림, 2005

해롤드 맥기, 이희건 옮김, 『음식과 요리』, 백년후, 2011
헨드리 하멜, 김태진 옮김, 『하멜 표류기』, 서해문집, 2003
Alan Snow, *Snow's Kitchenalia*, Pavilion company, 2017
Clark, R. N., "Nils Gustaf Dalén(1869~1937): Inventor, experimenter, engineer, and nobel laureate," *IEEE control systems magazine*. Vol.23, 2003

7. 추위를 꺼내 먹다, 냉장고

강준만, 『인간학 사전』, 인물과사상사, 2005
곽효선, 『김치냉장고 장독대에서 지혜를 얻다』, 식품의약품안정청, 2010
김상수, 『생활 속의 물리 이야기』, 간디서원, 2005
김진수, 『식품냉동냉장학』, 효일, 2000
김태성·이은주, 『칼질법과 NCS 조리 실무』, 엔플북스, 2015
그레그 제너, 서정아 옮김, 『소소한 일상의 대단한 역사』, 와이즈베리, 2017
다카기 에미, 김나랑 옮김, 『생각하지 않는 부엌』, 시드앤피드, 2015
대니얼 리버먼, 김명주 옮김, 『우리 몸 연대기』, 웅진지식하우스, 2018
로드니 P. 칼라일, 심장섭 옮김, 『사이언티픽아메리칸 발명발견 대사전』, 책보세, 2011
레이 태너힐, 손경희 옮김, 『음식의 역사』, 우물이있는집, 2006
류지현, 『사람의 부엌: 냉장고 없는 부엌을 찾아서』, 낮은산, 2017
릭 베이어, 오공훈 옮김, 『과학 편집광의 비밀 서재』, 알에치코리아, 2012
마이클 H. 로소브, 김정수 옮김, 『영웅들이여 말하라』, 시아, 2002
송성수, 『기술의 역사』, 살림, 2009
세계김치연구소, 『김치와 김장문화의 인문학적 이해』, 민속원, 2013
스티븐 존슨, 강주헌 옮김, 『우리는 어떻게 여기까지 왔을까』, 프런티어, 2015
안동 장씨, 백두현 역주, 『음식디비방 주해』, 글누림, 2006
우은진 외, 『한국 고대사회 사람 뼈 집단의 괴혈병 유병양상』, 대한체질인류학회, 2017
유근영, 『암 올바로 알고 제대로 예방하기』, 서울대학교출판원, 2013

이시카와 신이치, 홍주영 옮김, 『식탁 위의 과학 분자 요리』, 끌레마, 2016
이안 크로프트, 김시원 옮김, 『음식의 별난 역사』, 레몬컬처, 2015
전남일 외, 『한국 주거의 미시사』, 돌베개, 2009
전자신문사, 『한국전자연람』, 1985
제럴드 폴락, 김홍표 옮김, 『물의 과학』, 동아시아, 2018
줄리아 로스먼, 김선아 옮김, 『음식해부도감』, 더숲, 2017
질 들뢰 · 브리지트 들뢰 · 마르틴 로크, 조태섭 · 공수진 옮김, 『선사시대의 식탁』, 사회평론, 2016
반주원, 『조선시대 살아보기』, 제3의 공간, 2017
보이드 이튼 외, 곽재욱 · 김자용 옮김, 『구석기식 처방』, 신일북스, 2007
빙허각 이씨, 이효지 외 편역, 『부인필지』, 교문사, 2010
최상곤 · 홍성은 · 서광수, 『보고 싶은 냉동공학』, 건기원, 2008
톰 잭슨, 김희봉 옮김, 『냉장고의 탄생』, MID, 2016
홍상순, 『숨 쉬는 도자기 옹기』, 서해문집, 2010
홍성은, 『냉동공학』, 세진사, 2018
헬렌 피빗, 서종기 옮김, 『냉장고의 역사를 통해 살펴보는 필요의 탄생』, 푸른숲, 2021
헨리 페트로스키, 박중서 옮김, 『공학을 생각한다: 과학 뒤에 가려진 공학의 재발견』, 반니, 2017
J. 켄지 로페츠-알트, 임현수 역, 『더 푸드 랩』, 영진닷컴, 2017
KBS 과학카페 제작팀, 『미니멀 키친』, 애플북스, 2016

8. 식기로선 여전히 낯선 유리

강명관, 『조선에 온 서양 물건들』, 휴머니스트, 2015
김동욱, 『한 · 중 · 일 건축』, 김영사, 2015.
김명옥, 「유리와 식문화」, 『월간 세라믹스』, 1999년 8월호
김준철, 『술』, 노문사, 1994
김차규, 『로마 유리용기의 신라 유입 과정에 대한 해석』, 서양중세사연구 24호, 2009
김형종, 「유리의 투명한 미적요소와 생활문화」, 『월간 세라믹스』, 1999년 8월호

경기도 박물관, 『빛의 보석 모래의 화신: 유럽 유리 500년 전』, 경기도박물관, 2001
나카야마 시게노부, 김은진 옮김, 『집 집 집』, 다비치, 2015
내셔널지오그래픽, 이창우 옮김, 『이슬람 문명이 남긴 불후의 유산: 1001가지 발명』, 지식갤러리, 2013
니얼 퍼거슨, 『시빌라이제이션: 서양과 나머지 세계』, 21세기북스, 2011
다니자키 준이치로, 김형호·김태현 옮김, 『일본 전통 문화에 숨겨진 미의 재발견』, 책사랑, 2017
루이스 멈퍼드, 문종만 옮김, 『기술과 문명』, 책세상, 2013
류봉기, 『실용유리공학』, 부산대학교출판부, 2017
릴리어스 언더우드, 김철 옮김, 『조선견문록』, 이숲, 2008
마크 미오도닉, 윤신영 옮김, 『사소한 것들의 과학』, MID, 2016
메리 로취, 권루시안 옮김, 『봉크: 성과 과학의 의미심장한 짝짓기』, 파라북스, 2008
社史편찬위원회, 『한국 유리 25년사』, 한국유리공업주식회사, 1983
사빈 멜쉬오르 보네, 윤진 옮김, 『거울의 역사』, 에코리브르, 2001
성락인, 「거울의 역사」, 『女像』, 신태양사, 1967년 2월호
신동원, 『세계를 바꾼 20가지 공학기술』, 생각의나무, 2004
안자이 기미코, 황세정 옮김, 『와인잔에 담긴 세계사』, 니들북, 2017
에르베 디스, 권수경 옮김, 『냄비와 시험관』, 한승, 2005
이강인, 『나는 부엌에서 과학의 모든 것을 배웠다』. 더숲, 2017
이마미치 도모노부, 조미선 옮김, 『동양의 미학』, 다홀미디어, 2005
이상현, 『인문학 한옥에 살다』, 채륜서, 2013
이승철, 『아름다운 우리 종이 한지』, 현암사, 2012
이언 모리스, 『왜 서양이 지배하는가』, 글항아리, 2010
이언 크로프톤, 김시원 옮김, 『음식의 별난 역사』, 레몬컬처, 2015
이인숙, 『한국의 고대 유리』, 창문출판사, 1993
이인숙, 『동서양의 유리 역사』, 경기도박물관, 2001
이현식, 『삶과 과학 속의 유리 이야기』, 타임북, 2009
임석재, 『지혜롭고 행복한 집 한옥』, 인물과사상사, 2013
임영방, 『중세 미술과 도상』, 서울대출판부, 2011
유병하, 『신라의 유리그릇』, 국립경주박물관, 2007

정수경, 『한국의 스테인드글라스』, 이담, 2011
정진철, 『생활 속의 화학과 고분자』, 자유아카데미, 2010
조광호, 「유리와 건축문화」, 『월간 세라믹스』, 1999년 8월호
조영현, 『조영현의 와인이야기』, 백산출판사, 2012
존 개리슨, 주영준 옮김, 『유리』, 플레이타임, 2017
존 메퀘이드, 이충호 옮김, 『미각의 비밀』, 문학동네, 2015
최광식, 『실크로드와 한국문화』, 나남, 2013
최현태, 「와인 글라스의 스티브 잡스: 리델」, 『세계일보』, 2016년 10월 27일
켄시 히로카네, 한복진·신현섭 옮김, 『한손에 잡히는 와인』, 베스트홈, 2001
콜린 렌프류·폴 반, 이희준 옮김, 『현대 고고학의 이해』, 사회평론, 2006
키아라 프루고니, 곽차섭 옮김, 『코앞에서 본 중세』, 길, 2005
탕지옌광, 홍민경 옮김, 『일상의 유혹, 기호품의 역사』, 시그마북스, 2015
편종필·김종석, 『유리 예술의 문을 두드리다』, 한국공예문화진흥원, 2010
프레드 왓슨, 장헌영 옮김, 『망원경으로 떠나는 400년의 여행』, 사람과책, 2005
한원택, 『유리 시대』, 광주과학기술원, 2019
헬렌 체르스키, 하인해 옮김, 『찻잔 속 물리학』, 북라이프, 2018
히라다 유타카, 선완규 옮김, 『상식 밖의 발명사』, 새길, 1995
E. J. 오페르트, 신복룡·장우영 옮김, 『금단의 나라 조선』, 집문당, 2000
Margaret B. W., Graham · Alec T. Shuldiner, *Corning and the craft of innovation*, New York: Oxford Univ, 2001

9. 동양 연금술의 결정, 도자기와 그 밖의 그릇들

강상욱·이준영, 『케미컬 라이프』, 미래의창, 2017
강인희, 『한국식생활문화사』, 삼영사, 1978
게리 앨런, 문수민 옮김, 『통조림의 탄생』, 재승출판, 2017
게리 S. 크로스 외, 김승진 옮김, 『우리를 중독시키는 것들에 대하여』, 동녘, 2016
과학나눔연구회, 『코팅기술의 현재와 미래』, 일진사, 2017
국립중앙박물관, 『베트남의 삶과 문화』, 국립중앙박물관, 2008

김동환·배석, 『금속의 세계사』, 다산에듀, 2015
김석근 외, 『한국문화 대탐사: 한국문화의 현장을 탐사하다』, 아산서원, 2015
김양미, 『대항해의 시대』, 대한교과서, 2003
김윤정, 「시대를 닮은 한중 자기문화」, 『한국문화는 중국문화의 아류인가?』, 소나무, 2010
남호현, 『조선 궁궐의 주거공간』, 민속원. 2016
데니얼 로즈, 이부연 옮김, 『도예가를 위한 점토와 유약』, 한양대학교출판부, 2014
로이 스트롱, 김주헌 옮김, 『권력자들의 만찬』, 넥서스, 2005
류봉기, 『실용유리공학』, 부산대학교출판부, 2017
리웨이, 정주은 옮김, 『실크로드』, 시그마북스, 2018
마르틴 슈나이더, 조원규 옮김, 『테플론 포스트잇 비아그라』, 작가정신, 2005
미스기 다카토스, 김인규 옮김, 『동서도자교류사: 마이센으로 가는 길』, 눌와, 2001
박치호, 『옻의 신비』, 동양자연의학연구소, 2017
방병선, 『중국도자사 연구』, 경인문화사, 2012
방병선, 『도자기로 보는 조선왕실 문화』, 민속원, 2016
백석 외, 『100년 전 우리가 먹은 음식: 식탁 위의 문학 기행』, 가갸날, 2017
손동식, 최미라 감수, 『따따따 화학 닷 컴』, 북도드리, 2013
서동인·김병근, 『신안보물선의 마지막 대항해』, 주류성, 2014
서유구, 임원경제연구소 옮김, 『임원경제지: 섬용지』, 씨앗뿌리는사람, 2017
설혜심, 『소비의 역사』, 휴머니스트, 2017
성기인, 『고대 과학과 예술의 절정: 중국도자기』, 한울, 2013
신대현, 『옥기공예』, 혜안, 2007
신동원, 「질기고도 오래된 종이의 역사」, 『세상을 바꾼 20가지 공학기술』, 글램북스, 2015
앨버트 잭, 김아림 옮김, 『지금은 당연한 것들의 흑역사』, 리얼부커스, 2016
어효선, 한영수 사진, 『내가 자란 서울』, 대원사, 2003
이상진, 『세라믹을 알면 미래가 보인다』. 목포대학교 세라믹산업기술연구소, 2015
이진희 외, 『스테인리스강의 이해』, 명진, 2016
이칠용, 『옻나무 옻칠 이야기』, GK문화사, 2008
장 카스타레드, 이소영 옮김, 『사치와 문명』, 뜨인돌, 2011

정진철, 『생활 속의 화학과 고분자』, 자유아카데미, 2010
조나단 월드먼, 박병철 옮김, 『녹: 소리 없이 인류 문명을 위협하는 붉은 재앙』, 반니, 2015
조풍연, 『서울잡학사전: 개화기의 서울 풍속도』, 정동출판사, 1989
주영하, 「숟가락과 젓가락의 동아시아」, 『문화와 나』 Vol.94, 2012
주영하, 『한국인은 왜 이렇게 먹을까?』, 휴머니스트, 2018
정수일, 『고대문명교류사』, 사계절, 2005
정진철, 『생확 속의 화학과 고분자』, 자유아카데미, 2010
찰스 스펜스, 윤신영 옮김, 『왜 맛있을까?』, 어크로스, 2018
팡리리, 구선심 옮김, 『도자기』, 대가, 2008
포 프레드릭 E, 윤상환·박상철 옮김, 『보석: 그 신비와 정체』, 신조사, 1981
함규진, 『왕의 밥상: 밥상으로 보는 조선왕조사』, 21세기북스, 2010
함한희, 『부엌의 문화사』, 살림, 2005
홍지은·문지은, 『처음 만드는 도자기』, 즐거운상상, 2012
황윤, 『도자기로 본 세계사』, 살림, 2020
히노 아키코, 윤은혜 옮김, 『오래 오래 길들여 쓰는 부엌살림 관리의 기술』, 컴인, 2017

부록 1. 주방가위, 수원갈비, 부루스타

김용호, 「경기도 도당굿과 이동갈비」, 『국악누리』 통권 145호, 국립국악원, 2015년 9/10월호
박영수, 『세상을 바꾼 그것 100가지: 인류 문명을 바꾼 100가지 물건』, 숨비소리, 2001
산업통상자원부·한국공학한림원, 『한국산업기술발전사: 소재』, 진한엠앤비, 2020
서유구, 정정기 외 옮김, 『임원경제지: 정조지1』, 풍석문화재단, 2020
왕준련, 『세계요리백과5: 건강식과 식기』, 학원출판공사, 1992
윤숙자·박록담, 『우리의 부엌살림』, 삶과꿈, 1997
이민규, 「철제 가위의 변천양상 연구」, 『선사와 고대』 68호, 한국고대학회, 2022

이어령, 『우리문화박물지』, 디자인하우스, 2007

이재규, 「수원갈비 역사성 탐구에 관한 소고」, 『외식경영연구』 제6권 1호, 2003

정동찬 외, 『겨레과학의 발자취 2: 유물로 보는 전통과학기술』, 국립중앙과학관, 1996

정의도, 『한국 고대숟가락 연구』, 경인문화사, 2014

진안가위박물관 https://www.jinan.go.kr/scissormuseum/?scissors=3O1O1O1

편지수, 「근현대사가 고스란히 담긴 '뼈 있는' 역사의 음식」, 『Nutriand』, 2018년 10월호

부록 2. 스탕달의 연애론과 식기세척기

데이비드 버스, 전중환 옮김, 『욕망의 진화』, 사이언스북스, 2007

전중환, 『진화한 마음: 전중환의 본격 진화심리학』, 휴머니스트, 2019

역사와 문화로 보는 주방 오디세이

: 칼과 도마, 젓가락과 냄비가 품고 있는 삶의 풍경들

초판인쇄 2023년 8월 26일
초판발행 2023년 9월 11일

지은이 장원철
펴낸이 강성민
편집장 이은혜
마케팅 정민호 박치우 한민아 이민경 박진희 정경주 정유선 김수인
브랜딩 함유지 함근아 박민재 김희숙 고보미 정승민
제작 강신은 김동욱 이순호

펴낸곳 (주)글항아리 | 출판등록 2009년 1월 19일 제406-2009-000002호

주소 10881 경기도 파주시 심학산로 10 3층
전자우편 bookpot@hanmail.net
전화번호 031-955-8869(마케팅) 031-941-5160(편집부)
팩스 031-941-5163

ISBN 979-11-6909-144-2 03900

www.geulhangari.com